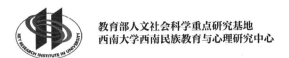

教育部人文社会科学重点研究基地
西南大学西南民族教育与心理研究中心

教育学一流学科建设学术文库

中华民族特色教育理论的体系研究

张学敏　著

西南大学出版社

国家一级出版社　全国百佳图书出版单位

·重庆·

图书在版编目(CIP)数据

中华民族特色教育理论的体系研究 / 张学敏著.
重庆：西南大学出版社，2024.1.--（"铸牢中华民族共同体意识"教育系列丛书）.-- ISBN 978-7-5697-2066-2

Ⅰ.C955.2

中国国家版本馆CIP数据核字第2024LS8231号

中华民族特色教育理论的体系研究

ZHONGHUA MINZU TESE JIAOYU LILUN DE TIXI YANJIU

张学敏 著

责任编辑 | 曹园妹　李　君

责任校对 | 文佳馨

装帧设计 | 夊十堂_未氓

排　　版 | 杨建华

出版发行 | 西南大学出版社（原西南师范大学出版社）

　　　　地　　址 | 重庆市北碚区天生路2号

　　　　邮　　编 | 400715

印　　刷 | 重庆新生代彩印技术有限公司

成品尺寸 | 170 mm × 240 mm

印　　张 | 17.75

字　　数 | 280千字

版　　次 | 2024年1月第1版

印　　次 | 2024年1月第1次印刷

书　　号 | ISBN 978-7-5697-2066-2

定　　价 | 68.00元

序言

在历史波澜壮阔的沉浮跌宕中,中华民族从自在走向自觉,从自觉走向自强。华夏千里沃野,先民生生不息。中华民族的概念逐渐清晰,从盛唐的《唐律疏议》,走进了饮冰室主人的著作,迈进了田汉先生的诗篇,融入了聂耳先生的旋律。我们可以看到,在今天这片被称为"中国"的东亚大陆的土地上,数千年的历史呈现为一个多元一体的运动过程。这个运动过程内部包含着中原、草原、海洋、西域、高原等几种主要的自然—社会—政治—经济—文化—生态区域,各区域间有着极为深刻的相互依赖、相互塑造的关系,以至于离开一方完全就解释不了另一方。在几大区域构成的多元一体复合结构里,历史运动的主线是中原、草原、海洋这三大区域的互动关系;西域和高原这两大区域的互动关系构成副线,这种互动关系就如催化剂,影响着主线的发展路径和历史进程。这样一种深刻的有机联系,让各个区域互为条件,构成一个多元一体的共生体系,"中华民族"就是在这个多元共生体系中发展演化而来。中华民族,作为一个轴心文明的负载者,天然地必须成为世界历史民族。所谓世界历史民族,重点不在于对世界的征服或占有,而在于该民族能够通过自身的精神运动把握世界历史的命运,引领人类精神的普遍自觉。这种对历史命运的自觉,并不是基于先验的历史想象,而是由人类激情予以推动,各种秩序不断地涌现与瓦解,呈现为一条浩浩荡荡的时间场合;个体的冲动构成历史长河中的朵朵浪花,并表达为一种不断超越自我的普遍性的理想。这种个体精神运动的自觉达成,需要依靠教育的建设性力量,以教育作为强大的人力资源供给基础。因此,办具有中国特色、世界水平的现代教育,培养担当民族复兴大任的时代新人成为新时代我国教育发展的首要目标。

毫无疑问,培养时代新人需要以新的教育理论为支撑,打破业已形成或趋近僵化的教育理论架构,以崭新的视角重新审视现有教育理论中存在的问题,以此探寻适合新时代教育理论发展的新方向和新思路。然而,我国教育理论创新却陷入了相对滞后与僵化的困境。第一,与教育实践领域经验增长的日新月异甚至突飞猛进相比,我国教育理论创新却相对乏力。相较于"教育理论如何转化为具体实践行为",我国教育发展鲜少关注"如何把丰富生动的实践经验转化为教育理论",导致我国教育理论创新相对滞后,这也成为我国培养担当民族复兴重任的时代新人的巨大阻碍。第二,现有教育理论缺乏鲜明的"中国特色"。任何教育理论的产生都有其特殊的文化背景,理论可以借鉴或模仿,但理论背后的文化根基却无法移植。由于长期以来受应试教育和西方教育模式的影响与桎梏,我国现有教育理论未能将中华优秀传统文化作为基点,造成理论创新的价值大打折扣。因此,当前我国亟待形成一套有效反观中华民族自我的"学科体系、学术体系和话语体系",这套知识体系不仅要为现实的共同生活提供足够的解释力和建设性意见,帮助解决国内各族人民对民族议题的困惑与集体身份的焦虑,同时也要能够为积极参与全球治理的时代新人贡献中国智慧和中国方案。当今世界,国际格局加速演进、国际关系深度调整,不稳定性和不确定性因素明显增加,世界进入新的动荡变革期。一方面,和平发展、合作共赢的历史潮流不可阻挡;另一方面,经济全球化遭遇逆流,冷战思维和集团政治回潮,单边主义、保护主义抬头。人类社会正站在十字路口,面临前所未有的挑战。今天的中国也正处于中华民族伟大复兴的关键时期,综合国力和国际影响力不断提升,日益走向世界舞台中央。但与此同时,我国发展面临的外部环境日趋严峻复杂,风险挑战与日俱增,特别是西方反华势力借所谓民族议题干涉中国内政,妄图挑拨中国内部关系、遏制中国的发展壮大。因此,面对日益增多的内外部风险挑战,我们尝试从外生干预(外生型)和内源演化(内源型)两个向度创新探索中华民族特色教育理论体系,以新的教育理论体系指导教育教学活动,通过培育"时代新人"铸牢中华民族共同体意识,全面推进中华民族的伟大复兴进程以及加快推动构建人类命运共同体。

顾名思义,中华民族特色教育理论包含中华民族、特色以及教育理论三个基本要素。其中,"中华民族"作为中华民族特色教育理论的关键词之一,充分体现了该理论的中华民族属性以及对形成共同体意识的心理期待;"特色"一词表明了中华民族特色教育理论相较于一般的教育理论而言具有独特的教育价值和生命力,其主要表现在对民族性的强调以及共同体意识的根植;"教育理论"则是从中国的现实国情出发,立足于中国本土对教育所作出的理性认识,通过宏观层面的抽象分析和科学论证来对微观具体的教育实践进行指导。总而言之,中华民族特色教育理论是对习近平总书记中华民族共同体理念与中国教育实践相结合的特色认识,是中国特色教育学本土建构的理论自觉、特色彰显的时代重塑和走向世界的民族性话语建设,也是应"两个大局"所作的关于"培养什么人""怎样培养人""为谁培养人"的创新性探索,其核心要义在于将"四个共同""四个与共"理念融入人才培养中,强化受教育者的"五个认同",让中华民族共同体意识植根各级各类学校师生心灵深处。然而,要在各级各类学校师生心灵深处植根中华民族共同体意识,需落实推进中华民族特色教育理论指导下的铸牢中华民族共同体意识教育,以同心共筑中国梦育时代新人。基于此,各级各类学校教育应在中华民族特色教育理论指导下积极构建"思政课程"—"课程思政"—"潜在课程"三位一体的铸牢中华民族共同体意识教育课程结构,探索以国家统编教材为载体、以灵活教学为依托、以教育实验为引领的实践路向,为推动建设中华民族共同体、实现中华民族伟大复兴铸魂育人,并使其自觉地成长为中华民族共同体的践行者、人类命运共同体的推动者以及人与自然生命共同体的捍卫者。由此观之,中华民族特色教育理论既是中国的教育理论,也是世界的教育理论,可以为世界上那些既希望加快发展又希望保持自身独立性的国家和民族提供全新的选择,也能为解决人类问题以及人与自然的关系问题贡献来自中国的智慧和方案。诚然,这样的理论创新与实践探索才是我们期望各级各类学校教育人才培养的所追所求。

目录

"两个大局"的时代意蕴

《中共中央关于制定国民经济和社会发展第十四个五年规划和二〇三五年远景目标的建议》指出:"全党要统筹中华民族伟大复兴战略全局和世界百年未有之大变局,深刻认识我国社会主要矛盾变化带来的新特征新要求,深刻认识错综复杂的国际环境带来的新矛盾新挑战,增强机遇意识和风险意识,立足社会主义初级阶段基本国情,保持战略定力,办好自己的事,认识和把握发展规律,发扬斗争精神,树立底线思维,准确识变、科学应变、主动求变,善于在危机中育先机、于变局中开新局,抓住机遇,应对挑战,趋利避害,奋勇前进。"这就要求社会全域在谋划"十四五"规划和二〇三五年远景目标时,要基于"全局"和"变局"这两个大局进行考量。为此,我们必须认清"两个大局"形成的时代必然及其内在的逻辑理路,明确中华民族在历史进程和世界格局中所处的位置,统筹好"两个大局"的战略特性和未来指向,促进中国与世界的良性互动、协调统一,加快实现中华民族伟大复兴和推进人类命运共同体建设。

一、"两个大局"的时代必然

当今世界,新一轮科技革命和产业变革深入发展,世界格局重构的过程中产生了更多的不确定性和不稳定性因素,同时充满了大国之间的角力和博弈,百年未有之大变局日益凸显。中华民族伟大复兴是中国经济社会持续发展的必然结果,其主要表现为中国经济总量的提高及国际地位和国际影响力的提升,中国成为推动世界经济增长的重要动力源,促进了世界"东部"的迅速崛起,进而加速重构世界经济格局。因此,统筹国内国际两个大局,加快构建以国内大循环为主体、国内国际双循环相互促进的新发展格局,显得尤为重要。

(一)世界百年未有之大变局

当今世界正经历新一轮大发展大变革大调整,大国战略博弈全面加剧,国际体系和国际秩序深度调整,人类社会在前进道路上所要面临的新机遇新挑战层出不穷,不确定不稳定因素日益增多。基于对世界格局的整体认识和深刻分析,以习近平同志为核心的党中央作出一个重大判断:"当今世界正经历百年未有之大变局"。深刻认识这一变局的丰富内涵,牢牢把握"大变局"给中华民族伟大复兴带来的重大机遇和挑战,是实现第二个百年奋斗目标和建设人类命运共同体的重要保障。

1.新一轮科技革命和产业革命加快世界重塑

科学技术是第一生产力,科学技术的发展和产业的兴起是推动人类文明持续进步和世界不断前行的不竭动力。回顾近代以来的世界历史进程,每一轮科技变革和产业革命都深刻改变着世界的发展面貌和基本格局。16世纪以来,人类社会进入前所未有的变革活跃期,几百年里取得的科技创新成果超过过去几千年科技创新成果的总和。特别是18世纪和19世纪初,世界发生了几次重大的科技革命。1765年,哈格里弗斯发明"珍妮纺织机",该纺织机具备动力、传动、工具三个部分的装置,具备现代机器雏形,极大地提高了纺织品行业的产量,由此拉开了第一次科技革命的序幕,人类社会从手工工具时代向机器时代迈进了一大步。18世纪60年代中期至18世纪末,詹姆斯·瓦特改良蒸汽机,为机器生产提供了动力系统,人类社会进入"蒸汽时代"。机器生产快速普及并不断发展,从棉纺织业逐渐拓展到采矿、冶铁、交通运输等行业。1807年,美国人罗伯特·富尔顿制造的以蒸汽机为动力的轮船试航成功。19世纪初,英国人史蒂芬孙发明"蒸汽机车",人类交通运输进入以蒸汽机为动力的新时代。这些科技革命不仅推动了人类产业变革,也促进了人类社会变革和全球格局的变化。随着生产力发展水平的进步,集体工作性质的现代化工厂开始不断涌现,资本主义生产方式逐渐取代落后的自耕农生产方式,资本主义萌芽出现。基于科学理论研究的深入和技术变革的推动,19世纪末到20世纪初,出现了一系列重大发明,以电能应用和内燃机的出现为标志的第二次科技革命爆发。1866年,德国人西门子制成了自激式直流发电机,到19世纪70年代,实际可用的发电机问世,电力开始用于机器,成为补充和取代蒸汽动力的新能源。随着发电机、电动机等的相继发明和远距离输电技术的出现,电力工业迅速发展起来,电力在生产和生活中得到广泛利用,电灯、电话、电影放映机进入人类生活。同时,自英国人斯特里特提出从燃料的燃烧中获取动力的概念以来,经过将近100年的理论研究和实践探索,19世纪七八十年代,以煤气和汽油为燃料的内燃机相继诞生,内燃机的发明解决了交通工具的发动机问题。19世纪80年代,德国人卡尔·本茨等人成功地制造出由内燃机驱动的汽车,远洋轮船、飞机等也得到了迅速发展。内燃机的发明,推动了石油开采业的发展和石油化工工业的生产,产业发展重心由轻工业向重工业转变。20世纪四五十年代,以原子能、电子计算机、空间技术和生物工程的发明和应用为主要标志的第三次科技革命爆发。这次科技革命涉及信息技术、新能源技术、新材料技术、生物技术、空间技术和海洋技术等诸多领域,推动人类社会又一次飞跃式发展。尤其是电子计算机的迅速发展和广泛应用,推动人类社会进入了"信息时代"。这次科技革命促进计算机应用技术的迅速崛起和持续渗透,以知识经济为代表的新型经济体成为各国综合国力竞争的关键,极大地推动了人类社会政治、经济、文化的变革,促进了人类生活方式和思维方式的转变。

表1-1 三次科技革命的基本特征

科技革命	产业革命	技术载体	产业变革领域	先进国家
第一次科技革命	第一次产业革命	纺织机技术	棉纺织业	英国
	第二次产业革命	蒸汽机技术	采矿、交通等领域	英国、美国
第二次科技革命	第三次产业革命	电力、内燃机	钢铁、电力、汽车等领域	德国、美国
第三次科技革命	第四次产业革命	信息和远程通信技术	计算机应用	美国、日本

美国著名经济学家布莱恩·阿瑟在其著作《技术的本质：技术是什么，它是如何进化的》中提出，"众多的技术集合在一起，创造了一种我们称之为'经济'的东西。经济从它的技术中浮现，不断从它的技术中创造自己，并且决定哪种新技术将会进入其中。每一个以新技术形式体现的解决方案，都会带来新的问题，这些问题又迫切需要进一步得到解决。经济是技术的一种表达，并随这些技术的进化而进化"①。纵观人类科技发展史，科技革命技术扩张和持续扩散的周期大约为60年，随着第三次科技革命的技术渗透以及科学研究的不断进步，以人工智能、物联网、大数据、5G通信技术、基因编辑等为代表的一批新技术在全球应运而生，新的技术变革呈现多点爆发态势，为新一轮科技革命和产业变革提供了坚实的技术支撑，推动了新一轮科技革命和产业变革的兴起。从当前科技的技术水平和应用范围来看：新一轮的科学技术在多领域获得重大突破；新能源将替代传统不可再生能源，在交通运输、商业运营等领域得到广泛应用；航天技术的崛起将驱动人类进一步深入太空，助推新产业的兴起；基因测序、基因编辑、表观遗传、干细胞技术、脑科学等生命科技将会推动人类生命变革。在新一轮的科技革命和产业革命中，以人工智能、5G通信技术、生物技术、大数据等为代表的信息化技术应用已经趋于成熟，这些技术极大可能推动人类社会的新一轮变革，驱动人类进入"智能化时代"。智慧家居、智慧工业、智慧交通、智慧医疗、智慧农业、智慧金融、智慧城市等将深刻影响人们的生产和生活。未来，现代化信息技术将会代替很大一批传统劳动力，人类大脑甚至可能与机器结合产生"超能力"，人工智能将解放人类的双手甚至大脑。可以预见，随着智能化社会的到来，技术将成为大量的剩余劳动力的"替代品"，人类的生产组织方式和社会组织方式将会迎来新的变革，人们的工作和生活方式也将发生重大变化，将会有更多人转向以智力劳动、文化创作、社会治理等为代表的具有创造性和人文精神的工作领域。总而言之，在科技革命推动下，人类社会已发生多次产业革命，使得社会生产力实现大解放和人们生活水平显著提升，从根本上改变了人类历史的发展轨迹，这对

---

① 布莱恩·阿瑟.技术的本质：技术是什么，它是如何进化的[M].曹东溟，王健，译.杭州：浙江人民出版社,2014:目录5.

全球创新版图的重构和全球经济结构的重塑起到了十分突出的作用,从而给世界带来无限的发展潜力和前所未有的可能性。

2.经济全球化深入发展,推动全球治理变革

当前,新一轮经济全球化进程持续快速发展,为世界经济发展提供了强劲动力,促成了资本的重新组合、技术的深入变革、产品的广泛流通、资源的持续流动等,逐渐形成更大范围的全球产业链、价值链和供应链。在经济全球化的推动下,世界各国和各地区的资源得到更合理的配置和更充分的发挥,发展中国家与发达国家通过生产要素的流动,以及产业链、价值链和供应链的构建实现了联动发展,从而合力推动全球生产技术和生产方式的变革,世界版图一体化程度不断加深。但是,经济全球化是一把"双刃剑",随着新一轮经济全球化进程的持续推进,不同地区、国家、产业、群体所面临的挑战从内部不断向外延伸,加上全球公共卫生安全、极端主义和恐怖主义等全球性问题在世界范围内不断扩散,使得世界和平问题、发展问题、治理问题变得愈发严峻,这也使得完善全球经济治理体系,消解经济全球化负面影响,引导经济全球化朝着开放、包容、普惠、平衡、共赢的方向健康发展变得越来越重要。全球治理的实质是解决全球公共产品的供给问题。所谓全球公共产品,是指一种具有实际的跨国外部性和非排他性的物品、资源、服务、规则系统或政策体制,而全球治理体系中的多元行为体都有提供全球公共产品的责任,尤其是大国在此方面负有不可推卸的责任。如果大国不能主动承担起更多的治理责任,那么经济全球化所带来的负面影响将只增不减,进而引发更大规模的全球性危机,加剧世界范围的不稳定性。因此,实现全球治理体系和治理能力的现代化在新时代显得尤为重要,这也是全球公共产品供给稳定性和可持续性的基本保障。然而,当今世界公共卫生安全风险常态化、恐怖主义反复化等全球性问题层出不穷,各国既要面对国内经济社会发展的艰巨任务,也要应对由经济全球化不稳定性、不确定性增加等产生的新的外部挑战,这对其担负提供全球公共产品的责任而言无疑是巨大的考验。

当代世界的经济全球化既是世界大变局的一种表现,又是世界大变局的一个结果。之所以说经济全球化是世界大变局的一种表现,是因为经济全球化的重大变化正是世界大变局的重要内容。经济全球化的重大变化表现为:与此前任何时期相比,当今世界的经济全球化影响的范围更大、程度更深。从影响范围来看,世界上几乎没有经济体能够绕过经济全球化而独自前行;从影响程度来看,世界各个经济体都因经济全球化而相互依赖、相互嵌入,其影响之深也超过了历史任何时期。之所以说经济全球化又是世界大变局的一个结果,是因为世界大变局最重要的内容是国际权力的转移,这也就意味着经济全球化的主导力量在变化,因而经济全球化本身也必然随之而变化。[1]世界银行数据显示,美国的GDP总量占世界总量的比重已经从20世纪中叶的将近50%下降到当前的20%。而过去30多年,中国GDP总量占世界总量的比重从5%上升到了13%以上。中国经济的崛起成为近100年以来世界经济格局变化的最重大事件。当今世界200多个国家和地区中,只有60多个进入工业社会,将近80%的世界人口还处在农业社会,他们正期待着经济全球化为其带来富足的生活。而中国作为有着14亿多人口的发展中国家,有责任有义务承担起致力于解决全球经济治理问题的责任,呼吁建立新的全球经济治理体系。党的十八大以来,中国提出的"一带一路"倡议已经覆盖全球将近70%的人口,中国秉持"和平合作、开放包容、互学互鉴、互利共赢"的发展理念,其核心目标是促进经济要素有序自由流动,共同打造开放、包容、普惠、平衡、共赢的全球经济合作架构。在G20杭州峰会、达沃斯世界经济论坛上,中国领导人为世界经济和经济全球化发展提供了很多有价值的理念和措施,这将有助于克服"逆全球化"对世界经济发展的消极影响,并构建起新的全球经济治理体系。[2]

3.世界多极化深入发展,国际力量对比趋向平衡

在人类历史上,东西方国家在各自区域同步发展,在人类文明的历史长河中,诞生了古代中国、古代巴比伦、古代印度、古代埃及等文明古国。新航路开辟

① 胡键.经济全球化的新态势与全球经济治理的变革[J].国际经贸探索,2022,38(08):102.
② 周丹,蒋丽丽.推动全球经济治理体系变革[N].光明日报,2017-04-02(7).

以前,世界各国仍处于相对孤立的状态,并没有形成一个文明互通的有机整体。随着地理大发现以及近代工业革命的发展,原有的封闭格局被彻底打破,这也是全球化进程的历史源点和根本动力,以西欧为中心的全球化市场在东西方交往中逐渐形成,世界秩序也在发生着深刻变革,主要有海上争霸和陆地争霸两条线索。海上争霸是塑造全球秩序的主线,陆地争霸则是塑造区域秩序的主线。①但是,为了获取更多的财富和资源,西方列强加紧对中国、印度等东方国家的侵略,发动了一场又一场的战争,给东方国家的人民带来了深重的灾难。亚洲绝大部分地区都先后沦为殖民地或半殖民地,非洲和拉丁美洲绝大部分成为殖民地,全球绝大部分土地与人口被西方资本主义国家控制,最终形成了以资本主义市场为主导的世界格局。正如马克思、恩格斯在《共产党宣言》中所指出的那样,资产阶级"使未开化和半开化的国家从属于文明的国家,使农民的民族从属于资产阶级的民族,使东方从属于西方"。1840年,第一次鸦片战争爆发,近代中国的苦难历程开启,中华文明首次遭遇海上文明的巨大冲击,中华民族遭遇了前所未有的劫难,中国人民饱受屈辱与苦难。直到第二次世界大战结束以后,社会主义力量在经过战争洗礼后变得更加坚固,亚非拉人民争取民族独立的呼声日益高涨,民族解放运动在这一时期掀起高潮,这也直接推动了帝国主义和殖民主义的土崩瓦解,中国等东方国家重新获得民族独立和政治自由。1953年,抗美援朝战争的胜利,标志着西方国家用坚船利炮就可以占领一个东方国家的时代正式终结。1971年10月,在亚非拉国家的支持下,中国得以重返联合国。亚非拉地区发展中国家和其他地区的发展中国家组成的"第三世界"在国际政治舞台上逐渐发挥更大的作用。1989年以来,随着东欧剧变和苏联解体,原有的世界政治格局发生改变,而新的世界格局尚未形成,世界进入多极化发展阶段。进入21世纪,特别是2008年美国次贷危机爆发以来,中国、俄罗斯、日本、印度等国以及二十国集团、金砖国家、上海合作组织、东盟、亚投行等在全球治理中扮演着越来越重要的角色,而欧美等国在国际事务中的话语权却不断下降,这必将引发新一轮国际格局的洗牌和重塑,深刻改变世界政治经济地理格局。当今世界逐步形成了以亚

---

① 施展.枢纽:3000年的中国[M].桂林:广西师范大学出版社,2018:622.

洲、北美和欧洲为中心的三大力量版图,且从长远来看,亚洲国家特别是东亚国家的发展潜力远远大于欧美国家。

放眼当前世界发展格局,传统发达国家和新兴经济体、广大发展中国家之间的发展差距不断缩小,按世界银行所发布的汇率法计算,新兴经济体和发展中国家的经济总量在全世界所占比重已经接近40%,对世界经济增长的贡献率已经达到80%[①],如果保持现在的发展速度,十年后新兴经济体和发展中国家的经济总量将接近世界总量的一半以上,这将使全球发展的"东西版图"变得更加均衡。以不断增强的经济实力为基础,新兴经济体和发展中国家在政治上和世界治理体系中不断争取更大话语权,提高自身在国际社会的影响力和竞争力,从而在联合国、世界贸易组织、金砖国家等多边框架下持续增大国际影响力,寻求利益交集和共同发展空间。此外,东盟、非盟等地区合作机制的作用也在增强,新兴经济体和发展中国家的整体国际影响不断扩大,这是近代以来国际力量对比中最具革命性的、历史性的甚至是难以逆转的变化。从主要战略力量之间的对比看,冷战结束后的国家力量失衡态势出现显著转变,美国独自掌握地区和国际局势的能力在不断下降,"多强"之间在国际地位上的均衡化趋势日益彰显。虽然英、法、德、俄等传统强国的经济总量不断提高,但在世界经济格局中的相对占比在不断下降;俄罗斯在经济实力下降的背景下,继续在军事力量上保持突出地位;中国和印度经济总量及其在世界经济总量中的相对占比均在上升。其中,中国处于近代以来最好的发展时期,综合国力和国际地位提高尤为显著,这不仅大大强化了世界多极化趋势,而且成为提高新兴经济体和发展中国家整体实力并使国际力量对比变得越发平衡的重要因素。此外,面对不断深入推进的多极化趋势,特别是国际混乱失序因素明显增多、不确定性和风险性持续存在的全球化环境,世界主要战略力量纷纷重新厘清自身定位、资源条件、内外战略,力求更好地应对变局、维护利益,在日益显现的多极格局中抢占比较有利的国际地位。这就使得大国的战略取向和政策推进普遍呈现强调独立自主、推陈出新的特点,大国之间交往的合作面明显下降、竞争面明显上升,而且竞争日益聚焦于重塑国际秩

---

① 高祖贵.世界百年未有之大变局的丰富内涵[N].学习时报,2019-01-21(A1).

序和治理体系。此外,世界各国正通过以制度变革、技术革新和军事实力提升等为支撑,以重塑国际规则为主要策略的竞争手段来重新划分利益边界和确定国家与国家之间、地区与地区之间的互动关系,国际秩序的变革愈显深刻,发展模式多样化趋势越发凸显。全球基于地缘进行实力角逐的舞台从欧洲转向印度—亚洲—太平洋板块,军事战略之争从以大规模杀伤性武器为代表的传统战略威慑向太空、网络、海洋、极地等新领域和远程精确化、智能化、无人化等新技术维度拓展。国际秩序以重构联合国、世界贸易组织、世界银行、国际货币基金组织等国际组织的权力分配和利益划分为核心来展开,国际社会在共同应对各种全球性危机的过程中不断探索新的发展理念和治理模式,创造新的国际规则和体制机制,从而推动新型国际治理体系和治理能力现代化。

4. 新的全球性问题层出不穷,呼吁共建人类命运共同体

当前,世界百年未有之大变局加速演进,世界经济脆弱性更加突出,地缘政治局势紧张,全球治理严重缺失,粮食和能源等多重危机叠加,新一轮全球性问题层出不穷,无不威胁着世界各国的发展命脉。首先,人口问题现已成为一个日益严重的全球性问题,它不仅加重了环境和资源问题,也带来了严重的社会问题,而且与环境和资源问题交织在一起,对世界的持续安全与持续发展均产生巨大影响。人口问题主要表现为两大问题:一是人口数量增长过快。据联合国权威机构公布的数据,预计全球人口将由2015年的73亿人增加2050年的97亿人;全球人口最终能稳定在105亿人或110亿人左右。全球人口的高速增长,导致了全球性的生态破坏、环境污染和资源短缺等严重问题。发展中国家人口问题尤其严重,可能会引起空前的危机。二是人口老龄化。联合国发布的最新报告显示,全球人口中有5亿多人年龄在60岁或以上(占全球总人口近8%)。发展中国家以欧洲和中亚地区的老年人口比例最高,占总人口的11.4%。人口老龄化给世界各国的经济、社会、政治、文化等方面的发展带来了深刻影响,庞大老年群体的养老、医疗、社会服务等方面需求的压力也越来越大。对包括中国在内的许多发展中国家而言,"未富先老"构成空前严峻的挑战。其次,全球性资源问题日益凸显。资源问题主要表现为世界森林衰退严重,据绿色和平组织估计,近100年来,

全世界的原始森林有80%遭到破坏;土壤退化问题不容乐观,土壤退化导致世界人均耕地面积减少。据联合国统计,1975年至2000年世界人均耕地面积大约减少了一半。与此同时,根据联合国2015年发布的世界水资源开发报告,2030年,世界各地面对的"全球水亏缺",即对水的需求和补水之间的差距,可能高达40%。此外,从全球看,霸权主义与强权政治思维仍在作祟,地缘政治回归、颜色革命蔓延、人权问题政治化等无不与此有关,严重阻碍了全球性问题的合作应对。恐怖主义不仅是"20世纪的政治瘟疫",更是21世纪世界安全的头等大事。国际社会在反恐领域不断加大投入,共识日益增多,合作日趋深入,取得了不少积极进展。但是,恐怖主义滋生的土壤并未铲除,国际社会面临的恐怖威胁远未消除,国际反恐形势仍然十分严峻,国际恐怖主义正向全球化、长期化、高技术化方向发展。

在此背景下,2022年11月15日,习近平主席出席二十国集团领导人第十七次峰会并发表重要讲话,强调"各国要树立人类命运共同体意识,倡导和平、发展、合作、共赢,让团结代替分裂、合作代替对抗、包容代替排他,共同破解'世界怎么了、我们怎么办'这一时代课题,共渡难关,共创未来"。人类命运共同体核心价值观是人的全球化,而人的全球化是人类社会共同生存的一种状态,其更多体现为地球村的概念①,追求的是全人类身体健康的共同发展与生命安全。如今,全球性安全问题正在世界各国蔓延,没有哪一个人或者哪一个国家能够独善其身,这是全人类共同面对的"战役",各个国家、各个地区之间不再是"你与我"的关系或者各领域博弈的关系,而是人类社会与安全问题的关系,这也更加凸显了人类是一个休戚与共的命运共同体。当今世界正经历百年未有之大变局,这是国际社会日趋复杂和深度调整的关键时期,也是国际力量对比朝着更加有利于和平与发展这一时代主题发展的重要时期。尽管世界多极化、经济全球化、文化多样化、社会信息化的深入推进并没有完全消除战争、贫穷、落后的阴霾,但和平、发展、合作、共赢的历史潮流和各国人民共同呼吁构建人类命运共同体的愿景不可阻挡。在时代大势所趋和人类共同愿景面前,冷战思维、霸权主义等愈发

---

① 赵英臣.后疫情时代的全球化重塑[J].山西师大学报(社会科学版),2020,47(04):90.

与世界变革相悖,独善其身、"闭关锁国"只会导致落后,弱肉强食、穷兵黩武必然失败。总之,推动构建人类命运共同体,以平等协商取代以强凌弱、以互利合作取代零和博弈,才是契合发展命脉的主旋律和主基调,才能引领人类社会的繁荣进步与和谐发展。推动构建人类命运共同体是应对人类社会共同风险挑战、破解全球发展困局的必然选择。当前,社会生产力的解放和发展,在创造前所未有的历史机遇的同时,也带来了前所未有的风险和挑战。世界经济发展形势日益复杂,发展困局日益凸显,局部不稳定不断扩散,强权政治势力不减,传统安全和非传统安全问题同步出现,恐怖主义、重大传染性疾病等全球性挑战更加凸显,资本逻辑主导下的治理赤字、信任赤字、和平赤字、发展赤字,成为摆在全人类面前的严峻考验。①2021年1月25日,国家主席习近平在北京以视频方式出席世界经济论坛"达沃斯议程"对话会并发表特别致辞。习近平强调:"人类面临的所有全球性问题,任何一国想单打独斗都无法解决,必须开展全球行动、全球应对、全球合作。"在百年未有之大变局下,任何国家都难以脱离风险而独善其身。因此,只有推动构建人类命运共同体,以合作共赢取代"闭关锁国",才能更加充分地认识世界大局与风险之危,也唯有如此,才能加强多元合作,从而化危机为动力,化挑战为机遇。如今,在百年未有之大变局和全球性安全问题同步冲击的形势下,推动构建人类命运共同体将深刻影响世界历史进程,并改变世界发展的趋势和整体格局。在这一理念的指引下,很多全球性问题将得到有效解决,世界也将朝着平等、和平、合作、协调、均衡等方向发展,例如,中国历史性地解决了绝对贫困问题,并通过"一带一路"倡议来带动更多国家发展。经济全球化的趋势不可逆转,世界各国要把握发展大势,以更加开放包容的姿态抓住发展机遇,谋求互利互惠、合作共赢,积极引导经济全球化朝正确方向发展。②由此不难看出,推动构建人类命运共同体是"站在历史正确的一边,站在人类进步的一边",只要坚持推动构建人类命运共同体,建设更加美好的世界的目标必能实现。

---

① 胡守勇.人类命运共同体思想的思维逻辑[J].湖南社会科学,2022(02):42.
② 顾海良.人类命运共同体政治经济学初探[J].教学与研究,2022(04):32.

(二)中华民族伟大复兴战略全局

习近平总书记在庆祝中国共产党成立100周年大会上的讲话中明确指出,一百年来,中国共产党团结带领中国人民进行的一切奋斗、一切牺牲、一切创造,归结起来就是一个主题:实现中华民族伟大复兴。中国共产党的百年历史,既是自觉认识和成功应对世界百年风云变幻的奋斗历史,也是带领中国人民在复杂和艰难的内外部环境下成功推进中华民族伟大复兴的辉煌历史。通过百年艰苦卓绝的奋斗,中国共产党带领中国人民深入推进中国特色社会主义现代化,形成了中华民族伟大复兴的战略全局。

1.何谈"中华民族伟大复兴"

"复兴"意指再次兴起,显然,它是同之前的兴起密切相关的概念。因此,讲一个民族的复兴,需要两个条件:第一,该民族在历史上曾经辉煌过。如果一个民族没有过足够的辉煌历史,就没有资格谈"复兴"。第二,该民族辉煌了又衰败了。如果一个民族没有衰败,一直兴盛,也就没有必要谈复兴。这两个条件,中华民族都是充分具备的。[①]中华民族在春秋战国时期、秦汉时期和隋唐时期创造了光辉璀璨的古代文明。春秋战国时期是中华民族历史上最大的一个乱世,它的持续时间最长,参与纷争的"国家"最多,各种思想的启蒙变化也异常复杂。在那个历史时间段里,各种学派、主张纷纷登上历史舞台,并且都在历史上占据了一席之地,大量的学说和思想充斥着整个历史社会,儒、墨、道、法这些学派的兴起,让中国社会有了第一次的思想启蒙,军事、经济、法治都有了长足的发展,也正是因为那个历史时期的过渡,让中国的历史社会从之前的奴隶社会变成了后来的封建社会,之前的奴隶制度也变成了后来的封建制度。六国统一后,秦始皇建立了中央集权制,实行郡县制,统一文字、货币、度量衡,开辟道路,修筑长城,建立了空前庞大的秦朝。然而,由于统治者的奢侈和残暴,秦朝很快就被推翻了。公元前202年,刘邦称帝,建立汉朝,史称西汉。汉武帝刘彻把西汉王朝推向了政治、经济、军事和文化的鼎盛时期。在"文治"上,汉武帝确立了儒学的主导

---

① 欧阳康.中华民族伟大复兴战略全局的核心价值与建构逻辑[J].理论与改革,2022(01):2.

地位,确立了儒学的民族性;在军事上,汉武帝大规模扩宽疆域,基本完成了中国多民族国家统一的领土工程;在外交上,汉武帝开辟丝绸之路,极大地促进了中西文化交流。汉武帝的一系列治国措施,使西汉成为中国封建社会的第一个鼎盛时期,将西汉王朝推向了顶峰。而中国封建社会第二个鼎盛时期则是唐朝。唐朝是超越秦汉的强盛王朝,唐朝的建立结束了魏晋南北朝近四百年的分裂状态,在空前统一的辽阔疆域内,各族人民互相融合,创造了灿烂辉煌的文明。这一时期的民族大融合为规模更大的大一统创造了条件,一方面是北方民族进入中原,另一方面是南方民族和北方民族的融合,这一融合既是"长城内外的农牧两大统一体"的汇合,也是北方旱作农耕和南方稻作农耕两大农耕文化的汇合,这也是中华民族多元一体格局形成最关键的时期。①综观历史发展,唐朝盛世形成的原因主要有:政治上以史为鉴,选贤任能,从谏如流;经济上实行"与民休息"的政策,推行轻徭薄赋;文化上大兴文治,兴学重教;军事上实行"寓兵于农"的兵制;民族关系上采取"华夷一体"、较为平等的民族政策,实现了边境地区的统一和安定。公元960年,宋朝建立。宋朝作为中国历史上经济、文化、教育最繁荣的时代,达到了封建社会的巅峰。著名史学家陈寅恪说:"华夏民族之文化,历数千载之演进,造极于赵宋之世。"法国著名汉学家谢和耐曾说:"在社会生活、艺术、娱乐、制度、工艺技术诸领域,中国(宋朝)无疑是当时最先进的国家,它具有一切理由把世界上的其他地方仅仅看作蛮夷之邦。"据资料记载,鼎盛时期的宋朝经济总量大约占世界经济总量的50%,而明清时期中国社会开始固化,但是经济总量仍高于整个欧洲,清朝晚期出现下滑态势。然而,自1840年鸦片战争以后,列强入侵,肆意掠夺;朝廷腐败,民族衰落,中华民族被视为"东亚病夫"任人宰割。中华民族落伍了,这种落伍完全是被外国帝国主义和本国反动派所压迫和剥削的结果;但中华民族也在一定程度上觉醒了,在西方列强的船坚炮利中结束了千年封建历史,开始了近代化探索历程。北洋大臣李鸿章曾说"这是三千年未有之大变局",变法、改革、革命成了此后中华民族的关键词,也成了近代以来中华民族不懈追求的目标。多少中华民族的优秀儿女,为了实现这个目标而前赴后继、

---

① 伍雄武.中华民族的形成与凝聚新论[M].2版.昆明:云南人民出版社,2014:79.

英勇牺牲。太平天国运动、戊戌变法、义和团运动、辛亥革命,等等,救亡图存的斗争此起彼伏、从未停止。正如毛泽东所说:"一百多年以来,我们的先人以不屈不挠的斗争反对内外压迫者,从来没有停止过,其中包括伟大的中国革命先行者孙中山先生所领导的辛亥革命在内。"①在今天这片被称为"中国"的东亚大陆的土地上,数千年的历史呈现为一个多元一体的运动过程。这个运动过程内部包含着中原、草原、海洋、西域、高原等几种主要的自然—社会—经济—文化—生态区域,各区域间有着极为深刻的相互依赖、相互塑造的关系。总之,中华民族历经风雨,创造过辉煌的历史,也面临过严峻威胁,经过历朝历代的曲折演变,如今已进入新一轮的伟大复兴新征程。

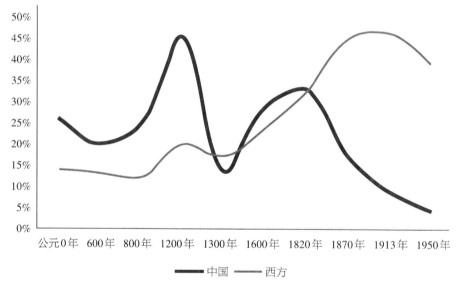

图1-1 中西方各时期经济水平占世界GDP比重②

纵观中华民族上下五千年历史,强盛的时代比比皆是,中华民族像一个曾经显赫的贵族,中间有段时间"家道中落",现在发愤图强又要"再次强大"了。(见图1-1)因此,"复兴"的主语并不特指国家实力,更多的是指一个民族的文明。孙中山先

① 毛泽东文集(第五卷)[M].北京:人民出版社,1996:344.
② 在古代史研究中,常用土地和人口两个要素作为衡量某一时期、某一地区经济发展水平的重要指标。古代社会经济的主体是第一产业,古代社会的经济是农本经济,在当时的农业生产中,土地是最重要的生产资料,而人口是全部社会生产行为的基础和主体。参见龚胜生,肖克梅:两千年来中国经济重心变迁的量化分析——基于人口和城市数据的代用分析[J].地理科学,2021,41(09):1587-1597.

生在其1924年的"三民主义"演讲中提出"要恢复民族的地位,便先要恢复民族的精神"。戴季陶将此类内容整理成著,极力强调文化自信的恢复发扬对中华民族复兴的关键意义。①在西方的历史语境中,也经常出现"复兴",比如文艺复兴等。中华民族的复兴,当然不只是综合国力的复兴,更不仅仅是GDP的复兴,而是中华民族的整体复兴,它既包括经济和政治,也包括文明和精神。中华民族的复兴,给世界带来的不是战争和冲突,而是对"强国必霸"逻辑的超越,是以合作共赢为核心的新型国际关系,是追求世界各国共同和平发展的"人类命运共同体"。站在第二个"一百年"的历史交汇期,我们更加清楚地认识到,中国的现代化达到了前所未有的高度,中华民族伟大复兴已经成为不可逆转、不可阻挡的必然趋势。

2.中华民族伟大复兴战略全局的时代阐释

第一,准确把握新时代中国国情是中华民族伟大复兴战略全局的首要前提。党的十九大报告提出,我国社会主要矛盾是人民日益增长的美好生活需要和不平衡不充分的发展之间的矛盾。改革开放以来,人们的物质需求基本得到满足,对物质生活的追求正由量的积累转向质的保障,精神需求逐渐成为人们的关键需求。但是,中国仍处于并将长期处于社会主义初级阶段是现阶段最大的国情,中国仍是世界上最大的发展中国家这一最大实际均未得到根本改变。中国仍然没有从根本上摆脱欠发达的社会发展状态,仍然处于需要依靠全方位发展来不断满足人民日益增长的美好生活需要的社会历史阶段。现阶段,我们立足于中华民族伟大复兴战略全局,仍然需要将发展作为我们党执政兴国的第一要务,继续保持脚踏实地的实干精神和务实笃行的工作作风,不断解决中国发展不平衡和不充分的问题。在立足全局中应对变局,要求我们必须将中国的最大国情和最大实际作为正确认识全局的首要前提。近年来,部分发达国家以中国的经济总量作为"指标"和"凭证",指责中国的发展中国家定位在很大程度上是为了逃避自身的国际责任。然而,如果我们将这些质疑与责难放置于百年大变局的时代背景之中予以审视就不难发现,其实质不过是部分发达国家在国际政治格局

---

① 黄兴涛.重塑中华:近代中国"中华民族"观念研究[M].北京:北京师范大学出版社,2017:204.

剧烈调整之下所表现出来的对发展中国家的一种错误解读与刻意为之,其目的是通过抹黑中国来不断削弱中国的国际影响力。事实上,作为世界上最大的发展中国家,中国当然有责任和义务积极主动地参与全球治理、承担更多国际事务,但前提是中国必须集中力量发展自己,在提升自身实力的基础上参与国际事务,从而不断增强自身在国际社会中的话语权。因此,中国应立足国情来明确国际定位,以实际能力来承担应尽的责任,量力而行,不能仅仅为了赢得国际社会的良好口碑而忽视自身的实际能力,承担与国情不相一致的国际责任。与此相反,中国应该主动宣扬自信自立、开放包容、公道正义、合作共赢的国际交往方针原则,积极搭建互信、互利、互惠的全球合作平台,努力塑造共商、共建、共享的协同发展机制,这也是我们积极应对百年大变局、重塑公平公正的国际政治格局的根本策略。

第二,清晰认识中国所处的新阶段和新方位是中华民族伟大复兴战略全局的必然要求。中国的体量决定了它天然是个世界历史民族。中国古代史是超越于中原、草原等诸多要素之上的东亚大陆的体系史,以中原为经济和文化重心、以草原为军事重心、以过渡地带为整合诸要素的制度重心,在复杂的互动过程中拉动起包括陆地与海洋在内的整个东亚的经济政治秩序,并被表达为"天下"秩序。[1]自新中国成立以来,尤其是经过改革开放40多年来的艰苦奋斗,中华民族实现了从"站起来"到"富起来"再到"强起来"的历史性跨越,由此进入了新时代和新发展阶段。习近平总书记指出:"新发展阶段是我国社会主义发展进程中的一个重要阶段。社会主义初级阶段不是一个静态、一成不变、停滞不前的阶段,也不是一个自发、被动、不用费多大气力自然而然就可以跨过的阶段,而是一个动态、积极有为、始终洋溢着蓬勃生机活力的过程,是一个阶梯式递进、不断发展进步、日益接近质的飞跃的量的积累和发展变化的过程。"[2]面向社会主义现代化建设目标,中华民族经过艰苦奋斗积累了充分的物质基础和强劲的发展动力,以更加昂扬的姿态、更加坚定的信心应对世界百年未有之大变局和中华民族伟大

① 施展.枢纽:3000年的中国[M].桂林:广西师范大学出版社,2018:636.
② 张洋,鞠鹏.习近平在省部级主要领导干部学习贯彻党的十九届五中全会精神专题研讨班式上发表重要讲话强调 深入学习坚决贯彻党的十九届五中全会精神 确保全面建设社会主义现代化国家开好局[N].人民日报,2021-01-12(1).

复兴战略全局。与此同时,我们在保证国家经济社会稳固发展的同时,也要正视当前国际力量的深刻调整,经济制裁、政治孤立、文化渗透等都在不断冲击着中华民族的发展道路和前进步伐。但经济全球化与地区一体化的世界潮流浩浩荡荡,无可阻挡。因此,在面对百年未有之大变局和中华民族伟大复兴战略全局的关键时期,中国将更加主动地参与全球治理,积极维护多边主义,大力推动建设全球发展伙伴关系,不断开拓中国国际合作与竞争新优势,积极参与全球治理体系改革和建设,推动全球治理体系和治理能力实现现代化。立足于中华民族伟大复兴战略全局,我们既要把握世界发展格局深刻演变的国内外环境,也要重视国际安全挑战错综复杂的客观局面;既要立足中国国情来追求更高质量的发展,也要放眼世界来引领和推动更加公正合理的国际秩序的建立。中华民族将以国家稳定发展为基础,以地缘政治稳定为保障,以构建人类命运共同体为目标,以人类社会共同的利益诉求为准则。唯有如此,我们才能在统筹"两个大局"的进程中,不断推动中华民族伟大复兴迈向新的更高的发展阶段。

第三,完善中国特色社会主义制度是中华民族伟大复兴战略全局的根本保证。改革开放以来,中国共产党带领中国人民立足国情、开拓进取,在不断完善社会主义制度的基础上形成了中国特色社会主义制度,真正开启了具有中国特色的社会主义发展道路。在这一制度的指引下,中华民族积聚力量、均衡发展,在40余年的时间里创造了举世瞩目的非凡成就,创造了经济增长和社会稳定的世界奇迹。特别是在改革开放最初的30余年里,中国实现了年均9%以上的经济增长速度,用不到一代人的时间,取得了其他国家需要几代甚至更长时间才能取得的骄人成绩。2023年,中共中央团结带领全党全国各族人民,坚持稳中求进工作总基调,果断实行新冠疫情防控转段,全力推动经济恢复发展,坚定推进中国式现代化,圆满实现经济社会发展主要预期目标,全面建设社会主义现代化国家迈出坚实步伐。历史和实证都充分证明了,中国特色社会主义制度在历史形态上超越了资本逻辑主宰的制度模式,是代表人类社会发展方向、符合人类历史跃迁规律的崭新制度形态,其优势源于符合历史发展的规律性。①当前中国正处

---

① 黄建军.中国特色社会主义制度优势的四重维度[J].国企,2021(24):87.

于实现中华民族伟大复兴的关键时期,要想在百年未有之大变局不断演变的时空环境之下成功应对前进道路上的各种风险与挑战,我们"必须在坚持和完善中国特色社会主义制度、推进国家治理体系和治理能力现代化上下更大功夫"①。从世界社会主义500年的历史视野来看,尽管我们当前仍处于全球范围内的激烈斗争之中,并且可能还会继续且长期处于"资强社弱"的世界格局之下,但近几十年来,西方社会在经济、政治、社会等方面日益显现出制度困境,与"中国之制"下的经济社会稳定发展形成鲜明对比。这不仅有力地宣告了"历史终结论"的终结和"社会主义失败论"的失败,更充分地肯定了中国特色社会主义制度正在以其鲜明的时代特色和显著的制度优势深刻改变着中国、影响着世界,让"一个强大的、一切时代中最强大的革命远景"不断呈现在21世纪的世界面前。因此,面对中华民族伟大复兴战略全局,我们更要坚持和完善中国特色社会主义制度,在"中国之制"所释放出的活力与合力的共进中,汇聚起实现中华民族伟大复兴的磅礴力量。

(三)二者之间的辩证关系

马克思主义唯物辩证法认为,矛盾分析法是根本的认识方法,认识事物要坚持"两点论"与"重点论"相结合,一分为二地看待问题,既要看到有利的一面,又要看到不利的一面;在看待某一具体事物时,要坚持矛盾主次分析的方法,把握事物的主要矛盾。具体来说,一方面,世界百年未有之大变局给民族复兴带来了发展机遇,但全球性安全问题也层出不穷,带来了更大的风险与挑战。另一方面,中华民族正朝着伟大复兴的光明前景迈进,但中国发展不平衡不充分问题仍然突出。(见图1-2)这种内外机遇与挑战并存,形成了中国与世界相互影响的前所未有之新格局,在困难与危机面前中国应当全面考量、深入分析、科学应对,努力从危机中寻找新机遇、在大变局中开拓新局面。②

---

① 中共中央关于坚持和完善中国特色社会主义制度 推进国家治理体系和治理能力现代化若干重大问题的决定[N].人民日报,2019-11-06(1).

② 张庆.历史、理论与实践:新时代"两个大局"观的三维解读[J].中共南昌市委党校学报,2021,19(06):31-32.

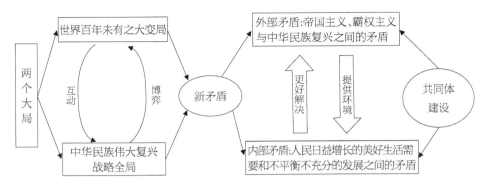

图1-2 "两个大局"的辩证逻辑

1. "大变局"为"战略全局"提供发展环境

世界百年未有之大变局的最大变化,就是以中国为代表的新兴市场国家和发展中国家的群体性崛起,从根本上改变了国际力量的"东西"对比。自工业革命以来,西方世界在国际政治经济格局中长期占据主导地位。然而近几十年来,新兴市场国家和发展中国家紧紧抓住经济全球化的发展机遇,实现了经济水平快速提升。国际货币基金组织数据显示,按购买力平价计算,新兴市场国家和发展中国家经济总量2008年已经超过发达国家,2018年占世界经济总量比重达到59%。当今世界,多极化格局加速发展,现代化发展模式更趋多元,国际治理体系向合作共治转变,任何国家和地区都不能独善其身,求稳定、盼和平、谋发展成为国际社会的普遍诉求。当前,新一轮科技革命和产业变革深入发展,新一代信息技术广泛应用,大量催生新技术、新产业、新业态、新模式,人类社会处于生产力大发展大跃升的关键期。当然,"大变局"中也充满了风险和挑战,各种不确定因素错综复杂、相互交织,各种新旧力量和分歧矛盾叠加碰撞,大国关系、国际秩序、社会思潮、全球治理格局不断变化,国际局势不稳定性和不确定性日益突出,治理赤字、信任赤字、和平赤字、发展赤字等问题愈加显著,世界各国进入新一轮的对抗与冲突之中。除此之外,全球经济增长动能不足、增速放缓,资本市场的趋利化与垄断化加剧了财富资源分配的不均衡性,贸易保护主义愈演愈烈,部分新兴经济体基础脆弱,面对经济的不稳定性很容易出现经济震荡,从而导致全球经济下行压力日益增大。此外,国际安全形势严峻复杂,国际战略竞争日趋激烈,自然灾害频繁发生,国际动荡下的难民安置问题持续存在,数字、空间、供应链等非传统安全问题变得更加严峻。此外,国际社会也面临一些老问题,例如恐怖主义、核扩散、跨国犯罪和毒品泛滥等。①全面遏制和对抗威胁的冷战思维悄然兴起,霸权主义和强权政治甚嚣尘上,零和博弈在"两个大局"下呈现出新形态,严重侵蚀战后国际秩序基础。资本主义国家的社会治理面临严峻挑战,甚至走出了一条"逆全球化"的发展道路,军备竞赛自"二战"后重新显露出愈演愈烈的趋势,国际稳定局势受到威胁,"俄乌""中东"等区域性冲突持续加剧,全球性安全问题愈演愈烈,这些都对中华民族伟大复兴提出了更加复杂多变的外部环境挑战。与此同时,智能化技术迅猛发展,给人类社会的生产方式和生活方式带来了巨大变化,如何在技术渗透的同时实现经济社会的稳步发展和良性变革,同样对中华民族提出了新的要求。总之,"大变局"下的国际力量对比进入加速调整期,世界政治格局呈现出"东升西落"的变化趋势,中国正在走向世界舞台的中央。当前,中国处于近代以来最好的发展时期,世界处于百年未有之大变局,两者同步交织、相互激荡。②虽然霸权主义和强权政治仍在不断威胁着世界的和平与发展,但是,以中国为代表的国际和平力量的崛起,使得国际力量对比深刻变化并朝着有利于和平与发展的方向变化。

2."战略全局"为"大变局"提供发展经验

百年未有之大变局是实现中华民族伟大复兴的战略全局的外部环境和时势条件,同时,实现中华民族伟大复兴既是百年未有之大变局的关键变量,又是这一大变局的重要组成部分。正像实现中华民族伟大复兴是谁也阻挡不了的发展大势,百年未有之大变局也是历史之必然,这就需要我们系统把握"两个大局"的客观性、规律性和互动性,增强胸怀"两个大局"的自觉性、主动性和坚定性。党的十八大以来,以习近平同志为核心的党中央把统筹国内国际两个大局作为治国理政的重要原则,同时也将其作为进行新时代伟大斗争的重要要求。习近平

---

① 秦亚青,金灿荣,倪峰,等.全球治理新形势下大国的竞争与合作[J].国际论坛,2022,24(02):12.
② 鞠鹏.习近平在中央外事工作会议上强调 坚持以新时代中国特色社会主义外交思想为指导 努力开创中国特色大国外交新局面[N].人民日报,2018-06-24(1).

总书记提出的"具有许多新的历史特点的伟大斗争"是基于国内国际两个大局发展大势作出的重要判断,是立足国内外发展新形势和新特点,对中华民族提出的新要求和新目标。这一重要判断既是统筹好国内大局和国际大局的直接现实动因,也是利用好"国内全局"和"世界变局"的必然结果。"两个大局"相互交织、相互作用、融合交汇,恰如车之两轮、鸟之双翼,我们必须统筹好、兼顾好、利用好二者各自的优势和机遇,同时处理好二者之间的辩证关系。世界变局的复杂性和不确定性会深刻影响中华民族伟大复兴的战略全局,中华民族的伟大复兴也必将影响世界变局。作为一个拥有14亿人口的世界第二大经济体、世界上最大的发展中国家和社会主义国家,中国理应顺应历史发展和时代潮流,积极参与全球治理变革。习近平总书记用三个"更",即"更负责的精神、更开放包容的胸襟、更高质量的增长"来宣示中国的立场与决心,以"全球治理观""正确义利观""新安全观"来协同全球各国一道破解治理赤字、信任赤字、和平赤字、发展赤字。作为当今国际秩序的维护者和建设者,中国坚持在全球治理框架下同其他国家携手合作、共同发展。随着融入经济全球化的步伐不断加快,中国在世界经济发展和全球治理中的大国作用日益凸显。从构建人类命运共同体的高度出发,中国应势而为、勇于担当,积极推动全球治理体系的改革与创新,为世界发展注入越来越多的中国正能量。

二、应对"两个大局"的战略特性

不谋全局者,不足以谋一域;不谋万世者,不足以谋一时。在实现中华民族伟大复兴的关键时期,在国际形势动荡变革的重要阶段,以习近平同志为核心的党中央要求全党在前进道路上必须统筹中华民族伟大复兴战略全局和世界百年未有之大变局。因此,我们要充分认识"两个大局"的时代特征和战略特性,以此为基础来更好地适应"两个大局"所带来的机遇与挑战。

(一)深刻认识"两个大局"的客观性

从历史的视角看,"两个大局"是一种客观存在的历史必然,统筹"两个大局"

有其客观的历史根源。放眼世界,发达国家和发展中国家在国际分工体系中的角色发生重大转变,发达国家经济增长乏力,新兴经济体和发展中国家在世界经济中占据越来越大的份额,世界经济重心加速"自西向东"位移。新一轮科技革命和产业变革带来的技术变革和产业升级前所未有,不仅有利于重构全球创新版图和经济结构,而且深刻改变了人类社会的生产生活方式和思维方式,推动了生产关系变革,给国际格局和国际治理体系带来了深远的影响。此外,国际力量对比发生的革命性变化同样是前所未有的,发达国家内部矛盾重重,世界影响力逐渐下降,与此形成鲜明对比的是一大批发展中国家的群体性崛起,成为影响国际政治经济格局的重要力量。西方发达国家主导的国际政治经济秩序难以为继,发展中国家在国际舞台的话语权和代表性不断扩大,全球治理体系越来越向着更加公平合理的方向发展,这也是社会发展的历史必然。人类前途命运的休戚与共前所未有,各国的相互联系和彼此依存比过去任何时候都更频繁、更紧密,整个世界日益成为你中有我、我中有你的人类命运共同体。历史上的中国曾经是世界上的经济强国,自19世纪40年代开始,中国历经西方列强的坚船利炮而逐渐沦为落伍者,其主要原因是没有顺应世界大势,没有"睁眼看世界"而实行"闭关锁国"的国家治理政策,在西方工业革命如火如荼、人类社会发生深刻变革的时期,丧失了与世界同步前进的历史机遇。在历史和人民的选择中,中国共产党应运而生。自诞生之日起,中国共产党就肩负起实现中华民族伟大复兴的历史重任,努力为人民谋幸福、为民族谋复兴、为世界谋大同。党的百年历史,从一定意义上说,就是在中国和世界的互动中应运而生、因势而谋、顺势而为的奋斗史。从中国共产党的成立及其成因来看,一方面,"十月革命一声炮响,给中国送来了马克思主义",中国共产党的诞生是顺应历史发展大势的。中国共产党把握了俄国十月革命胜利以及世界无产阶级社会主义革命兴起的世界大势,把握了马克思主义在中国传播带来广泛深刻影响的历史大势,遵循了马克思列宁主义同中国工人运动紧密结合的历史规律,掌握了中国人民和中华民族伟大觉醒的历史主动性,最终应运而生。另一方面,中国产生了共产党,这是开天辟地的大事变,深刻改变了近代以后中华民族发展的方向和进程,深刻改变了中国人民和中华民族的前途和命运,深刻改变了世界发展的趋势和格局。^①统筹"两个大局"是我们党在深刻认识共产党执政规律、社会主义建设规律、人类历史发展规律,深刻总结历史经验的基础上作出的战略决策,^②这是历史发展的必然,也是社会运行规律的客观要求。

从实践的视角看,"两个大局"是时代必然、客观实践,统筹"两个大局"有其客观的实践逻辑。"世界潮流,浩浩荡荡,顺之则昌,逆之则亡。"^③当今社会正在发生深刻而复杂的变化,中国同世界的联系和互动空前紧密,我们更要密切关注国际形势的发展变化,把握世界大势,统筹好"两个大局"。从国情看,中国发展进入新的历史方位和新的发展阶段,我们前所未有地走近世界舞台的中心,比历史上其他时期更接近实现中华民族伟大复兴的中国梦,同时具有实现这个目标的能力和信心。中华民族伟大复兴的"任务书""时间表""路线图"都已明确,伟大复兴曙光已经显现。从世界发展的形势来看,英国"脱欧"、法国"黄马甲"运动、美国大规模骚乱等"西方之乱"不断上演,其背后是国际金融危机深层次影响的持续发酵,西方国家贫富差距不断扩大,催生政治极化、民粹主义、种族冲突等一系列问题。^④特别要看到,2020年新冠疫情在世界范围内大暴发,成为世界百年未有之大变局的新变量、催化剂。这次百年一遇的疫情,不仅让复苏乏力的世界经济雪上加霜,更重要的是它凸显出西方资本主义主导下国际体系的严重弊端,宣告了新自由主义的彻底破产,加快了国际力量对比的变化,使国际格局"东升西降"的趋势更加显著,推动大变局不断向纵深发展。因此,"两个大局"的形成有其客观的历史根源和实践依据,这也是世界运行轨迹和发展规律的必然结果。

(二)积极适应"两个大局"的主动性

面对"两个大局",最根本的还是要保持战略定力和战略主动,坚定不移办好自己的事,不管风吹雨打,我自岿然不动。自新中国成立70多年以来,中国从一

---

① 习近平.在庆祝中国共产党成立100周年大会上的讲话[N].人民日报,2021-07-02(2).
② 谢兵良.深刻认识统筹"两个大局"的三重逻辑[N].湖南日报,2021-05-10(6).
③ 王贵水.官德的力量[M].北京:北京联合出版公司,2012:159.
④ 李庚香.新大同论——中华文明视野下的世界大同论[J].领导科学,2022(07):14.

穷二白发展为世界第二大经济体、第一大工业国、第一大货物贸易国……之所以能取得这些历史性成就，其中最为重要的原因是在中国特色社会主义制度指导下始终保持"咬定青山不放松"的战略定力、发展韧性和奋斗意识，始终沿着既定目标栉风沐雨、风雨兼程。党的十八大以来，以习近平同志为核心的党中央坚持以"两个一百年"奋斗目标为引领，迎难而上、开拓进取，以巨大的政治勇气和强烈的责任担当，解决了许多长期想解决而没有解决的难题，办成了许多过去想办而没有办成的大事。比如，在全党全国各族人民的共同努力下，中国脱贫攻坚战取得全面胜利，832个贫困县全部脱贫摘帽，现行标准下农村贫困人口全部脱贫（实际公布的数字为9899万），①历史性地解决了中华民族存在了几千年的绝对贫困问题，创造了又一个彪炳史册的人间奇迹，提前10年实现《联合国2030年可持续发展议程》的减贫目标。这是中华民族主动出击探索解决贫困问题的实践结果，也是人类艰苦奋斗、不屈不挠的实践范例。翻开人类历史画卷，世界上还没有一个国家能够像中国这样在这么短的时间内解决区域性的贫困问题，实现全民族全面脱贫，这一伟大成就的取得正是我们党团结带领人民"坚定不移办好自己的事"、主动迎接各种风险挑战的生动实践与真实写照。

　　新时代，在向着"两个一百年"奋斗目标前进的路上，中华民族面临的风险挑战会越来越复杂，我们要保持主动性和坚定性，保持"坚定不移办好自己的事"的清醒、坚定和果敢，以完善的制度安排和深厚的实践经验来克服"两个大局"下的一切艰难险阻。立足全面建设社会主义现代化国家新征程的新发展阶段，中华民族始终胸怀"两个大局"，做好应对各种困难、风险和挑战的准备，坚定不移贯彻新发展理念，不断构建新发展格局，更加主动地办好自己的事情。同时，要深刻认识到办好自己的事，绝不是关起门来搞建设、闭关锁国谋发展，也不是自说自话、自我封闭、自成一体，而是以国内高质量可持续发展为基础，更好地利用"两个市场""两种资源"，这也是更高层次发展与更深程度开放的有机统一。②总之，"两个大局"所带来的机遇和挑战已成定势，没有哪个国家能够凭借一己之力

① 张兆曙.国家贫困治理的"总体—技术范式"——脱贫攻坚如何克服"时间—任务悖论"[J].浙江学刊，2023（03）：124.

② 陈明明."两个大局"形成与演进机理探究[J].理论导刊，2022（03）：70.

改变这一"大局",唯有立足国家发展根本,主动适应"两大格局"的发展浪潮,才能在新时代有更多发展的可能。

(三)深入加强"两个大局"的互动性

当前,"两个大局"同步交织、相互影响,你中有我、我中有你,中国已深度融入世界,世界也与中国密不可分。中华民族伟大复兴既是世界百年未有之大变局的重要组成部分,同时也是引发百年未有之大变局的重要推动力量。经济全球化在曲折中不断向前发展,世界各国经济的互动关系和影响程度达到前所未有的水平,中国经济增长的动力正由依赖外贸出口转向更多依靠国内需求,特别是消费需求。党中央根据国际形势变化,结合新形势新任务新要求,提出加快构建国内国际双循环发展格局。统筹国内国际两个大局要坚持以国内大循环为主,着力解决生产、流通、消费等环节的堵点痛点,加快补齐发展短板,推动国内国际双循环相互促进,加强与"一带一路"共建国家的合作交流,充分利用国内市场、国际市场和国内资源、国外资源,更加紧密地同世界经济联系互动,加快构建人类命运共同体。"两个大局"相互交织、相互激荡、相互影响,这种互动性是全面的、深入的、复杂的。面对世界百年未有之大变局,全球治理需求和难度明显加大,但与之相对的是,各国探索全球治理体系的能力和决心明显不足,应对世界变局的能力存在严重不足。今天的世界是一个相互依存的世界,是一个全球化的世界。随着全球化的推进,人类安全的内涵不断丰富,安全的外延不断拓展,传统安全开始向非传统领域扩展,越来越多的非传统安全问题、威胁、危机超乎意料地接踵而来。在新时代背景下,全球化安全威胁呈现出复杂性、多样性、隐蔽性等特点,例如新冠疫情的全球大流行及其深远影响,使我们深刻认识到新一轮全球性威胁的特殊性:第一是突破区域边界,自1648年威斯特伐利亚体系建立以来,国家就成为国际关系最重要的实体,安全威胁的界定也通常以国家边界为依据,但全球性威胁却不受国界限制,隐形的病原体、污染的空气等在不同国度穿梭往来。第二是突破制度边界,不管是哪一种国家发展制度、哪一种信仰或意识形态,在全球性安全问题面前都将被卷入,几乎所有重要经济体都会面临严重威胁。第三是全球化嵌入程度越深、相互依存度越高的国家遭受打击的广度和深度就越大。我们常说经济全球化是把"双刃剑",面对全球化的安全威胁,任何国家都无法独善其身。实践证明,只有整个国际社会全面安全,才会有每一个国家的自身安全,也只有每一个国家安全,才会有国际社会的整体安全。

由于中国的超大规模,中国对于解决世界问题有着特殊的责任。作为世界性的国家,中国的利益也是世界性的,因此世界主义的精神转向也成为中国保护国家利益的一种必须。[1]2013年3月23日,习近平主席在俄罗斯莫斯科国际关系学院首次向世界提出推动构建人类命运共同体理念。2020年11月10日,习近平主席在上海合作组织成员国元首理事会上再次指出:"国际社会正在经历多边和单边、开放和封闭、合作和对抗的重大考验。'世界怎么了,我们怎么办'成为时代之问。'察势者明,趋势者智。'人类生活在同一个地球村,各国利益休戚与共、命运紧密相连。各国人民对美好生活的向往更加强烈,和平、发展、合作、共赢的时代潮流不可阻挡。"[2]新时代人类命运共同体思想要求构建一个命运关联、利益攸关的世界共同体,其贯彻了"相互共存""和谐共生"等优秀的中国传统思想文化,也意味着"和而不同"是国际社会交往过程中应该遵循的根本准则。新时代人类命运共同体思想承继以往"大同"和"小康"等理想社会憧憬,不仅强调尊重各民族、各国家文明的个性,还强调尊重各种社会政治、经济、文化等组织价值理念与目标宗旨的不同,在民主、平等、包容、互鉴中相互丰富、共同发展,营造一个和谐、稳定、发展的国际环境。[3]因此,全面建设社会主义现代化国家的新征程必须与全球治理体系相结合,如果我们无法兼顾二者之间的关系,那么中华民族伟大复兴和人类命运共同体建设都将难以实现。近些年,越来越多的西方学者在推动构建人类命运共同体问题上不断传递积极信号,这也充分印证了这一理念的正义所在、价值所在。"和羹之美,在于合异",构建人类命运共同体是不同国家、

---

① 施展.枢纽:3000年的中国[M].桂林:广西师范大学出版社,2018:639.

② 习近平.弘扬"上海精神"深化团结协作 构建更加紧密的命运共同体——在上海合作组织成员国元首理事会第二十次会议上的讲话[N].人民日报,2020-11-11(2).

③ 祝全永,王宇星.刍论新时代人类命运共同体思想引领中国特色政党外交的政治逻辑[J].理论导刊,2019(11):32.

不同民族基于不同文明交流互鉴的最大公约数,也是人类应对共同挑战、共同威胁、共同难题志同道合的客观认识和必然选择,更是引领时代潮流和人类前进方向的价值理念。《中共中央关于党的百年奋斗重大成就和历史经验的决议》指出,只要我们坚持和平发展道路,既通过维护世界和平发展自己,又通过自身发展维护世界和平,同世界上一切进步力量携手前进,不依附别人,不掠夺别人,永远不称霸,就一定能够不断为人类文明进步贡献智慧和力量,同世界各国人民一道,推动历史车轮向着光明的前途前进。①中国的发展离不开世界,世界的发展同样需要中国。实现"两个一百年"奋斗目标,离不开和平的国际环境和稳定的国际秩序,没有和平,中国和世界都不可能顺利发展;没有发展,中国和世界也不可能有持久和平。因此,中华民族必须统筹好国内国际"两个大局",努力把世界的机遇转变为中国发展的机遇,把中国的经验转变为世界发展的经验,依靠自身发展起来的力量更好地走和平发展道路。和平发展是中华民族5000多年来一直追求和传承的理念,中华民族的血液中没有侵略他人、称王称霸的基因,"中国决不会以牺牲别国利益为代价来发展自己,也决不放弃自己的正当权益,任何人不要幻想让中国吞下损害自身利益的苦果"②。

三、把握"两个大局"的未来指向

中华民族的伟大复兴必将推动世界变局的发展,世界变局的复杂性和不确定性也会深刻影响中华民族伟大复兴战略全局。在"两个大局"的相互作用下,"危"和"机"同步存在、相互转化,克服了"危"则是"机",失去了"机"则是"危"。推进中华民族伟大复兴的战略全局发展,必须放在百年未有之大变局的背景下来谋划,积极汲取"大变局"中的有利因素,主动把握"大变局"下的战略机遇。

(一)变局中开新局:当代中国与世界形成的有机整体

古代的中国,曾经就是个世界;当下的中国,则应反映着世界。只有这样,它

---

① 中共中央关于党的百年奋斗重大成就和历史经验的决议[M].北京:人民出版社,2021:68-69.
② 习近平.习近平著作选读(第二卷)[M].北京:人民出版社,2023:49.

才能真正实践其"世界中介"这样一种历史使命。新中国成立初期,中国共产党带领中华民族努力打破外部封锁,积极与世界其他国家开展经济、文化等领域的合作交流。改革开放以来,中国积极顺应全球化潮流,坚持对外开放基本国策,打开国门搞建设,与世界各国进行密切的政治交往、经济合作、文化互通等,逐渐形成良好互动、共同发展的大好局面。一方面,中国学习他国,通过打开中国的大门来主动参与世界发展战略,国际社会也对中国的发展潜力充满了期望,历经2008年北京奥运会、2010年上海世博会、2016年G20峰会等赛事和国际会议,越来越多的国家与中国建立合作关系,越来越多的外国企业来中国投资兴业,越来越多的外籍人士来中国学习、工作、观光旅游。1978年至2018年,中国累计吸引非金融类外商直接投资20343亿美元,累计设立近100万家外商投资企业。联合国发布的《2021年世界投资报告》显示,2020年全球外国直接投资额约为1万亿美元,相比于2019年的约1.5万亿美元下降了35%。就具体地域来说,欧洲2020年外国直接投资额同比下降80%,北美下降42%,拉丁美洲下降45%,非洲下降16%,而亚洲地区则上升了4%,是唯一实现正增长的地区,约占全球2020年外国直接投资额的一半。中国是全球第二大外国直接投资流入国,同时也是全球第一大外国直接投资流出国,投资总额达1330亿美元。自加入世界贸易组织后,中国积极参与全球经济治理,持续扩大自主开放,使得引资规模持续扩大、引资质量不断提高、投资环境不断优化、开放平台更加多元。2001年至2020年,中国货物贸易进口额从2436亿美元增至4.65万亿美元,始终保持全球第一,规模和国际市场份额均创新高。此外,在文化教育领域,中国始终坚持教育对外开放不动摇,不断加强同世界各国和联合国教科文组织等国际组织的交流与合作。目前,作为国际学生人数增长最快的国家,中国既是全球最大的生源地,也是国际学生流动的重要目的国、亚洲最大留学目的国和"一带一路"共建国家留学首选目的地。[①]另一方面是努力走出国门。从经贸合作到人文交流,从官方互访到民间互通,中国以前所未有的速度、广度和深度走向世界,与世界各国开展全方位、多领域、深层次的交流合作。随着中国对外投资的发展,中国对外直接投资年度流量全球

① 潇潇.国际学生流动背景下"一带一路"来华留学教育发展及其启示[J].齐齐哈尔大学学报(哲学社会科学版),2021(10):186.

排名从2002年的第26位上升至2015年的第2位。2020年,中国对外直接投资1329.4亿美元(折合人民币9169.7亿元)、同比增长3.3%,连续3年位居全球第2位。[①]从1978年至2021年底,中国对外贸易总额累计达到6.05万亿美元,对外贸易额逐年增长。与此同时,中国逐渐成为全球出境旅游第一大国。2019年,中国公民出境旅游近1.55亿人次,对世界经济增长产生显著影响。此外,中国积极参与国际合作、国际分工,推动全球资源配置更加合理,为改革和完善全球治理体系和治理能力现代化贡献了中国智慧和中国经验。总之,中华民族以开放包容的姿态与世界各国保持着密切的合作交往关系,同时在全球各个角落留下中国足迹,促进中国与世界的联系。

面对百年未有之大变局,以及当前世界治理难题和发展困境,人类社会迫切需要建立新的发展观,构建更加公正合理的国际体系和国际秩序,开辟人类社会更加美好的发展前景。习近平总书记提出构建人类命运共同体,着眼解决当今世界面临的现实问题、实现人类社会和平永续发展,以天下大同为目标,秉持合作共赢理念,摒弃霸权主义和强权政治,开辟出合作共赢、共建共享的发展新道路,为人类发展提供了新的选择。构建人类命运共同体理念具有深厚的价值内涵和丰富的内容体系,在政治上努力倡导相互尊重、平等协商,坚决摒弃冷战思维和强权政治,走对话而不对抗、结伴而不结盟的国与国交往新路;在经济上倡导合作共赢、同舟共济,促进贸易与投资自由化和便利化,推动经济全球化朝着更加开放、包容、普惠、平衡、共赢的方向发展;在文化上倡导求同存异、尊重差异,以文明交流超越文明隔阂、以文明互鉴超越文明冲突、以文明共存超越文明优越;在人与自然关系上倡导共商共建、共同担当,通过加强合作来应对生态环境变化,共同保护好人类赖以生存的地球家园。构建人类命运共同体并非哪种制度或哪个区域、国家的责任与义务,而是全人类共同追求的价值目标。这一理念深刻揭示了世界各国相互依存和人类命运紧密相连的客观规律,凝聚了世界优秀文明和全人类共同的价值追求,是人类共建美好世界的最大公约数。推动构建人类命运共同体并不是推进一种或少数文明的单方主张,也非谋求在全球

[①] 马相东,王跃生.从加入世界贸易组织到共建"一带一路":世界经济增长的中国贡献[J].中共中央党校(国家行政学院)学报,2021,25(05):89.

范围内建设统一的行为体，更不是以一种制度替代另一种制度、一种文明替代另一种文明，而是主张不同社会制度、不同意识形态、不同历史文明、不同发展水平的国家，在国际活动中目标一致、利益共生、权利共享、责任共担，从而促进人类社会整体发展。

冲突对抗没有赢家，和平合作没有输家。国家和，则世界安；国家斗，则世界乱。当今世界不仅面临着发展困境，还面临着深刻的规则危机、信任危机、秩序危机，一些长期在国际社会中不断形成且被各国普遍认同和遵守的国际规则和道德观念面临被抛弃和漠视的风险，一些事关全球战略稳定和全球人民福祉的国际公约被个别国家摒弃。近年来，"俄乌冲突""巴以冲突""中美贸易争端"等局部争执不断，其根源在于有些世界强国漠视国际公约，干涉他国内政和主权完整，以大欺小、恃强凌弱，严重破坏了经济全球化的稳定性和趋利性。鉴于此，构建新型国际关系应始终秉持相互尊重、公平正义、合作共赢的原则。相互尊重即坚持国家不分大小强弱、一律平等，各国应尊重彼此的政治制度和基本权利，尊重彼此自主选择发展道路的权利，尊重彼此利益关切，反对干涉别国内政，反对霸权主义和强权政治；公平正义就是各国应摒弃单纯单一的功利主义倾向，确保资源禀赋和发展水平不同的国家能够获得平等的发展权利和机会，缩小彼此的发展差距，国家间交往应遵循义利相兼、以义为先的义利观，实现自身利益与世界利益的有机统一；合作共赢就是各国应摒弃一味追求自身利益最大化的自私行径，纠正"赢者通吃"的自利行为，坚持以积极合作、互利共赢为目标，在追求本国利益时兼顾其他国家的合理关切，在谋求本国发展时促进他国共同发展，在维护本国安全时尊重他国安全，变压力为动力、化危机为机遇、化冲突为合作。大国是维护世界和平稳定的重要力量，是构建新型国际关系的关键因素，大国的"大"不仅仅是经济体量的大，更是责任之大和格局之大，大国应率先肩负起构建人类命运共同体的责任，在国家经济社会稳固发展的同时扩大利益辐射面，尤其是以实际行动对贫困落后国家进行援助，而不是依仗强大实力对地区和国际事务谋求垄断。在人类社会发展进程中，成功的大国战略必然顺应时代潮流和世界发展大势，能够为其他国家和人民所认同。国家之间应通过沟通和协商，以合作的模式来处理国际纠纷和区域矛盾，任何国家都不能随意发动战争，不能破坏国际规则和公约,应以平等的姿态共同面对世界发展进程中的问题和挑战,以合作的方式共同构建人类命运共同体,形成国家与国家之间、地区与地区之间、群体与群体之间你中有我、我中有你的良好世界格局。

(二)危机中育新机:"变"与"不变"的矛盾统一

"危"和"机"作为矛盾的统一体,是事物运动变化发展的生动体现。从总体趋势来看,当前中国发展仍处于并将长期处于重要战略机遇期,世界面临百年未有之大变局,变局中"危"和"机"同生并存,这给中华民族伟大复兴带来了重大机遇。我们要善于化危为机、转危为安。总体而言,机遇大于挑战,这是当前中国与世界在合作交往中形成的基本共识。一方面,抓住机遇的关键是顺应世界发展趋势。在前所未有的内外部环境中,中国应善于把握人类历史发展大势,善于发现世界演变规律,善于从林林总总的表象中把握整体、全局和本质,需要把中国自身发展置于国际体系变迁大势之中,深刻认识和理解中国的历史方位和世界作用,在错综复杂的形势下保持战略定力,在瞬息万变的世界中赢得战略主动。另一方面,应对挑战的关键是做好统筹全局的准备。"两个大局"的形成面临着许多前所未有的困难与挑战,但是世界各国也比过去更加具备应对这些风险和挑战的能力与条件,立足新的历史方位和世界发展大势,我们必须坚持综合性和系统性思维,全面把握大变局下全球治理的新样态和新要求,统筹好国内发展和国际合作等任务,在危机中探索和把握机遇,厘清世界未有之大变局与中华民族伟大复兴战略全局的结合点与契合度,将不确定性和不稳定性因素转化为变革发展的突破口与动力源。这既是对"危"与"机"辩证关系的深刻把握,也是将"危"与"机"进行灵活转化的根本原则和主要方法。对此,习近平总书记曾有过深刻回答,我们"既要有防范风险的先手,也要有应对和化解风险挑战的高招;既要打好防范和抵御风险的有准备之战,也要打好化险为夷、转危为机的战略主动战"[1]。我们要坚持人民至上的政治立场,完善推进伟大自我革命的各项制度安排。

---

① 张洋,饶爱民.提高防控能力着力防范化解重大风险 保持经济持续健康发展社会大局稳定[N].人民日报,2019-01-22(1).

　　"变"与"不变"体现了矛盾普遍性和特殊性相统一的理论特质,是一般性原则和现实条件的有机统一。总体来看,"两个大局"的提出是对当前社会发展变化的阶段性反映和总体性把握,如何应对变局、开创新局,是对"危""机"下把握社会发展普遍性规律和特殊性认识的整体认识和基本要求。具体来说,一方面,"变"强调的是矛盾的特殊性,即事物发展的矛盾和矛盾着的每一个侧面都处在具体的变化之中,有着不同的表现形式。当前,"变"主要表现为社会主要矛盾变化的新特征新要求和国际环境的新矛盾新挑战。新时期中国发展目标、发展理念和发展阶段等都已经发生转变,发展的不平衡不充分问题日益凸显,随着经济发展增长速度进入换挡期、结构调整阵痛期、前期刺激政策消化期,全球不稳定性和不确定性因素日益增多,国际形势从"大发展、大变革、大调整"时期转变为"动荡变革期",中国发展面临的机遇和挑战也随之发生深刻变化。另一方面,"不变"强调的是矛盾的普遍性,体现着具有共性的一般性特征,是事物发展的规律性和价值性的内在统一。[①]作为最大的社会主义国家和发展中国家,中国仍处于并将长期处于社会主义初级阶段,这种"不变"是对中国特殊国情和特殊矛盾的系统性认识;虽然全球格局和世界版图在发生着改变,但和平与发展的时代主题始终是"不变"的,无论外部环境如何转变,人类社会的进步都将向着和平共处的方向迈进;世界各国的交往方式在发生着改变,但构建人类命运共同体的价值目标始终没有变,这是人类社会在追求合作共赢和共同进步的漫长道路中所形成的独特共识;"两个大局"下的不稳定性因素仍将持续存在,虽然不同时期面临着不同的问题,例如恐怖主义、强权政治、环境安全等,在不同阶段表现出差异化的特点,但矛盾始终存在这一论断是"不变"的。总而言之,世界局势的"变"与"不变"寓于辩证统一之中,并通过国际规则、区域交往、价值目标等方式表现出来,主要表现为社会矛盾、国际格局等特殊性的认识在"变",经济发展理念、人类价值追求等普遍性的判断始终是"不变"的。因此,只有深刻认识"危"与"机"同步存在、相互影响,遵守社会发展要素中的"不变",积极争取社会发展中的"变",在"危机"中紧抓"机遇"、在"不变"中积极把握"变",从而在"两个大局"中更准确

---

① 金伟,金妮."两个大局"战略论断的哲学意蕴和价值指引[J].南通大学学报(社会科学版),2022,38(02):13.

地把握应该坚持什么、抵制什么,才能于变局中开新局、在危机中育新机。

(三)超越中谋新篇:以中国式现代化创新人类文明新形态

中国作为一个世界性的国家,处在"海洋"与"大陆"的过渡地带这样一种政治哲学和历史哲学地位,其内部秩序应是世界秩序的某种全息缩影。人类文明发展的前沿总是在不断转移,例如人类诞生于非洲,农业文明起源于亚洲和中东地区,现代工业文明发源于欧洲,知识文明孕育于北美洲。[①]换言之,农业时代是东方国家的辉煌时期,工业时代是西方国家的强盛时期,知识文明是北美洲国家的壮大时期,那么产生于第三次科技革命的信息化时代注定要实现全人类的共同繁荣,这一历程既是世界版图重构和博弈的过程,也是现代化演进的过程。现代化是18世纪以来的一种文明变化和国际竞争,是现代文明的形成、发展、转型和国际互动的前沿过程,是文明要素的创新、选择、传播和退出交替进行的复合过程,是追赶、达到和保持世界先进水平的国际竞争和国际分化。根据何传启等学者的研究,世界现代化进程主要分为两个阶段(见图1–3),其中第一次现代化指从农业社会向工业社会、农业经济向工业经济、农业文明向工业文明转变的过程及其深刻变化,其特点是以工业经济和工业社会为导向,以经济增长为中心,重视物质生活;经济工业化和市场化,工业比例上升,农业比例下降;社会城市化和福利化,城市人口比例上升,普及义务教育,社会保险覆盖率上升;政治民主化和职业化;文化理性化和世俗化;等等。而第二次现代化是指从工业社会向知识社会、工业经济向知识经济、工业文明向知识文明转变的过程及其深刻变化,其特点是以知识经济和知识社会为导向,以生活质量为中心,重视精神生活;经济知识化、信息化和绿色化,知识产业比例上升,工业比例下降;社会郊区化和智能化,郊区人口比例上升,普及高等教育;政治民主化和网络化,文化信息化和产业化,环境质量改善;等等。20世纪70年代以来,随着越来越多的发达国家进入第二次现代化阶段,没有完成第一次现代化的发展中国家探索出两种现代化协调发展的模式,这是一种综合性的现代化发展路径,综合现代化是发展中国家的一

---

① 何传启.东方复兴:现代化的三条道路[M].北京:商务印书馆,2003:1.

种现代化现象,是两次现代化的协调发展和持续向第二次现代化转型的复合过程,是现代文明的形成、发展、转型和国际互动的复合过程,是文明要素的创新、选择、传播和退出交替进行的复合过程,是追赶和达到世界先进水平的国际竞争。①

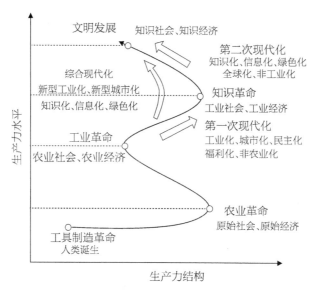

图1-3 世界现代化的路线图②

近代以来,现代化成为人类社会发展的关键词和主旋律,也是文明进步的主要标志。但选择什么样的现代化发展道路,至今仍困扰着众多发展中国家。作为现代化的先行者,欧美国家凭借先发优势和话语霸权,把西方的价值观、制度模式和发展道路普遍化,"现代化"成了"西方化"的代名词,欧美发展模式被视为现代化的唯一模式。但事实表明,对于发展中国家来说,西方现代化模式只是一个"发展的幻象",发展中国家无论怎样以西方为师,大都在现代化的道路上步履蹒跚,没有真正找到适合本国国情的现代化路径。中国同样如此。中华民族在18世纪以前曾走在世界前列,创造了辉煌历史。18世纪中叶是世界现代化的分水岭。在世界现代化进程中,中国比先行国家起步约晚一百年,并为此付出了巨大的代价。19世纪中叶以来,无数中华民族的仁人志士为了民族复兴而上下求

---

① 何传启.现代化科学:国家发达的科学原理[M].北京:科学出版社,2010:156-158.
② 何传启.现代化科学:国家发达的科学原理[M].北京:科学出版社,2010:117.

索。20世纪中叶以来,新中国历代领导人都把实现现代化作为奋斗目标,从"四个现代化""三步走"发展战略到"中华民族伟大复兴的中国梦"。2017年党的十九大报告提出现代化强国建设"两步走"战略安排,2020年十九届五中全会提出到2035年基本实现社会主义现代化远景目标。从20世纪50年代到21世纪50年代,中国现代化目标在不断演进,从实现"四个现代化"、基本实现现代化到全面建设社会主义现代化国家,既体现我们对现代化认识的不断深化和中国现代化建设的不断推进,也反映我们实现民族复兴和现代化的信念坚定不移。全面实现现代化之日,就是中华民族全面复兴之时。①

中国科学院中国现代化研究中心完成的《中国现代化报告》显示,中国现代化水平尚处于第一次现代化向第二次现代化的过渡阶段,但是中国地区现代化的发展不平衡,部分地区已达到发达或中等发达水平。例如,北京和上海的部分指标已达到或接近西班牙和意大利的水平。与西方国家原发型现代化道路不同的是,中国式现代化的进程始终是一个和平的进程,展现出的是一条非攻击性、非侵略性的和平的现代化新路,不是"跟随性"而是"超越性"的现代化道路。中国式现代化努力解决了西方现代化伴生的两极分化问题,且在现代化进程中,始终坚持以人民为中心,始终把人的全面发展放在突出位置,其最终目标是要实现人的现代化。中国式现代化发展道路以马克思主义思想为指导,立足中国国情和社会主义现代化建设的时代必然,具有以人民为中心、科学理性、"五位一体"均衡发展、独立自主等特征。第一,中国式现代化道路是以人民为中心的现代化。党的二十大报告指出,中国式现代化是人口规模巨大的现代化,是全体人民共同富裕的现代化。这是党的根本宗旨决定的,以人民为中心,一切为了人民,一切从人民利益出发,这不仅是我们党执政理念的核心内容,也是中国式现代化发展的原则遵循。在推进现代化的过程中,要始终站稳群众立场,坚持发展为了人民、发展依靠人民、发展成果由人民共享,以正确的发展观持续指引"赶考路上"的前进方向,致力于促进全体人民共享共富、维护社会公平正义和推动人的全面发展。第二,中国式现代化道路是科学理性的现代化。一方面是长远清晰

① 何传启.中国式现代化与全面建设现代化国家新征程[J].中国党政干部论坛,2020(12):15.

的战略规划。"四个现代化"战略、"三步走"战略、"新三步走"和"两个一百年"奋斗目标、两个阶段战略安排等,均属于长期战略规划。即使是五年规划,也是把短期和中长期目标有机衔接起来,体现战略一致性。另一方面是"分步走"战略规划,建立在实事求是和理性规划的基础上,每一步目标都能顺利实现且基本提前完成,这与一些西方国家政党提出的不切实际的设想也有根本上的不同。第三,中国式现代化道路是"五位一体"均衡发展的现代化。中国的现代化追求物质文明、政治文明、精神文明、社会文明、生态文明全面协调发展;资本主义现代化是追求物质财富的"单向度"现代化,导致现代化过程中出现心为物役、消费主义、人类中心主义自然观等"现代性困境"。中国在现代化建设中凝练的创新、协调、绿色、开放、共享的新发展理念,超越了以往单一强调经济结构转型的发展理论,为发展中国家摆脱有增长而无发展的"低度发展"问题,提供了新的理念和路径。第四,中国式现代化道路是独立自主、自信开放、追求互利共赢的现代化。中国把自身的发展同世界的发展统一起来,顺应历史前进的逻辑,站在历史正确的一边,站在人类进步的一边,弘扬和平、发展、公平、正义、民主、自由的全人类共同价值,积极推动构建人类命运共同体,超越了"国强必霸"的陈旧逻辑。

而西方式的现代化道路建立在殖民主义、霸权主义和文化帝国主义的基础上,是奉行丛林法则和零和博弈、以邻为壑、追求霸权的现代化,成为阻碍世界和平发展和人类文明进步的破坏性力量,也导致当今世界和平赤字、发展赤字、治理赤字和信任赤字有增无减。美国政治学家亨廷顿认为,对于致力于现代化的国家,"首要的问题不是自由,而是建立一个合法的公共秩序。人当然可以有秩序而无自由,但不能有自由而无秩序。必须先存在权威,而后才谈得上限制权威"①。后发国家实现现代化的过程中始终有一个被称为亨廷顿"魔咒"或"悖论"的命题横亘在面前难以破解,这个命题的核心即现代性孕育着稳定,而现代化过程却滋生着动乱。这是一些发展中国家存在的现象,不少国家致力于实现现代性,也就是建立一个现代化的国家,以实现国家的稳定、繁荣和发展。然而,

---

① 塞缪尔·P.亨廷顿.变化社会中的政治秩序[M].王冠华,刘为,等译;沈宗美,校.上海:上海人民出版社,2021:6.

实现这一目标的过程往往是反现代性的,特别容易出现动荡、混乱。但反之,纵观中国式现代化进程,所谓"现代性意味着稳定,而现代化意味着动荡"的"亨廷顿悖论"是不存在的。中国作为世界上最大的社会主义国家和发展中国家,血液中从来没有主动侵略他国、称王称霸的基因,在世界舞台上始终坚持和平包容、争取合作。中华民族一方面以民族独立、人民解放为前提,废除了帝国主义强加的一切不平等条约。对内坚持独立自主,把生存发展的命运牢牢掌握在自己手中,对外我们高举和平、发展、合作共赢的旗帜,独立自主地处理外交问题。另一方面积极履行国际义务,提出"一带一路"倡议,与所有国家共商、共建、共享,合作共赢,共同推动构建人类命运共同体。中西方立场和行动的两相对比,有力驳斥了西方国家散布的"中国威胁论"。事实上,中美两国作为世界上的两个超级大国,正在进行一场全方位、多领域的大博弈,双方最终谁能胜出,很大程度上取决于谁能站在人类道义的高地。美国政府奉行"美国优先""美国伟大",并不断搞一些小动作意图"围堵"中国、制裁中国,而中国始终坚持和平原则,有礼有节地进行回应,这体现了中国不光关心自身发展,而且胸怀天下兴亡的全球理念。中华民族近代以来积贫积弱、丧权辱国、割地赔款,中华民族的屈辱历史正是西方国家追求现代化发展的侵略历程。中国共产党成立于这一背景下,也就必然要承担起实现中华民族伟大复兴的时代使命,百年党史也即中华民族伟大复兴史。历经百年,我们站在了人类文明的制高点,真正实现了从站起来、富起来到强起来,并沿着这条中国特色社会主义现代化道路奋力前进。这不仅回应了中国现代化发展问题,同时也解答了人类文明发展空间的道路困惑,引领了构建中华文明新形态的未来方向。虽然从长线看,"世界潮流,浩浩荡荡,顺之则昌,逆之则亡",但从中短线看,中国如何看待自己和发展自己,将在深刻的意义上,决定着世界如何向前演化。[1]

---

① 施展.枢纽:3000年的中国[M].桂林:广西师范大学出版社,2018:660.

中华民族的形成与发展
——铸牢中华民族共同体意识教育的历史依据

百年未有之大变局,是深刻而宏阔的时代之变,中国此时比历史上任何时期都更需要理解自身。面对"两个大局"的时代要求,教育成为国际战略博弈的主战场,新时代开展铸牢中华民族共同体意识教育既是形势使然,也是历史必然。追溯往昔,中国自古重视历史研究,强调以史为鉴,用历史教育人民;揆诸现实,中国是世界上"唯一历史未曾中断而延续至今的文明古国",千百年来积淀形成的中华民族精神成为中华民族凝聚力的核心;展望未来,须借助历史洞悉中华民族形成的历史渊源和演进历程,教育引导中华儿女树立正确的历史观、大局观,深刻体认中华民族伟大复兴的初心,坚定全面建设社会主义现代化国家的决心,找到解答何为中国梦、如何实现中国梦等命题的钥匙。

一、自在的中华民族:互动与塑造

"在研究一个民族的历史时,首先遇到的是制约每个民族发展的力量——它的自然条件。一个民族国家的地理特征,对民族的历史生活过程有着最强烈的影响。"[①]尤为特别的是,"中华民族与中国的形成与发展是同体共生的,中国疆域

---

① 郭圣铭,王晴佳.西方著名史学家评介[M].上海:华东师范大学出版社,1988:220.

版图的地理空间始终与中华民族的生活空间相匹配、相重合"①。中国疆域跨度大、气候类型多、区域差异大,四周由天然屏障构成半封闭的"自然疆域",是一个内部结构完整并自成体系的地理单元。特殊的地理结构决定了中国的历史并不是简单的地理空间运动,而是多个复合的共生与互构关系的演化。

"流域作为人类群聚与繁衍的最基本自然单元,多维立体化地展现了人类社会的复杂景象,深刻地反映了人地关系伴随着自然与人为因素改变而产生的波动、对立与调和。"②中华文明探源工程成果证实,中华文明始于5000余年前,中华文明实际上是在黄河、长江和其他河流流域范围内展开并结成的巨大丛体。仰韶文化、大汶口文化、龙山文化等相继出现,古老的中华民族在自然地理之上的广袤空间中积累起了灿烂悠久的文化底蕴。复杂的地理条件也孕育了我国各民族经济文化类型的多样性。③中原、草原、海洋不同的生产方式、生活形态、文化表象、思维方式,让各民族有时合作共享,有时兵戎相见,在这种对抗、拉锯、共生的状态下推动了国家秩序的形成和演进。

(一)中华民族的源起和形成(先秦至秦汉时期)

苍茫大地,文明之始,最初生活在中华大地上的先民们原本处在多姿多彩、民族林立的悠游自在状态,他们逐水而居、聚族而居。铁制农具的推广和使用,极大地促进了社会的进步,催生了生产关系的变化。由此产生了不同思想与流派,相互颉颃,竞长争雄。春秋时期的诸侯争霸和战国时期的兼并战争,亦促进了夷夏之间的民族融合,使得华夏族迁徙、回旋、生产的空间进一步扩大。

1.从混沌走向秩序

远古时代、太古时代和三皇五帝时期的上古时代,中国历史还处于半信史阶段。中国的古史传说主要是以华夏为核心的古史。盘古化生万物、燧人氏钻木

---

① 袁剑.“中华民族”的地缘之维——共同体意识构筑中的“人—地关系”与思想史路径[J].中央社会主义学院学报,2019(06):91.

② 王禹浪.东北流域文明研究[M].北京:社会科学文献出版社,2016:4.

③ 卢勋,等.中华民族凝聚力的形成与发展[M].北京:社会科学文献出版社,2007:28.

取火、鲧禹治水、九州方位等神话传说,反映出先民的自然观和民族观。为了牢固统治部落联盟,古代先民借助神权勾勒出一个超自然存在,统领人们的精神世界。黄帝部族联合炎帝部族组成了华夏部落,他们与蚩尤进行涿鹿之战,不同族群融合形成的华夏族初具雏形;尧舜"禅让"的历史传说开启了上古治道的政治思想逻辑与历史进程,泽及万世;颛顼"绝地天通"奠定了社会人文秩序基础,统一了部族思想意识。古代先民逐渐从"采食经济"进入"产食经济",从氏族、部落逐渐进入部落联盟的生产生活形式。从民族起源来看,中华民族主要以华夏部落为主体,逐步吸纳其他部落加入而壮大发展。华夏族的身份逐渐树立,对古代华夏族由远古时代向文明时代的转变产生了重大的影响。

夏商周时期是中国古代文明起源、形成、发展的关键时期,经过夏、商、周三代的分蘖与繁衍,发轫于黄河中下游地区的华夏文明圈成为"核心"正统,更是中华文明从多元走向一体的具体体现。《尚书·周书·武成》中周人提出了统一的华夏概念,"予小子既获仁人,敢祗承上帝,以遏乱略,华夏蛮貊,罔不率俾。恭天成命,肆予东征,绥其士女,惟其士女,篚厥玄黄,昭我周王,天体震动,用附我大邑周"①。可见周王朝与周边不同文化群体的互动关系。不同区域之间民族的互动也萌发了文化的多样性和共同性。华夏文明这股无形的力量牵引着、吸引着、引领着中国历朝历代的不同势力自愿加入华夏文明圈,各民族共同推动华夏文明圈走向大一统。西周早期的青铜祭器何尊是证明中华文明起源的重要物质文化遗存,底部铸有122字的铭文,其中"宅兹中国"为"中国"一词最早的文字记载。《礼记·王制》记:"中国戎夷,五方之民,皆有性也,不可推移。"②折射出不同区域各个民族的不同特征和差异性,并提出处理民族关系的原则,即"修其教不易其俗,齐其政不易其宜"③。不同民族间以生存资料的物质利益为争夺起点,以生存的物理空间占领为形式,经过交锋、交汇逐步形成文化意识认同,形成各个时期族群共同认同和秉持的中华文化。

随着华夏族的形成,也出现了"四夷"的民族观,孟子在《齐桓晋文之事》一文

① 张博泉.中华一体的历史轨迹[M].沈阳:辽宁人民出版社,1995:36.

② 姚电,康丽云,胡毓智.中华文化原典选读[M].北京:北京理工大学出版社,2007:51.

③ 戴圣.礼记[M].张博,编译.沈阳:万卷出版公司,2019:160.

中提出:"莅中国而抚四夷也。"西周分封制在维持运转的过程中,通过宗法制强化族群、部落与"四夷"的融合。除了形式上的分封制以外,内在的、秉持凝聚核心作用的就是周礼的遵循。这改变了以往按血统来划分族群的标准,其转变为以文化为划分标准的族群认同——华夏化。族群在新的历史条件下赋予了新的内涵,文化认同成为区分族群归属的尺度。春秋时期奴隶制日趋衰微,礼崩乐坏,周天子的地位一落千丈,"戎狄交侵,暴虐中国"的局面不可遏制。在这样失序的历史背景下,"尊王攘夷"成为时代的口号,出现了"春秋五霸""战国七雄",于是乎,秦南灭巴蜀、北吞义渠,赵武灵王"胡服骑射",灭楼烦、伐中山,楚国昭关一战灭越。春秋战国时期政治分裂,不安定的社会因素发酵威胁着统治者的权力,却推动了大一统时代的到来。"大一统"不仅是领土统一,还有统一的国家秩序、社会秩序,更深层的是等级制度、宗法制度、礼仪制度的认同。"大一统"思想既巩固了王朝统治的布局经略,也较好地弥合了中原文化与周边文化、主体民族与其他民族的关系,得到了统治者的支持和推崇,成为中华民族融合发展的价值追求和理性自觉。

民族大融合成就了中华文化的空前繁荣。商朝出现的甲骨文和金文是今天汉字的原型,商朝甚至建立了复杂的社会和官僚系统。《诗经》记录了各地区各民族的民歌,《楚辞》中相当一部分是记录或整理的少数民族仪式歌、民歌。诸子百家的盛况涌现出孔子、孟子、墨子、荀子等思想巨匠,从孔子"欲居九夷"的想法,再到荀子"居楚而楚,居越而越,居夏而夏"之说,都留下了华夏族与周边民族频繁的族际交往痕迹。这些价值理念最终成为中华传统文化最基本的思维观念及中国各民族共同的精神寄托。

2.协和万邦与华夷一体

先秦时期出现的"九州攸同""协和万邦"的生活景象,是我国古代历史上民族大融合的第一次高峰。地域方面,春秋至战国是中原地区第一次长期分裂时期,夺取天下的标志就是占领中原,因而各邦国的纷争都围绕着中原展开。"南夷与北狄交侵,中国不绝若线",华夏族的活动范围从中原向四方延伸扩大,奠定了早期的"中国"版图。文化方面,大规模的人口迁徙裹挟着不同地域和不同民族的文化要素、思想观念、风俗习惯、生活方式等一并流动。三代的文化融合以黄河流域的文化为核心,汇聚长江流域、淮河流域、辽河流域等地的文化,逐渐形成了中华文化的基质和特质,中华文化散播"天下"。不同群体主动或被动地华夏化,也是农耕文明与游牧文明之间相互补充、相得益彰的写照。民族格局方面,"万邦"成为民族分布的重要的空间特征。原生民族聚居的状态逐渐被战争、贸易、移民实边等互动过程打破,各部落迁徙不定,分合无常。随着资本、人流、物流、信息流、交通等多重要素重新配置,民族演进与融合继续螺旋式发展。"万邦时代"结束,中国迎来了中华民族大统一与大融合的时代。

儒家倡导的仁、爱、忠、孝等成为主流社会所秉持的共同社会价值理念和共同社会心理,而正统观则成为历朝历代的统治根基。"正统"一词源于《公羊传》"君子居大正""王者大一统"。[①]这一集国家政治统一、地理疆域统一、文化统一等为一体的重要思想影响着中国古人的国家观。大一统思想把空间拓展与时间延续联系起来,不仅达到了"天地之常经,古今之通谊"的高度,其内涵也相应地扩大为万民归心、家国同构,框架性地塑造了中国人文发展方向。纵观春秋战国时期,政治层面,"君权神授"的逻辑论证得到合理阐发,中原被尊为正统,此后,无论哪个民族入主中原,都以实现"大一统"为己任。疆域层面,"东渐于海,西被于流沙,朔南暨声教,讫于四海"[②],"天下"的范围以中原为中心逐渐向四周扩展,形成了中华民族坚实而独有的凝聚力和向心力,打开了各族群的视野。文化层面,三纲五常和忠孝节义的传统观念继续维护君权的神圣性和政权的正统地位。中原文化空前强势,唯我独尊,濡染着周边民族的风俗礼仪、伦理道德,周边民族则变法图强,不断向中原文化靠拢。不同民族在朝夕相处之间逐渐文化相通、血脉交融、命运相连,为秦、汉帝国统一中国发挥了重要的文化铺垫作用。

3. 天下一统

秦汉时期是古代中国文明由分散走向统一的时期,中原地区第一次成为一个文化共同体,秦汉时期也是历史上第一次民族大迁徙、大融合的时期。一方

---

① 刘正寅."大一统"思想与中国古代疆域的形成[J].中国边疆史地研究,2010,20(02):15.
② 尚书[M].王世舜,王翠叶,译注.北京:中华书局,2012:91.

面,秦朝从"奋武卫"后开始"揆文教",中原地区的高度文明吸引周边族群向中原汇聚;另一方面,华夏族与周围的大小氏族、部落经历了从对垒、排斥、冲击、互补到融合的过程,打破了蛮夷戎狄与中原地区的地理分布格局,呈现出一个变化了的和正在变化着的中国。

公元前221年,秦一统天下,开启了"华夷一体"的开端。为契合多民族、地域广的治理需求,秦朝"郡县治民",将不同民族纳入同一个政治空间。秦朝用郡县制代替了宗法分封制,大批中原人民向外迁居各地,与当地人通婚、融合,各地汉化程度进一步加深。华夏、百越、苗瑶、氐羌等族成为秦之"编户",华夏族意识趋于淡漠,取而代之的是"秦人",消除了华夏族与"四夷"的族群界限,促使以民族地区为边境的地理概念形成,且华夷之间的双向交流和族际互动同时也有利于民族杂居格局的形成。秦朝确立皇帝制、三公九卿制,颁布法律,推行车同轨、书同文、行同伦,统一货币、度量衡等,这些措施实现了各个族群在文化上的大一统。许慎在《说文解字·叙》中形容华夏民族存在的差异,"分为七国,田畴异亩,车涂异轨,律令异法,衣冠异制,言语异声,文字异形"。"明法度,定律令,皆以始皇起"。秦朝"华夷一统"的措施垂范后世,建立了具有共同地域、共同语言文字、共同经济生活、共同心理素质的统一民族主体。

秦朝短祚,公元前202年刘邦建立汉朝。汉朝实行休养生息政策,推行"罢黜百家,独尊儒术",以儒家思想为核心的中华文化已经基本定型。汉朝对外传播汉文化,统一道德观念和行为准则,使人们形成共同的生活习俗和心理素质。两汉四百余年的发展,"汉人"族称开始著称于世,族群名称的改变反映了族群内涵的变化。这一改变,既反映了汉民族的新特征,也反映了边疆各民族对汉人的新认识,已具有民族称谓的性质。[①]从深层来看,这实际上是中华文化对民族身份渗入的外在体现,中华文化已经作为一个成熟的文化体系贯穿于整个民族的内在思想。

在"秦人""汉人"周围又有新的族群开始兴起,如匈奴、百越、西羌、南蛮、乌桓、鲜卑等。秦汉时期开始在民族地区实行巩固边防、拓展疆域的管辖制度。汉

---

① 陈连开.论华夏/汉民族的形成[J].烟台大学学报(哲学社会科学版),1991(02):12.

朝秉持"和亲""纳贡"等羁縻制度安抚少数民族,这些颇有成效的做法让属国得到了利益,减轻了双方冲突的压力,各属国逐步认同和接受汉文化。汉武帝派遣张骞两次出使西域,在这条数千里长的景观和文化带上,地理地貌多样、人种众多、文化多元、语言迥异,"通关市不绝"使西域各国对中原文化也产生了向往之心,让不同文明从孤立走向共生,谱写了这条古道的多姿多彩的历史。"五十余国悉纳质内属"①,呼韩邪单于附汉,打破了"胡、越不与受正朔"的限制,开启了北方游牧民族政权主动接受中原政权领导的先例。西域各国主动请求和亲,细君公主、解忧公主远嫁,她们带去了中原地区先进的文化、技术、手工艺品,和亲以文教化,维持了社会稳定。和亲促使西域各民族成为中华民族大家庭的一员,少数民族融入"大一统"的国家体系中,为中华历史添上了浓重的一笔。

秦汉时期,四海宾服、民生富庶,完成了规模空前的民族融合,开创了中国历史发展的基本政治格局,提供了边疆治理的制度框架,奠定了中国的疆域版图基础。

(二)中华民族的发展和融合(魏晋南北朝至隋唐时期)

天下大势,分久必合,合久必分。魏晋南北朝时期,是中原地区第二次长期分裂的时期,中原在战乱和社会动荡中先后经历了魏、蜀、吴三国鼎立,西晋短暂统一,东晋南朝与十六国北朝各政权的对峙,北方的游牧民族也走上了"逐鹿中原"的历史舞台。魏晋南北朝至隋唐时期是中华民族承前启后的重要阶段。

1.多民族大一统格局的分化与整合

魏晋南北朝时期,是汉族发展的重要阶段,也是我国古代历史上民族大融合的第二次高峰。②相比春秋战国时期中原地区各原生文化第一次的民族融合,魏晋南北朝的融合范围和内容更为广泛。这一时期政治紊乱,东汉灭亡后,中原权力真空,在长达十余年猛烈持久的混战中,魏蜀吴反复拉锯式博弈,最终三国鼎

---

① 范晔.后汉书·四[M].北京:中华书局,2012:2340.
② 彭清深.内迁与融合:魏晋时期西北地域的民族互动[J].新疆师范大学学报(哲学社会科学版),2003(01):92-96.

立。羌、氐、西域诸族以及鲜卑等内迁诸族,经过融合,逐步汉化,各少数民族给汉族注入了大量新鲜血液,同时,汉族文化在少数民族之间的传播面扩大,不同文化彼此间起着同化的作用,被融入以华夏传统文化为主干的新生文化之中,这为隋唐时期的兴盛发展提供了重要条件。民族迁徙范围扩大至北起大漠以北、贝加尔湖畔,南至福建、广东、海南岛,东起长白山、松花江流域,西到新疆塔里木盆地的广阔地域,"西北诸郡,皆为戎居,内及京兆、魏郡、弘农,往往有之"[①]。自此,以长城为界线的农牧分界被打破,出现了"夷汉杂居"的新格局,中华民族焕发出新的蓬勃生机。

不同民族之间的错居杂处,催生了生机勃勃的民族融合史,孕育了农耕文明和游牧文明的交融集聚。与此同时,不同的生产生活方式碰撞形成了共同的经济体制,加速了边疆地区与中原等地区的一体化进程。擅长骑射的匈奴人,逐步由游牧转入农耕生活,发展了冶铁和制陶等手工业,各族杂居地区的汉人,也学习经营畜牧业。至魏晋之际,"以匈奴胡人为田客,多者数千",匈奴等游牧民族与汉人杂居,转向农业生产和定居生活,打破了原有的部落组织。《晋书·文帝纪》中记载:"九服之外,绝域之氓,旷世所希至者,咸浮海来享,鼓舞王德,前后至者八百七十余万口。"[②]晋政权流亡南方,带去了农耕文明的人力和财力。《晋书·江统列传》记载:"今五部之众,户至数万,人口之盛,过于西戎","关中之人百余万口,率其少多,戎狄居半"。[③]鲜卑族从东北的呼伦池及辽西地区迁移到河套阴山一带的"匈奴之故地",及至晋、冀、豫中原腹地和河西走廊地区;匈奴从塞外迁移到塞内诸边郡及黄河流域。另外,东北的夫余、契丹等各族,西北的高昌、疏勒等一些城邦,西北的党项等各部落,西南的东爨、西爨各部落,都逐步融入中华民族大家庭。不仅是少数民族迁徙,中原大量的汉人也向南方、西北、西南迁徙,从黄河流域大量迁移到淮河、长江流域以至珠江流域,中原士族的南迁不仅让长江流域的经济迅猛发展,也让南方文化超越北方,南朝成为继汉开唐的转关时代。

---

① 司马光.资治通鉴[M].北京:中华书局,1956:2575.

② 房玄龄,等.晋书:第一册[M].北京:中华书局,1974:40.

③ 房玄龄,等.晋书:第五册[M].北京:中华书局,1974:1533-1534.

北方少数民族入主中原,出现了"汉化"和"胡化"兼收并蓄的情况,骤然间加快了民族融合的过程,成为促进国家重新走向统一的重要因素。曾处于华夏边缘地区和附庸地位的北方少数民族迁入中原,表现出对中原文化的强烈钦慕,尤其在政治方面日渐"成熟",能否居中华正统,成为少数民族政权合法性的潜在标准。少数民族统治者通过"天命"这个柔性的"权威"来实现政治运作,不仅在祖源认同上有改姓或攀附华夏民族祖先的行为,而且在政权国号的选择上也多加斟酌。建立汉赵(前赵)的匈奴族首领刘渊自称为"汉氏之甥"。夏国建立者赫连勃勃称自己为:"朕大禹之后,世居幽朔。"[1]前燕是鲜卑族的慕容部建立的,其第一代君主慕容皝之父慕容廆,史载"其先有熊氏之苗裔,世居北夷……号曰东胡"[2]。《周书·文帝上》在记载西魏政权的奠基者宇文泰时也说,"其先出自炎帝神农氏,为黄帝所灭,子孙遁居朔野"[3]。各少数民族强调自己华夏后裔的身份,是五胡重新认祖归宗的过程,说明他们并不自外于中华民族。文化上,后赵石勒设"君子营",礼遇"衣冠华族",重用汉儒张宾等,"朝会常以天子礼乐飨其群下,威仪冠冕,从容可观矣"。自刘渊建立前赵之后,十六国时期的许多民族建立的政权都使用大单于制度。除匈奴人建立的汉、前赵政权外,还有鲜卑、羯、氐等民族也使用了这一制度。少数民族建立的政权受汉族封建典章制度的影响,大单于制度融入了相当多的汉族官制,较秦汉时期匈奴的单于制度有了很大变化。

民族融合终究是利大于弊,胡汉族群间的互动形塑了魏晋南北朝的时代浪潮。"挟天子以令诸侯""匡扶汉室""恢复汉家天下"的旗号有力地证实,即使在分裂时期,各个阶级、阶层、利益集团也认同和接受中华文化,始终坚持维护国家统一。

2.分治与同化:十六国的纷争与融合

317年,东晋统治南方,中国的北方和西南地区先后出现过十几个少数民族割据政权,史称"十六国"。东晋灭亡后,南方政权更迭频繁,先后经历了宋、齐、

---

① 房玄龄,等.晋书:第九册[M].北京:中华书局,1974:3205.

② 房玄龄,等.晋书:第九册[M].北京:中华书局,1974:2803.

③ 令狐德棻,等.周书:第一册[M].北京:中华书局,1971:1.

梁、陈四个王朝,史称"南朝"。大约与南朝同一时期,我国北方先后出现少数民族建立的北魏、东魏、西魏、北齐、北周五个政权,史称"北朝"。这一时期的政权基本上都是以北方少数民族统治者为主与汉族上层联合建立的政权,既有"夷夏有别",又有"以夏变夷",胡风汉制、夷夏并用的文化取向开始流行。

东晋十六国时期的各个内迁民族通过族源寻根,将本民族的起源追溯到与华夏民族同源异流的炎黄,淡化内迁民族与华夏民族之间的界限,胡人政权的政治中心向汉人社会倾斜转移。这些政权的统治者调整统治策略,使之具有较大的灵活性,如重用汉族世家,采用汉族官制礼仪。376年,符坚建立前秦,统一中国北方,推动多族群统一的国家的形成。他主张以德教化其他少数族群,尤其是重用汉人王猛辅政,"修废职,继绝世,礼神祇,课农桑,立学校"。鲜卑成立北魏政权,扭转后汉以来地方割据之势,提供了中国长期分裂后再统一的契机,为胡汉融合的朝代。北魏注重利用汉族士人的知识与文化建立国家制度,如宣武皇帝任用汉族士人制定典章制度,命邓渊定官制,董谧制礼仪,王德修律令,实现了由鲜卑军事贵族专政向中央集权的过渡。孝文帝改革加速了鲜卑汉化,如实行均田制,彻底打破了鲜卑族传统的部落制,北魏由少数民族贵族专权转变为胡汉大族士人共同掌政;禁止在朝廷上说鲜卑语,"欲断诸北语,一从正音";明确规定汉族"五姓";遵循汉族习俗,"朝野皆束发加帽";孝文帝甚至迁都洛阳以维护其正统性,顺应了民族融合发展的趋势。胡人汉化实现了与农耕族群的融合,胡人不会再把自己当作蛮夷,而会把自己当成中原族群的一部分。北魏长诗《木兰辞》从另一个侧面反映了被汉化了的北魏抵抗北方游牧族群的史实。

3.四方归一

隋统一中国,结束了自后汉灭亡后将近三百七十年的纷争混战局面,实现了中原地区的再次统一。隋唐时期将整个中原农耕地区和草原游牧地区统一了起来,光被四表、兼容并蓄的社会风气为各民族提供了空前繁荣的交流融合环境。经过了四个世纪各民族的混居与融合,"华夷一家"的观念深入人心,各民族价值观逐渐同质,文化认同也趋于相似,呈现出胡汉混居、不分彼此的状态,中原地区基本实现了族群认同。

　　隋朝是胡汉混合的政权,隋朝统一中国后敕令尽弃胡姓,禁绝胡俗,恢复汉统,大批少数民族自发归附、自觉融入。隋朝主张"天下大同,四夷内附"①的统治理念。西域诸国与隋朝保持臣属关系,西域诸国,甚至更西方的中亚人都来到隋朝定居。《隋书·裴矩列传》载:"帝将巡河右,复令矩往敦煌。矩遣使说高昌王麹伯雅及伊吾吐屯设等,啖以厚利,导使入朝。及帝西巡,次燕支山,高昌王、伊吾设等,及西蕃胡二十七国,谒于道左。"②隋朝势力扩展到东南亚,临邑、赤土国等都和隋朝互动。隋文帝创立以儒学典籍为标准的科举制度。隋炀帝开通运河,实现了南北统一。各民族之间的关系不仅仅局限于册封,还包含从羁縻府州到单纯的朝贡等多种形式,它们随着民族之间的实力关系变化而呈现多种形态,并因此缔结比较宽松的关系。

　　进入唐朝以后,各部族或远遁大漠,或敦亲睦好,或称臣羁縻,或自觉融入。唐朝秉持羁縻府州、和亲、互市、朝贡贸易等较为开明的民族政策。唐太宗被四方各族尊为"天可汗",开辟了"参天可汗大道"。唐朝对历任回纥可汗进行册封,封骨力裴罗为怀仁可汗。回纥也曾两次出兵助唐平安史之乱。713年,唐玄宗封渤海国首领为渤海郡王。821年,吐蕃立"唐蕃会盟碑"。靺鞨族推行汉文,学习《唐礼》《晋书》等典籍,享有"海东盛国"的称号。唐玄宗册封南诏首领皮罗阁为云南王。唐朝涌现出了许多少数民族的文士、武将,而唐人对他们不加歧视,一视同仁。

　　唐朝时期,中原地区商贸繁荣、人文荟萃,呈现出"偃武修文,中国既安,四夷自服"的盛世。唐玄宗设立梨园和教坊,所教俗乐歌舞大都有西域的背景。③繁荣的丝绸之路也让大量的胡人进入中原,带来了景教、伊斯兰教、摩尼教等多种宗教。《资治通鉴》记载,"代宗之世,九姓胡常冒回纥之名,杂居京师"。《旧唐书·西戎传·康国》记录了粟特人,"善商贾,争分铢之利。男子年二十,即远之旁国,来适中夏,利之所在,无所不到"。作为东西方文化交会的另一通道,海上丝绸之

① 魏征,等.隋书:五[M].北京:中华书局,2019:1656.

② 魏征,等.隋书:六[M].北京:中华书局,2019:1773.

③ 张国刚.文明的边疆:从远古到近世[M].北京:中信出版社,2020:92-93.

路也出现了胡商聚集的盛况。唐人李肇《唐国史补》有记载："南海舶,外国船也,每岁至安南、广州。"①唐朝海上丝绸之路也促进了航海技术、天文知识的发展,为宋朝海上丝绸之路的持续拓展奠定了基础。同时期与唐王朝相互角逐,彼此牵制的还有中亚地区的吐蕃、大食等少数民族政权。吐蕃在经营西域的过程中,为青藏高原的开发和祖国西南边疆的形成作出了重大贡献。②

(三)中华民族的壮大和巩固(辽宋夏金至元明清时期)

907年唐朝灭亡,中原等地区出现了多政权并存的相对平稳阶段。契丹、女真等少数民族建立起辽、金等政权,与统治中原的宋朝相并立。辽宋夏金元时期,是各民族交往交流交融空前活跃的时期,直至蒙元崛起,出现了中国历史上第一个以游牧民族为主导的朝代,自唐末以来的乱世终告结束。明清两朝是中华民族巩固发展臻于极盛的阶段,奠定了近现代中华民族的基本构架。

1.多元对峙的民族政权

五代十国是唐朝后期藩镇割据的延续,也是中国封建社会走向新阶段的转折点。各民族迁徙杂居、风俗仿效,为中华民族注入了新鲜的血液。分合之际,世变之时,中华民族融合的统一因素不断积累,中华大地相对平衡的格局状态加速了北宋的统一进程。

在这一时期,由于长时间的民族融合,少数民族已经从游牧部落发展成了半游牧半农耕政权,各方政权势均力敌、并列而行。北方地区,907年契丹人建立辽。中原地区,960年赵匡胤建立北宋。西北地区,1038年党项人建立西夏。东北地区,1115年女真族建立金。同时期并存的其他政权还有东北地区靺鞨人建立的渤海国,西南地区白族建立的大理国等。宋对回鹘,封于阗王为"特进、归忠保顺𥐙鳞黑韩王",建立朝贡关系。宋对吐蕃多有封敕,保持朝贡关系。为了抵御西夏的进攻,宋联蕃制夏。宋对大理白族政权,册封段和誉为"金紫光禄大夫、

① 张国刚.文明的边疆:从远古到近世[M].北京:中信出版社,2020:145.
② 王小甫.唐、吐蕃、大食政治关系史[M].北京:北京大学出版社,1992:222.

检校司空、云南节度使、上柱国、大理王"。宋对南方政权采用抚与剿或剿抚并用的手段,共设二百六十四个羁縻州,采用"数其酋长""以夷制夷"的策略。两宋时期,经济重心南移,封建生产方式向边疆地区扩展,"保境息民"成为南方割据政权内政外交的政策主旨,出现了"兵食既足,室乐为用"的局面,宋朝国势日强。宋对辽、西夏、金则求"议和"。宋辽签订澶渊之盟,宋辽"议和"对稳定边境、经济生产起到了积极作用。这是中原王朝和北方草原政权第一次以条约的形式结束战争,并确立了现代意义上的边界。宋和西夏的关系,在战与和之间往复,宋册封元昊为夏国王,并在宋夏周边开榷场。北宋对金的政策,开始是联金灭辽,北宋宣和七年(1125),金灭北宋。之后,南宋与金签订"绍兴和议",南宋向金称臣。宋孝宗与金签订"隆兴和议",宋理宗则是联蒙灭金,金亡后,南宋被蒙古所灭。

以两宋为代表的南朝和以辽、金为代表的北朝对峙近三个世纪,南北王朝纵横捭阖的兴衰与嬗替,见证了中原民族与少数民族彼此融合的进程。文字的创造极大地推进了文化发展和社会进步,契丹、女真、党项、蒙古等民族文字的创造正是这一时期文化交流的产物。五代宋、辽、金的统治者都自居"正统"或认为自己是中原政权的分支,或臣属于中原政权,从没有自外于中国。西夏借用汉字形声字创立西夏文字,甚至编纂《番汉合时掌中珠》便于党项与汉相互学习语言。辽利用儒学思想来调整君臣关系、君民关系和家庭关系,淡化契丹人与汉人之间的民族界限。耶律阿保机称"辽之先,出自炎帝"①,并将孔子立为万世之尊,文字也是借用汉字造型的契丹大字。契丹皇族采用汉人姓氏,如刘、王、李等,皇后族采用萧姓。此外,辽采用"官分南、北,以国制治契丹,以汉制待汉人"②的政治体制,《辽史·刑法志上》记载,"治契丹及诸夷之法,汉人则断以律令"。随着民族融合的程度加深,辽废除部分具有民族歧视意义的法律。辽对民族的压迫则反映在对女真族的管理和索贡上,最终导致女真人揭竿而起推翻了辽的统治。金汉化最为彻底,基本采用汉人管制,封孔子后裔为衍圣公。金以儒家思想为治理核心,在上京建立孔庙。金朝的译书事业尤具规模,专门设立译经所。史载,金世

---

① 脱脱,等.辽史:第一册[M].北京:中华书局,2017:26.
② 脱脱,等.辽史:第三册[M].北京:中华书局,2016:773.

宗大定二十三年(1183),译经所译《易》《书》《论语》《孟子》《老子》《扬子》《文中子》《刘子》及《新唐书》。世宗完颜雍对宰相说:"朕所以令译《五经》者,正欲女直(真)人知仁义道德所在耳。"这段话反映出金世宗认同儒家思想,希望通过翻译儒家经典,使女真人明白仁义道德之理。金在向南推进的过程中也剥削压迫其他民族,给汉人的生命财产造成巨大损失。在金统治下的民族还有契丹、渤海、铁骊、鞑靼等。金将来附的各族人民编入猛安谋克,由女真贵族进行统领,并对各族采取南迁北徙的政策。例如把契丹人、渤海人等南迁,又将汉人大批北徙,甚至将契丹人迁到"上京之地"进行分化统治,改变了迁入地区的民族成分及分布,为元明时期更大规模的统一奠定了基础。

宋、辽、金、西夏多个民族五方杂处、和衷共济的历史事实换来了民族大发展的稳定期。统一和分裂政权基本都实行中央集权统治,由于多政权的林立,客观上提高了行政效率,克服了疆域过于辽阔、政权过于集中所带来的治理困境。从侧面反映出,当时的中国还不具备把中原农业地区、东北、蒙古高原以及西北的草原地区统一成一个国家的条件。中原政权无法长期治理周边地区,而草原政权还处于对二元帝国的尝试阶段,行政能力也不足以管理整个中国。

2.南北一统,天下一家

历史的车轮碾过了南北对峙、分裂相离的南宋后,1271年,元统一中国。"北逾阴山,西极流沙,东尽辽左,南越海表","元东南所至不下汉、唐,而西北则过之"。[①]元朝规模空前的政治统一局面打破了历史上南北异域、东西不同的政治和文化对立或相隔的状态,形成了广泛的民族杂居格局,其统治策略具体表现为蒙古族对中原文明的社会制度、语言文化、思维体系、民俗风貌等方面的积极效仿和创新,蒙古人不仅自己融入了中华民族大家庭,也把藏族纳入了中华文化的大家庭。

元朝实行"仪文制度,遵用汉法"[②],形成了大破大立大融合的时代特征。忽必烈颁诏继位时坚持用汉字来写诏书,以"中统"为元号,宣布"法春秋之正始,体

---

① 宋濂,等.元史·卷五十八 志第十[M].北京:中华书局,1976:1345.

② 宋濂,等.元史·卷一百二十五 列传第十二[M].北京:中华书局,1976:3073.

大易之乾元。炳焕皇猷,权舆治道"①。1271年,忽必烈从《易经》中取"大哉乾元"之意,正式改国号为"大元",表明元朝为中国的正统王朝,更意在强调他不仅是蒙古族的大汗,更是中国的大汗。元朝确立"中国"为统一王朝的统称,至元元年(1264)徐世隆进言忽必烈:"陛下帝中国,当行中国事。"②忽必烈与外国的诏书中也以"中国"来指称元朝,如至元二年(1265)忽必烈在颁给日本的诏书中写道:"高丽,朕之东藩也。日本密迩高丽,开国以来亦时通中国,至于朕躬,而无一乘之使以通和好。尚恐王国知之未审,故特遣使持书,布告朕志,冀自今以往,通问结好,以相亲睦。且圣人以四海为家,不相通好,岂一家之理哉。"③

元成宗继位后,大建孔庙,尊孔崇儒,表现为对孔孟以及对宋儒程朱的崇奉,④元代理学的世俗化、伦理化倾向深刻地影响了元代士人的人生信仰和行为模式,不断强化他们的纲常意识和君臣观念。⑤元朝打破"华夷有别"的观念,出现了"蒙藏同源"说和"蒙藏汉同源"说,拉近了各民族之间的心理距离,使中华民族整体观念深入人心。"唐所谓羁縻之州,往往在是,今皆赋役之,比于内地",元朝对待边疆各族的统治也不再是"羁縻之州",而是设立了联系全国的驿站交通网,形成了在中央直接管辖下的行省与特别政区并存的地方行政制度。如对云南、东北、岭北、吐蕃、维吾尔等边疆地区采取了因地制宜的统治政策。元朝在漠北地区设岭北行省,在东北地区设辽阳行省,西域设别失八里行尚书省等机构,特别是对吐蕃地区和澎湖及台湾地区的统治,使其真正意义上被纳入中国的行政版图。

元朝对中华文化的接受并不是彻底性的,其政治和文化制度具有明显的民族二元性。《南村辍耕录》卷一"氏族条"记录,元朝设立蒙古人、色目人、汉人和南人的四等级身份制度。元朝曾下令:"以蒙古人充各路达鲁花赤,汉人充总管,回

---

① 宋濂,等.元史·卷一　本纪第四[M].北京:中华书局,1976:65.
② 张博泉.中华一体的历史轨迹[M].沈阳:辽宁人民出版社,1995:114.
③ 宋濂,等.元史·卷二百八　列传第九十五[M].北京:中华书局,1976:4626.
④ 谢祥皓,刘宗贤.中国儒学[M].2版.成都:四川人民出版社,1998:646.
⑤ 唐朝晖.元代理学与元遗民文人群心态[J].文学评论,2010(03):178.

回人充同知,永为定制。"①元朝不平等的民族政策,导致民族关系波澜多舛,激化了游牧文明与农耕文明之间的冲突。《元史·地理志》中分别记录了各省民族的情况,这也是历史上第一次系统按照行政系统来记录民族历史。元杂剧中保存的"兔鹘""赤瓦不剌海""撒敦"等女真语词汇,折射出当时已经出现的不同民族间的文化趋同。不一而足,这些例证足以证明元朝已进入统一多民族中国的确立时期。

1368年,明朝建立。为了一统天下,朱元璋提出"朕既为天下主,华夷无间,姓氏虽异,抚宁如一"。明朝民族关系思想基本上是对传统儒家民族观"大一统"和"华夷之辨"思想的继承和发展,同时又受到蒙元政权的影响,表现出"华夷一家"与"华夷之防"的民族关系思想。如明孝宗的民族关系思想有"抚安东夷""关中奏议""上议边八事""驭夷狄"等。文化方面,明朝实施以土司子女为对象的儒学教育,通过中原文化"变其土俗同于中国",将周边的民族转化为"华夏"。土司制度为中华文化的推广以及以此为基础的民族融合提供了条件。②明成祖朱棣认为,华夏和夷狄本来就是一家人,只要是上天覆盖的、大地承载的,都是明朝的子民,绝对不能区分出你我。③郑和是色目贵族,他坚定地向明朝效忠并成功收复台湾。"云帆高张,昼夜星驰",郑和下西洋是汉朝后中华文明发起的最大规模的航海外交,建立起海陆间的联系,成为中国航海史上的壮举,使中外关系得到了极大扩展。明朝出现了"万国来朝"的胜景,开启了近代世界大航海时代的序幕。但到了明宣宗时期,社会人文秩序出现紊乱,明朝闭关锁国,失去了发展海洋文化的良机。

游牧民族入住中原,使得少数民族有足够的时间适应新的环境,改变经济形态,调整统治策略,以正统自居,以恢复统一为号召,最终接受汉文明,成为传统制度和文化新的保护人。中国能够保持历史的延续、文化的一致和疆域的稳定,离不开少数民族的贡献。

---

① 宋濂,等.元史·卷六 本纪第六[M].北京:中华书局,1976:106.

② 何毛堂,李辉南.土司制度对桂西民族融合的促进作用初探[J].中南民族学院学报(社会科学版),1987(01):49.

③ 崔明德.中国民族关系思想的有关问题[J].烟台大学学报(哲学社会科学版),2012,25(04):54.

3.统一多民族国家的兴盛与危机

1644年,东北女真部落一跃成为华夏之主。清朝融合了游牧民族的传统与中原王朝的政治文化遗产,将汉、满、蒙、回、藏各族统统纳入其治理体系下,民族融合达到了前所未有的程度。清朝是我国统一多民族国家进一步巩固和发展的重要时期,更是中华民族从自在走向自觉的关键时期。

清朝前中期,国家对地方和边疆的统驭和治理达到鼎盛,为中华民族多元一体格局的形成提供了必要的政治条件和生存空间。翦伯赞先生认为:"清王朝的建立和疆域的巩固,无论是对防止西方殖民主义者的入侵或促进国内各族人民经济、文化的联系和发展,在客观上都有积极的意义。"[1]

作为第二次征服中原的游牧民族,清朝初期,统治者就强烈地意识到融入中原文化对其统治的重要性,不但授予孔子"大成至圣文宣先师"的尊号,更是要求八旗子弟接受汉文化教育,学习儒学经典,使用汉文字参加科举考试。共同的文化成为消除民族差异的纽带,成了荣辱与共的民族合力。清朝注重民族关系的培养,创设"金瓶掣签"制度,实行"改土归流"缓和民族关系,采用"恩威并用""参汉酌金""尚德不尚威"等措施来维护大一统。从努尔哈赤开始,清朝就强调"满蒙一体",皇太极曾经在处理与蒙古的关系问题时明确强调"以力服人,不如令人中心悦服之为贵也"[2]。为凝聚各民族的向心力,在内地汉人社会,清帝以儒家圣贤君主的姿态展现自己;面对西藏地区信仰喇嘛教的信众,以及满洲地区信仰萨满教的信众,则以护主身份出现;对游牧民族则以可汗制度统治,清朝统治者跨越文化和族群藩篱,成为统御四海的"天下共主"。[3]乾隆末年,清政府下令编纂《御制五体清文鉴》,此古籍是满、藏、蒙、维、汉合璧标音辞典,依次列满文词语、藏文译文、蒙古文译文、维吾尔译文、汉文译文,为各民族文化交流互鉴起到桥梁作用,有力地见证了清朝实施的"同文之盛"政策。清朝后期,汉语成为满族的通用语言,满语反而渐渐淡出社会生活。

① 翦伯赞.中国史纲要(增订本)(下)[M].北京:北京大学出版社,2006:556.

② 清实录:第二册[M].北京:中华书局,1985:384.

③ 李怀印.现代中国的形成:1600—1949[M].桂林:广西师范大学出版社,2022:84-85.

清朝扩大了"中国""中华""华夏"概念的内涵,重新界定了与周边国家的关系。清朝所认同的"中国"逐渐从王朝国家的通称与大清朝名的合一,转变为现代国家的称谓。康熙中期以后,"中国"一词的使用一跃成为自觉的常态,反映在皇帝的训诰、大臣的奏议、私家著述,乃至辞书及国际条约等中。《大义觉迷录》指出:"自古中国一统之世,幅员不能广远,其中有不向化者,则斥之为夷狄。如三代以上之有苗、荆楚、玁狁,即今湖南、湖北、山西之地也。在今日而目为夷狄可乎? 至于汉、唐、宋全盛之时,北狄、西戎世为边患,从未能臣服而有其地。是以有此疆彼界之分。自我朝入主中土,君临天下,并蒙古极边诸部落,俱归版图,是中国之疆土开拓广远,乃中国臣民之大幸,何得尚有华夷中外之分论哉!"此外,"中国"一词还包含国家认同的政治符号意义,与西方列强签订的不平等条约中,"中国"概念与疆域、国界意识紧密联系在一起,已具有主权国家间划界国际条约的水准。清朝后期,列强的凌厉攻势将清朝推向了覆灭的边缘,西方文明的冲击让天朝上国的理念逐渐崩溃。各族人民投身在维护国家统一的斗争中,谱写了可歌可泣的爱国篇章,展现了中华各民族对祖国的认同,是中华民族整体民族意识萌发的具体表现。

中华民族的起源与孕育经历了一个漫长的历史过程,尽管王朝屡经更迭,国家统一与割据交替循环,但统一发展始终是主流方向。"大一统"价值观奠定并强化了国家统一,成为推动民族融合的动力。历代汉族政权和少数民族政权对"天下一统"的追求和向往,使各民族华夷对立的观念不断淡化。汉族政权希望利用自己固有的"正统"地位和权威,实现"以夏变夷""以华制夷",少数民族政权为了证明其正统性,则主动学习汉文化,在互动的过程中自觉或不自觉地实现了民族融合,促进了中华民族多元一体格局的形成。"大一统"和"华夷之辨"是古代中国天下观体系的一体两面,二者相辅相成。从"华夷之辨"转而"夷夏之防"最终形成"夷夏一体",传统的"夷夏观"演变映衬出各民族之间关系的动态变化,其勃兴、繁荣、陨落的历史进程,证明中华民族自古同根同源。

衡诸历史,民族融合不但是中国历史的主流,也是中华民族形成与凝聚的根本。在持续不断的交融之中,从单一的华夏族开始,经过大大小小的民族长期互动,中华民族开枝散叶、聚木成林,形成了充满生命张力的中华民族实体。秦汉雄风、大唐荣光、康乾盛世,各民族共同耕耘中华大地,奠定了中国疆域版图的基础,写就了源远流长、光辉灿烂、赓续不绝的中华民族史。中华民族发展伊始是以农耕文化为主体的华夏民族,并与以游牧文化、海洋文化为主体的周边民族不断互动,不同文化在比较中发展,在认同中充实,留下了绵延而丰富的中华文化根柢,滋生出中国早期的国家观和民族观,共同创造形成了中华文化共同体。正如费孝通先生所说:"中华民族作为一个自觉的民族实体,是在近百年来中国和西方列强对抗中出现的,但作为一个自在的民族实体则是几千年的历史过程所形成的。"①及至近代,中国以更深刻的方式进行自我重构,转为现代历史上"内在于世界的'中国'",由此开始了从古代社会向现代国家转型的阶段。

二、自觉的中华民族:阵痛与觉醒

中华民族自在实体的起源很早,但近代意义上的民族意识觉醒则较为缓慢。1840年鸦片战争以后,中国逐步成为半殖民地半封建社会,国家蒙辱、人民蒙难、文明蒙尘。②中华民族经历了历史上最苦难的时光,也是在这一时期,形成了共同拥有和一致认同的民族总符号——"中华民族"。中华民族自觉意识的转型是现代政治意识参与的外部力量冲击和中华民族内部发展动因互相推动的结果。我们需要从多重维度探寻其蕴含的理论内涵,解释清楚中国作为一个现代国家的历史正当性。

(一)三千年未有之大变局

18世纪的中国"海内康宁""威服四夷"一派荣光,然而清朝日益鼎盛的繁荣也成了它命运的拐点,如李鸿章所说:"今则东南海疆万余里,各国通商传教,往来自如,麇集京师及各省腹地,阳托和好之名,阴怀吞噬之计,一国生事,诸国搆

---

① 费孝通.中华民族多元一体格局[M].北京:中央民族大学出版社,2018:18.
② 习近平.在庆祝中国共产党成立100周年大会上的讲话[N].人民日报,2021-07-02(2).

煽,实惟数千年来未有之变局……又为数千年来未有之强敌。"①这个变局的核心正是传统中国的天下秩序让位于全新的民族概念和"民族—国家"体制。②

1."外"与"内"的交错

鸦片战争前,中国人身处"天下"体系之中,并未意识到"中华民族"这一民族实体的存在。随着西方工业革命的兴起,崛起的列强不满足和中国的"有限"往来,贪婪地攫取种种特权,打破了中华民族的自在状态,中国被迫卷入世界体系而被边缘化。中国人民与帝国主义之间的矛盾日益激化,与清朝封建统治者之间的矛盾也进一步锐化,主权、领土、边界和国家等观念涤荡着中国传统的"天下"观。在"天涯何处是神州"的悲鸣中,中华民族的主体意识在反抗与斗争中逐渐"显现",中华儿女在传统"忠君""报国"的王朝认同基础上滋长出"中国"与"外国"、"国内"与"国外"的集体共识,萌发了现代民族国家意识,这些也成为孕育现代中华民族观不可或缺的因素。

鸦片战争失败,给中国人呈现了一种新的西方主导世界的景象,让中国从"天朝上国"的迷梦中惊醒。正如马克思1853年在《中国革命和欧洲革命》中所说:"与外界完全隔绝曾是保存旧中国的首要条件,而当这种隔绝状态通过英国而为暴力所打破的时候,接踵而来的必然是解体的过程,正如小心保存在密闭棺材里的木乃伊一接触新鲜空气便必然要解体一样。"面临中国与西方、汉人与其他少数民族、中央和地方关系的纷乱局面,一批知识精英和思想先进人士鼓天下之气,强天下之势,以挽狂澜于既倒,开始在主观与客观的双重路径下体察世界。部分满汉官僚精英意识到中国亟须找到进入现代国家形态的入口,强烈要求改革图强,用西方先进的科学技术改造中国作为对其侵略的回应。他们同属于一个国家的意识得到强化,这一共识超越了狭隘的满汉畛域观念。因此,一贯主张"以夏变夷"的清政府发起封建性质的"洋务运动",主动学习西方"器物",开始了中国近代化的早期探索。"洋务运动"不仅生成了"中体西用"的近代化理论,也孕育了中国资产阶级的新生力量,但并未改变专制的政治制度。

---

① 梁启超.李鸿章传[M].北京:商务印书馆国际有限公司,2015:62-63.
② 王娟.重建"多民族中国"的历史叙事 20世纪中国民族史观的形成、演变与竞争[J].社会,2021,41(01):45.

2.传统帝国与现代国家的徘徊

中国一直都是一个历代王朝不断复原、重新整合的国家。历史表现为同一形式的不同王朝的更迭和同一社会制度的"再生产"。①作为中下层士人知识分子的代表，梁启超曾在《新民说·论国家思想》中指出，国人"知有朝廷而不知有国家，知有一己而不知有国家"。可以说，中华民族的自觉是在国际政治局势、西方民族概念、民族国家理论、民族生死存亡的危机等的影响下被唤醒的。

中国社会转型的矛盾主要以民族矛盾的形式表现出来。清末的中国社会是一个外无民族独立、内无民主制度的社会，传统的"天下观"在中国人心中根深蒂固，使得中华民族在传统中国与现代民族国家的转型过程中迂回变化，近代中华民族自觉的种子很难破土而出。清政府在维新变法、"庚子国难"中不尽如人意的表现，让有识之士实现国家和民族一体化的愿望喷薄而出，严复等有识之士受到现代民族国家意识和西方"民族国家"体制的影响和启示，传播了一套全新的有影响的民族主义思想，他们自觉担负起天下的兴亡，想通过西方民族主义来凝聚国人，开始探索民族国家的构建途径。由此，民族与国家的重要性逐渐凸显出来，成为国人关注的焦点，中华民族逐渐觉醒，开启了中国现代化的进程。

作为东西方文明碰撞的产物，中国从传统帝国转型到现代国家，既因受到西方现代性侵蚀而改革传统，又因抵抗西方殖民霸权而复兴民族。清政府在维新变法、"庚子国难"中不尽如人意的表现，让有识之士开始探索民族国家的构建途径。当时"民族建国"主要有两个理论依据：一是以血统、种族为民族划分标准，建立单一民族的国家；二是以文化为标准划分民族，建立多民族的国家。因此，在如何构建现代国家模式和民族认同模式、认同范畴等问题上产生了不同的派别，引发了讨论和争辩。以孙中山为代表的近代中国资产阶级革命派效仿美国的共和制，主张第一种民族建国理论，即建立单一的汉民族国家。他们清醒地认识到帝制国家是变革中国的枷锁，更是走向民主的羁绊，主张对旧的统治秩序和统治力量进行暴力革命。改良派接受第二种民族建国的理论，参照英国的君宪制，通过同旧势力的妥协来实现自己的政治目标，认为专制政体可以而且应当通

---

① 李培林.社会学与中国社会巨变[M].北京:社会科学文献出版社,2020:215.

过和平手段来废除。虽然二者的政治纲领不同,但他们始终关心"中国存亡诚一大问题",成为推动社会前进的政治力量。最终,两派"殊途同归",达成共识,即建立一个多民族的民主共和的国家,中华民族意识在两种民族国家建构方式的矛盾与对立中实现统一。

3.从"小民族主义"到"大民族主义"

"鸿荒之天下,一变为文明之天下。"[①]要形塑现代中国,就需要构建与之相匹配的"民族",中国的知识阶层开始探寻国族同构的路径。"民族"(nation)概念成为近代国族建构(nation-building)的核心概念,但因价值取向和体认方式的局限,人们很难明白民族国家之"民族"结构与"国家"机理,[②]从而导致最初在使用种族、民族、国家这些词时存在认同混乱和理解偏差的情况,影响了中华民族自觉的进程。

中华民族从"自在"到"自觉"的延续,不仅包含着传统民族在新的条件下得以延续的意义,也内蕴着现代性的政治转换之义,是一个从"传统"到"现代"的起承转合过程。"中华民族"概念的诞生是现代民族自觉最为突出的标志之一,它标志着中国民族作为一个整体之自我意识的萌芽与觉醒。[③]"中华民族"作为一个政治与学术概念,从提出到不断引申和发展都是国内外矛盾、政治意识、民族意识诸多因素相互摩擦、冲突、制约、整合的结果,能够比较清晰地呈现不同层次人士的探索和尝试。最早系统介绍并阐发这一概念的是改良派代表人物梁启超。戊戌时期,梁启超已经形成国内团结一致抵御外来侵略的民族意识。"海内外同胞"要合群自强,以"振兴中国,保全种族"。他还强调"变法必自平满汉之界始"[④]"非合种不能与他种敌"[⑤]。20世纪初,梁启超进一步学习西方近代民族主义思想,但对"中国民族"和"中华民族"两词的使用意义仍比较混乱。指中国境内所

① 丁凤麟,王欣之.薛福成选集[M]上海:上海人民出版社,1987:555.

② 任剑涛.从家国到国家:中华帝国的民族国家转向[J].社会科学战线,2022(04):203.

③ 石硕.从中国历史脉络认识"中华民族"概念——"中华民族"概念百年发展史的启示[J].清华大学学报(哲学社会科学版),2021,36(03):4.

④ 梁启超.饮冰室合集:第一册[M].北京:中华书局,1989:81.

⑤ 梁启超.饮冰室合集:第一册[M].北京:中华书局,1989:83.

有民族时,他一般使用"中国民族",而当他要表达汉族时(即"国族"),则使用"中华民族"。1901年,他发表的《中国史叙论》中首次使用"中国民族"一词,梁启超有时认为这是指华夏或者汉族,有时又认为这指中国境内各民族的总称。1902年,梁启超在《论中国学术思想变迁之大势》中最先使用了"中华民族"的观念。他写道:"上古时代,我中华民族之有海思想者厥惟齐,故于其间产出两种观念焉:一曰国家观,二曰世界观。"[①]此处,梁启超所指的中华民族还是汉族,不具有现代中华民族的意识。此处梁启超说的国家观,反映出当时中国已经开始从历史上的王朝国家向现代的民族国家转变。

受伯伦知理学说的影响,梁启超意识到欧洲的民族-国家模式下的民族理论和民族主义意识形态与中国传统及现实不相符,他第一个跳出了种族主义的泥沼,强调"民族"是一个历史文化概念而非血统种族概念。[②]在深省中国的现实政治后,他认为中国的未来之路要从平满汉之界开始。1903年,他在《政治学大家伯伦知理之学说》中提出了"大民族主义"的说法:"吾中国言民族者,当于小民族主义之外,更提倡大民族主义。小民族主义者何?汉族对于国内他族是也。大民族主义者何?合国内本部属部之诸族以对于国外之诸族是也……合汉、合满、合蒙、合回、合苗、合藏,组成一大民族。"梁启超认为"排满"不可取,应该在确保汉民族主体地位的同时,将满、蒙、回、藏等民族融合并紧密联系在一起,组成强大的中华民族,取代过时的"小民族主义",即汉人的种族中心观。自此,梁启超的民族观开始发生转变,即历史地、连续地、融合地、开放地看待民族形成和发展的历史。梁启超从"小民族主义"到"大民族主义"的认知超越实现了中华民族概念的第一次转换。

在此基础上,1905年,梁启超在《历史上中国民族之观察》中强调"中华民族自始本非一族,实由多数民族混合而成"[③]。他指出中华民族是我国境内所有民族在千百年历史演变中形成的,进一步强调了中华民族的血缘是多元而非一元的论述。1922年,梁启超在《中国历史上民族之研究》中讨论了中华民族"多元一

---

① 梁启超.梁启超全集:第三集　论著三[M].北京:中国人民大学出版社,2018:33.

② 宋盼盼,周传斌.中华民族概念内涵的三次转换论析[J].北方民族大学学报,2022(05):42.

③ 梁启超.饮冰室合集:第八册[M].北京:中华书局,1989:4.

体"格局的成因和演变,"所函之概念,随时变迁。甲时代所谓夷狄者,乙时代已全部或一部编入诸夏之范围,而同时复有新接触之夷狄发现,如是递续编入,递续接触,而今日硕大无朋之中华民族,遂得以成立"①。由此,梁启超完成其对"中华民族"的客观阐释,在较为完整的意义上确立了现代"民族"观念和意识。从改良派的方略变化中,可见其宏大理想是要塑造反抗列强的民族精神,即认同中华民族的"大民族主义"。

与改良派倡导的"大民族主义"不同,以孙中山、章太炎、邹容为代表的革命派受西方"主权在民"的民族主义思想的影响,致力于建立共和国。革命派的政治诉求经历了从"反满"到"反清"再到"反帝"的转变。在革命派早期诉求中,采取了比较激进的"种族革命"方式,为了达到"排满"的目的,孙中山提出政治革命与民族革命相统一的口号——"驱除鞑虏,恢复中华",并认为"两民族必不能并立于一政府统治下"②。可见其对中国其他少数民族的排斥,他心中的"中华"实际上指的是汉族(即梁启超所谓的"小民族主义"),他希望以此为核心建立一个单一的汉民族国家。随着革命形势的发展,中华民国成立后,出于继承清王朝遗产的考虑,孙中山认识到"排满"仅是革命的手段,不是革命的最终目标,不再机械模仿西方民族国家理论,适时调整狭隘的"排满"政策,提出了汉、满、蒙、回、藏"五族共和"的观念。孙中山的民族主义思想几度发生变化,"虽然包含着强烈的中华民族的认同,但国族一元结构却是一种空想"③,不符合中华民族多元结构的客观历史,也为国民政府日后的统治埋下了隐患。

此外,满族官员和留日学生对民族观念的理解也颇为深刻。1906年,留日回国的满族官员端方在《请平满汉畛域密折》中提出,"惟有使诸族相忘,混成一体"④。恒钧、乌泽声等满族留日学生创办《大同报》《北京大同日报》,倡导"满汉人民平等,统合满、汉、蒙、回、藏为一大国民"。在反对帝国主义侵略的过程中,

① 梁启超.梁启超全集:第十一集 论著十一[M].北京:中国人民大学出版社,2018:379.
② 张枬,王忍之.辛亥革命前十年间时论选集(第一卷·下册)[M].北京:生活·读书·新知三联书店,1960:588.
③ 高翠莲.清末民国时期中华民族自觉进程研究[D].北京:中央民族大学,2005.
④ 中国史学会.中国近代史资料丛刊:辛亥革命(四)[M].上海:上海人民出版社,1957:41.

不同阶层的人民无不以国家兴亡为己任,急切反思救国救民的主张。我国各族人民深深认识到他们的共同命运,从而加强了团结意识,加强了中华民族的观念和意识。[①]"华夏中心"的传统地理观、"内华夏而外诸夷"的民族观逐渐被以民族、国家为界限的现代地理观以及中华民族是由主体民族和少数民族共同构成的新认知所取代。

(二)炮火下的民族觉醒

甲午战争的失败严重挫伤了民族自信心,以戊戌变法、立宪运动和辛亥革命为代表的事件折射出仁人志士在思想意识上衍生出的自我觉醒,他们或直言上书、力排众议,或献保国安疆大计,可谓"清朝二百余年未有之大举"[②]。1894年孙中山在《兴中会章程》中写道:"中国积弱,非一日矣!上则因循苟且,粉饰虚张;下则蒙昧无知,鲜能远虑……乃以庸奴误国,涂〔荼〕毒苍生,一蹶不兴,如斯之极。"[③]梁启超意识到,"唤起吾国四千年之大梦,实自甲午一役始也……吾国则一经庚申圆明园之变,再经甲申马江之变,而十八行省之民,犹不知痛痒,未尝稍改其顽固嚣张之习,直待台湾既割,二百兆之偿款既输,而鼾睡之声,乃渐惊起"[④]。严复在《论世变之亟》中写道:"呜呼!观今日之世变,盖自秦以来未有若斯之亟也。"[⑤]

1.从"驱除鞑虏,恢复中华"到"五族共和"

辛亥革命结束了帝制统治,开创了近代民族民主革命新纪元,具有现代性质的中华民国继之而起,为国内各民族的融合与发展创造了必要的政治和文化条件。自此,在现代国家转型的过程中,少数社会精英通过理念、想象和外部榜样来裁剪中国现实,在理想主义的激情中尝试了帝制复辟、议会制、多党制、总统制来构建现代中国,但其后的政治势力及其失败证明:在不触及社会变革的前提

① 翁独健.中国民族关系史纲要[M].2版.北京:中国社会科学出版社,2001:16.
② 陈旭麓.近代中国社会的新陈代谢[M].北京:生活·读书·新知三联书店,2017:144.
③ 孙中山.孙中山选集(上)[M].2版.北京:人民出版社,2011:14.
④ 梁启超.戊戌政变记[M].长沙:岳麓书社,2011:166-167.
⑤ 严复.论世变之亟:严复集[M].沈阳:辽宁人民出版社,1994:1.

下,仅依靠少数社会精英的联合是不能改变中华民族的悲惨命运的。

武昌起义后,"五族共和"成为中华民国的基本国策,五族平等成为法律基础,大大激发了中华民族凝聚力和整体性追求的强烈愿望,使得"中华民族"观念开始向"国族"过渡。最早提出合"五族为一"设想的是立宪派杨度,他在《金铁主义说》中提出,"人民既不可变,则国民之汉满蒙回藏五族,但可合五为一,而不可分一为五"①。杨度"合五为一"的思想与梁启超的"大民族主义"所见略同,具有融贯古今的国民整合意识。而在思想的架空与现实政治的被迫妥协下,"五族共和"只是对"驱除鞑虏"宣传口号的修复,仍带有汉族中心的色彩。孙中山在《中华民国临时大总统宣言书》中宣布:"国家之本,在于人民,合汉、满、蒙、回、藏诸地为一国……是曰民族之统一。"②《清帝逊位诏书》也表达了"总期人民安堵,海宇乂安,仍合满、蒙、汉、回、藏五族完全领土为一大中华民国"③之期盼。1921年3月《中华民国临时约法》宣告:"中华民国人民一律平等,无种族、阶级、宗教之区别。"这使得各民族在政治上成为平等的"国民",是中华民族自觉意识的第一次明晰和理性化。"五族共和"在一定程度上复原了中华民族原有的民族层次结构,中华民族的含义开始从最初的华夏/汉族共同体向包括五族在内的中国民族联合体转变。

"五族共和"观念的提出让"民族"与"国家"合为一体,承认多民族性的"五族共和"理念逐渐产生社会影响,现代中华民族观念的普及和认同基本形成。民国初期以"中华"或"五族"命名的组织和事物如雨后春笋般涌现,如"中华日报""中华革命党""大中华报""中华民族大同会""五大民族共和联合社""五族国民合进会"等。"中华民族"一词写进了中小学历史教材。一些中小学教科书中也编入"五族共和"的内容,如1912年上海中华书局出版的《新制中华国文教科书》等。五色国旗、《五旗共和歌》也在这一时期得到确立和传播,可以看出彼时的"中华民族"已经成为中国各民族集合体的代名词。

---

① 江中孝,王杰.跨世纪的解读与审视——孙中山研究论文选辑(1996—2006)[M].天津:天津古籍出版社,2006:46.

② 孙中山.孙中山选集(上)[M].2版.北京:人民出版社,2011:95.

③ 清实录:第六十册[M].北京:中华书局,1987:1293.

2."启蒙"与"救亡"的重奏

列强环伺,华夏迭殃。1919年巴黎和会的外交失败,让中国人认清了帝国主义列强联合压迫中国人民的实质,意识到西方资产阶级民主主义在中国走不通。"革命"话语逐步推演为时代性话语,超越了阶级或阶层的专属概念,深重的中华民族危机需要全中国人民的觉醒与奋斗才能消解。"唤醒民众"需要重新寻找改革动力。随后,以底层社会为动力的国民革命、五四运动、五卅运动、废除不平等条约等民族运动爆发了。思想交锋的激烈和理论主张的对峙构成了近代民族理论论争的波浪起伏,一时间"外争主权,内除国贼""取消二十一条""中华民族万岁""反对帝国主义"等口号席卷全国,革命运动中呈现的智慧和灼见最终沉积为社会共识,这是现代的"中华民族"整体观念得以确立的重要政治基础和思想条件之一。[1]自此,中国人民作为"命运共同体"的"国族"意识得到进一步强化,现代中华民族概念和意识逐渐定型,中国传统的民族观也逐渐转变为近代民族观。

20世纪二三十年代,中国的民族矛盾和阶级矛盾相互交织,中国社会的重组与民众意志的整合呈现出繁复和多变的面向。中国政坛先后经历了北京政府、广州革命政府、武汉政府、南京政府,这些政府是各种新旧精英之间矛盾以及分利不均的产物,不同政府执政期间所做的努力也是民意所迫,而非政府的内在自觉。中国政体的新旧转换与政局的动荡,导致中华民族在政治意识上与政府之间产生了离心力,"五族共和"面临巨大的隐患。

五四运动以拯救民族国家意识和政治自觉为初衷,成为中国思想界大转变的契机,为中华民族的觉醒留下了浓墨重彩的一笔。五四运动前,多数的国人对国家前途不识不知,经过五四运动的洗礼,爱国主义成为洪流,浸润社会的各个阶层,中国人的主权意识、自我认同、领土完整等概念日渐清晰,现代中华民族观念逐渐传播开来,最终聚合为席卷整个社会的精神力量,尤其是五四运动对封建主义彻底的讨伐是中国历史上前所未有的。一时间,西方民主和科学思想渗透到中国社会的底层,中国的政治精英和知识精英开启了新文化运动,其重点转向了传播马克思主义,以《共产党宣言》《资本论》为代表的思想和经济领域的冲击

---

① 黄兴涛.重塑中华:近代中国"中华民族"观念研究[M].北京:北京师范大学出版社,2017:133.

席卷中国,极大地鼓舞了工人阶级、农民阶级、小资产阶级和民族资产阶级的革命积极性。毛泽东指出:"全部中国史中,五四运动以后二十年的进步,不但赛过了以前的八十年,简直赛过了以前的几千年。"①五四运动震古烁今,动摇了封建思想的统治,全民族都转向伟大的民族解放战争,酝酿了重建民族国家的政治自觉,更在客观上为人们接受马克思主义创造了思想条件、干部条件。

3.北方吹来十月风

九一八事变后,中日民族矛盾上升为国内主要矛盾。在"国将不国"的严重关头下,1917年,俄国十月革命让中国人看到了一个新社会,也看到了实现社会变革的新力量。这一时期,国民党的改组和中国共产党的成立标志着中国历史进入了新阶段。

1921年,中国共产党成立。《中国共产党纲领》中明确规定,"凡承认本党党纲和政策,并愿成为忠实的党员者,经党员一人介绍,不分性别,不分国籍,都可以接收为党员,成为我们的同志"②。这个规定有力地表明,中国共产党在成立的时候,就要求自己成为集合各民族先进分子的组织,代表各族人民的根本利益。伴随着十月革命的炮声,列宁的"民族自决"理论传到了中国,中国共产党的"中华民族观"因国内外局势的变化经历了从青涩到成熟的转变。中国共产党"一开始就是在共产国际的指导之下,照着列宁的原则去进行建设"③。1928年,尚处在"幼年"时期的中国共产党,依照列宁"民族自决"思想,在中国共产党第六次全国代表大会上通过《政治决议案》提出"统一中国,承认民族自决权",既主张中华民族对帝国主义的自决权,也主张国内各少数民族对汉族的自决权,将民族自决与联邦制作为内部决策纲领,将其对外公布为革命口号与革命目标。实践是检验真理的标准,不加辩驳地套用"民族自决"理论严重损害了中国的主权和国家安全,中国共产党放弃了参照苏联模式建立联邦制国家的教条主义构想。1935年遵义会议后,摆脱错误羁绊的中国共产党开始科学地研究和解决中国的民族问

① 毛泽东选集(第二卷)[M].2版.北京:人民出版社,1991:703.

② 中央纪委.列宁、毛泽东和邓小平论民主集中制[M].北京:中国方正出版社,1994:275.

③ 刘少奇.刘少奇选集:上卷[M].北京:人民出版社,1981:185.

题,把马克思主义基本原理与中国革命的具体实践相结合,创造性地提出"民族区域自治",初步构建了以民族平等团结、共同解放为核心的民族政策,党的民族理论在救民救国的实践中开始了嬗变与跃升。

抗战的焦灼唤醒了中国人民的爱国之情。国民政府和共产党借助政府的权力和政策,对中华民族"共有的历史"进行宣传,呼吁建立"民族阵线"以此来加强对全体国人"国族"意识的培养和浸润。1935年,国民党中央和国民政府还明确将黄帝宣称为"中华民族始祖",举行黄帝祭典成为中华民国一种固定化的国家仪式行为。①毛泽东为公祭仪式撰写祭黄帝陵文稿碑,国共合祭黄帝陵,并共同视黄帝为"中华民族始祖"。②除祭拜黄帝陵,中国共产党还积极参与以"少数民族"为主题的群众集会,如1939—1946年期间,中国共产党参加成吉思汗公祭活动。可见,中国共产党较早地形成了"一体之下多元平等"的自觉思想。

(三)命运与抉择

马克思曾对阶级进行了划分,一个以社会集团或社会群体的形式存在的"自在阶级",只有通过一个历史的、认知的和实践的觉悟化过程,才能产生阶级意识,才有可能通过一致的集体行动争取共同的阶级利益。③"个人"、"民族"与"国家"紧密地结合在一起,全体国民统一于抗日民族统一战线,同仇敌忾,促进了中华民族共同体的形成。④

1.高擎红旗聚中华

1934年,在生死关头的道路抉择下,红军踏上了战略转移的长征之路。长征是一次唤醒民众的伟大远征,也是一场播撒革命火种的旅程,促成了中国共产党对少数民族地区民众的广泛动员,吹响了全民族觉醒和奋起的号角。

长征路上,红军经过少数民族居住地区,同苗、瑶、壮等十几个少数民族广泛接触、建立联系,为中国共产党的民族政策提供了实践机会,一是帮助少数民族

---

① 黄兴涛.重塑中华:近代中国"中华民族"观念研究[M].北京:北京师范大学出版社,2017:177.

② 黄兴涛.重塑中华:近代中国"中华民族"观念研究[M].北京:北京师范大学出版社,2017:177.

③ 李培林.社会学与中国社会巨变[M].北京:社会科学文献出版社,2020:273.

④ 周俊华,徐勇.话语重塑与概念流变:从中华民族到中华民族共同体[J].广西民族研究,2021(06):86.

建立自己的武装力量;二是帮助少数民族建立自己的政权,管理本民族内部事务。民族伟力产生于民族觉醒,而民族觉醒要靠政治动员。在群众运动和政治宣传教育工作中,红军向沿途少数民族群众宣传党的革命理论和民族政策,争取民族独立、人民解放成为中国各民族共同奋斗的总目标。在红军的感召下,党的革命阶级理论得到了有效传播,少数民族群众的加入为共产党积蓄了革命力量。各族群众也把红军视为兄弟姐妹,主动为红军当向导,掩护、帮助红军伤病员脱险、治疗,为红军摆渡、背运物资、提供粮草等,留下了"彝海结盟""单家集夜话"等感人故事。毛泽东曾说:"有一天我们必须向藏民偿还我们不得不从他们那里拿走的给养。"①

血战湘江,四渡赤水,强渡大渡河,飞夺泸定桥……长征途中的苦难铸就了中国共产党人的精神谱系。由此,中国共产党积累了解决民族问题的经验,探索出一条古往今来不曾有过而切合中国实际的农村包围城市、武装夺取政权的道路。弥足珍贵的是,中国共产党坚持人民创造历史这一马克思主义科学原理,建立了与人民群众生死相依、患难与共的血肉联系,这与国民党片面的抗战路线形成鲜明反差。国民党因其阶级本质和利益关系的制约,甚至推行单纯政府抗战的片面抗战路线,采取与民众对立的政策和行动。

2.全民抗战凝聚团结伟力

从"九一八事变"到"卢沟桥事变",日本全面侵华的阴谋暴露。中国各民族都遭受着被列强灭亡和奴役的迫害,悲愤的情绪在中华儿女心中郁积,在"救亡"与"救国"的相互推进中,"民族复兴"与"民族自觉"同步高涨,各民族间全方位、多内涵的"一体性"现代民族认同运动势不可挡,走向全面抗战的趋势已不可逆转,中华民族的觉醒达到顶峰。

面对日本的步步进逼,蒋介石及国民党意识到"中华民族到了最危险的时候",《中国国民党临时全国代表大会宣言》反映了其深刻认识,"中国若怵于日本之暴力,以屈服谋一时之苟安,则将降为日本之殖民地,民族失其生存独立,国家

---

① 斯诺.西行漫记[M].董乐山,译.北京:外语教学与研究出版社,2005:326-328.

之自由平等更无可望"①。"惟有本于民族主义,以发扬民族之固有道德,恢复民族之自信力,使此四万万五千万之人心,凝结为一,坚如金石,知政治之自由,为吾民族生存之保障。"②在1935年的"八一宣言"中,中国共产党提出"中国是我们的祖国! 中国民族就是我们全体同胞!"③的倡议。1936年,毛泽东在《致蒋介石及国民革命军西北各将领书》中主张停止内战、一致抗日,"我们认为国势垂危,不容再有萁豆之争"。与此同时,向全国各族人民呼吁:"平津危急! 华北危急! 中华民族危急! 只有全民族实行抗战,才是我们的出路。"1936年,在《中国共产党致中国国民党书》中,中国共产党表示:"我们要为大中华民族的独立解放奋斗到最后一滴血!"④虽然国共两党对"中华民族"的认识存在分歧与摩擦,但在寇深祸亟的危机面前,国共两党尽弃前嫌,以中华民族命运为重,阶级矛盾服从民族矛盾,于1937年建立"抗日民族统一战线"。"战争的伟力之最深厚的根源,存在于民众之中。"⑤国共两党共赴国难、相映成辉是中华民族凝聚力的有力见证。"抗日民族统一战线"渗透到中国各族人民难以动摇的坚定信念中,锻铸了中华民族之魂。

　　国族建构仅作一个政治符号是不够的,还需要通过寻找历史渊源来证明其存在的合理性。抗日战争初期,日本就试图在民族话语上解构中国的领土和主权,中国学者在"民族危亡"的关键时期,从中华各民族历史与现实的实际出发进行论证,找到凝聚和团结中华民族的办法,作为对抗帝国主义侵略的思想利器。1935年,傅斯年在《独立评论》上刊出《中华民族是整个的》一文,提出"中华民族是整个的"的现代民族观,强调中华民族的整体性,中华民族既是历史事实,也是客观的现实存在。这一观点与彼时团结抗日的斗争目标和国人内心救亡图存的愿望一致,因而被广泛宣传。1939年,顾颉刚发表文章《中华民族是一个》,明确提出"中国之内决没有五大民族和许多小民族,中国人也没有分为若干种族的必

① 中国第二历史档案馆.中华民国史档案资料汇编:第五辑 第二编 政治(一)[M].南京:江苏古籍出版社,1998:406.
② 中国第二历史档案馆.中华民国史档案资料汇编:第五辑 第二编 政治(一)[M].南京:江苏古籍出版社,1998:408.
③ 中央统战部,中央档案馆.中共中央抗日民族统一战线文件选编(中)[M].北京:档案出版社,1985:14.
④ 中央统战部,中央档案馆.中共中央抗日民族统一战线文件选编(中)[M].北京:档案出版社,1985:245.
⑤ 毛泽东选集(第二卷)[M].2版.北京:人民出版社,1991:511.

要",把中国的汉、满、蒙、回、藏等群体都称为"民族",是帝国主义分化和瓦解中国的策略和阴谋,他呼吁"我们只有一个中华民族","要逐渐消除国内各种各族的界限","要绝对郑重使用'民族'二字","对外只有一个中华民族"。[①]顾颉刚的观点引发了学术界的强烈反响,傅斯年、白寿彝、张维华、马毅等对顾颉刚的观点表示支持,费孝通和翦伯赞等则对他的观点提出了质疑和商榷。费孝通发表的《关于民族问题的讨论》一文,从"民族"一词的含义出发,肯定了中国境内有不同文化、语言、体制的群体,但他认为多元的群体对国家政治层面的统一并不会产生太大影响。顾颉刚与费孝通的分歧,实际源自他们对"民族"概念内涵的思想认知和研究思路的差异。汉语"民族"概念兼具国家-政治层面的国族含义和历史-文化层面的双重指向和含混性,及至今日对该术语的探讨仍在继续。顾颉刚所指的是"国族",而费孝通则强调了中华民族的多样性。这些争论和探讨在一定程度上消解了日伪奴化宣传的不利影响,丰富了中华民族概念的内涵及其相互关系,对抗日战争而言具有振奋民族精神的作用,是中华民族概念的一次重要转换。"中华民族是一个"的呼声成了全中国人民共同的身份象征和认同符号,中华民族多元一体格局有了新的呈现形式。

此次知识界的争鸣最终延伸为国共两党在民族政治意识形态领域的理论交锋。争论内容的社会根源实际发端于南京国民政府大力推进的"国族"建构运动。蒋介石以孙中山"国族论"为基础提出了"宗族论",认为中华民族是多数宗族融合而成的,国内各族仅是中华民族的分支宗族,具有鲜明的种族和血统思想的残余。1943年,蒋介石在《中国之命运》中提出"中华民族宗之论",称"中华民族是由多数宗族融合而成的",试图在血缘、文化的基础上构建"中华民族",其"宗族论"的内涵也是以汉族为核心同化国内各宗族。蒋介石以"宗族论"为基础的"中华民族"一体观,引起了其他民族的不满,导致国民政府统治认同基础的瓦解。可见,国民党"民族同源论"的政策取向,一定程度上决定了其政治命运的走向。国民党大汉族思想的民族观和国家观具有历史局限性,不利于统一多民族国家的稳定和发展。

---

① 顾颉刚.顾颉刚全集:宝树园文存(卷四)[M].北京:中华书局,2010:94-106.

　　相形之下,中国共产党对中华民族的体认更具有远见卓识,中国共产党自成立起始终坚持平等的民族观。1928年中国共产党第六次全国代表大会,首次明确提出了中国境内的少数民族的范围包括"北部之蒙古、回族、满洲之高丽人,福建之台湾人,以及南部苗、黎等原始民族,新疆和西藏"①。中国共产党对"中国境内少数民族"的概念,突破了"五族共和"的局限,党的民族纲领有了明显变化,转变为强调民族自治。1938年,毛泽东在党的六届六中全会上提出"使马克思主义在中国具体化"的任务。毛泽东在《中国共产党在民族战争中的地位》中第一次明确提出以民族区域自治的形式解决国内民族问题。现代意义上的"中华民族"概念的最终阐释形成于1939年12月毛泽东发表的《中国革命和中国共产党》一文。该文的第一章第一节标题叫作"中华民族",毛泽东论述道:"中国是一个由多数民族结合而成的拥有广大人口的国家","中华民族的各族人民都反对外来民族的压迫,都要用反抗的手段解除这种压迫"。②中国共产党清醒地认识到,必须把中华民族作为一个"命运共同体",让中国各民族联合起来,争取中华民族的独立,而不是各民族的分离,这体现了中国共产党对中华民族整体利益的再认识。1940年《关于回回民族问题的提纲》《关于抗战中蒙古民族问题提纲》成为指导民族工作的纲领性文件,奠定了中国共产党民族政策的基础。值得一提的是,中国共产党重视培养少数民族干部,1939年中央党校举办回族干部训练班,1941年在陕北公学民族部的基础上创办了民族学院。抗日战争时期,中国共产党创造性地提出了新民主主义的革命理论,向国人展示了党的革命形象和国族建构理论的正确性。

　　为反抗日本侵略,中国各民族、各阶层、各政党、各团体、各宗教派别以多种方式投身到抗日救亡运动的洪流中。台湾同胞、港澳同胞和海外华侨以各种方式支援祖国,他们或成立团体进行抗日宣传,或捐赠金钱和物资,或亲临前线为保家卫国浴血奋战,中华民族蕴藏着的巨大力量以惊人的气势和规模迸发出来。民族主义觉醒实现了对社会的再组织,为现代统一多民族国家的建设奠定了新基础。③

① 中共中央统战部.民族问题文献汇编[M].北京:中共中央党校出版社,1991:87.
② 毛泽东选集(第二卷)[M].2版.北京:人民出版社,1991:622-623.
③ 马俊毅.中华民族共同体建设的现代化之路——基于国家与社会关系的分析[J].西南民族大学学报(人文社会科学版),2022,43(04):12.

3.中华民族复兴的曙光

抗日战争对中国是一场灾难,各族人民血肉相连的民族命运和共同的抗战生活重新再造和锻铸了中华民族。一致抗日的顽强抵抗与不屈生死,促成了中国人民对"国族"认识的转变,中华民族的觉悟程度、团结程度、组织程度空前,一体化的现代中华民族观继续深化。

抗日战争胜利后,国内阶级矛盾上升为主要矛盾,中国开展了两种命运、两个前途的大决战。国家百废待兴,全国人民对和平建设满怀希望,中国共产党认识到必须加快国家工业化建设,工业救国、实业救国。毛泽东在中共七大《论联合政府》的报告中指出:"为着打败日本侵略者和建设新中国,必须发展工业","没有工业,便没有巩固的国防,便没有人民的福利,便没有国家的富强"。[1]但国民党拒绝建立自由、民主、统一的中国,加剧了国内矛盾。得人心者昌,失人心者亡。国民党把自己推到了人民的对立面,这导致其政权迅速灭亡,中国共产党则始终选择和人民群众勠力同心,推动全国人民的解放事业发展。在探索领导中华民族解放的过程中,中国共产党较好地平衡了"民族"与阶级的关系。第一,通过土地改革和划分阶级等方式落实各族人民的经济利益和政治平等,妥善解决了各族人民内部的族际关系问题,实现了革命"合力"。第二,中国共产党坚持从中国实际出发,创造性地贯彻党的民族政策,实现了对马克思主义民族理论中国化的大发展。1947年,内蒙古自治政府的正式成立,标志着中国共产党民族区域自治政策第一次成功落实,一种新型的中国历史上从未有过的民族关系已经出现。[2]第三,和平解决国际势力对国内民族问题的干扰。全国解放前夕,中国共产党粉碎了帝国主义干涉中国内政、分裂中国领土完整的狂妄企图,成功带领各民族从黑暗走向光明,从分离走向团结,从落后走向进步,这突出表现在对新疆和西藏的解放上。中国共产党在艰苦卓绝的斗争中心系整个中华民族的根本利益,创生出与共和制相匹配的"人民"这一现代政治主体,最终从各种政治力量的反复较量中脱颖而出,化解了中华民族南北分治的分裂危机,取得了解放战争的

① 毛泽东选集(第三卷)[M].2版.北京:人民出版社,1991:1080.
② 杨策.试论近代中国民族关系的基本特点与诸种情态[J].中央民族学院学报,1992(03):11.

胜利,干成了千年以来中华民族扭转乾坤、开天辟地的大事。

总的来说,中华民族共同体意识在近现代救亡图存中形成自觉。近代作为中国现代多民族国家建设的一个重要时期,也是国族建构的重要历史阶段,其构建过程与中华民族概念的内涵演变相互叠加、息息相关。中华民族概念的多重性阐发经历了从论战到选择,再到最终趋同的过程探索。在"种族革命"和"政治革命"的论战中,对"中华民族"概念的讨论从种族主义的迷雾中剥离出来,御外自强的"大民族主义"应运而生,实现了其概念的第一次转换。辛亥革命后,中国走上了国家民族的整合之路,具有"国族"意义的"中华民族"概念融入现代国家的体制和机体中,在"民族建国"的进程中承载了更为深刻更为丰富的国家属性和国家内涵,实现了其概念的又一次转换。中国共产党也在其成长的过程中逐渐对"中华民族"所具有的政治、社会与文化的复杂内涵作融会贯通的解读,从民族与阶级的双重视角分析和解决中国社会的种种矛盾,成为领导我国革命最终胜利的核心力量。

19世纪下半叶到20世纪初,中国政治动荡巨变,历史曲折波动。百余年来,在多难兴邦的历史大潮中,救亡图存聚合为中华民族的共同使命,民族意识从几千年的"自在"状态跃升为"自觉"实体。中国和中华民族几经挫折而不断奋起,历经苦难而淬火成钢,从极度衰弱、备受屈辱、濒临灭亡的边缘中摆脱出来,度过了生死存亡的历史转折期。在风雨飘摇的岁月里,中华儿女谱写了可歌可泣的中华民族史,中华一体观念得到升华,深化了中华民族福祸与共、休戚与共的命运共同体认知,共同的命运将这个整体熔铸为牢不可破的共同体——中华民族。直至中华人民共和国成立,中国实现了民族独立、国家统一,旧中国一盘散沙的局面终于结束。

三、自强的中华民族:复兴与和合

1949年,中华人民共和国成立。于此,肇始于20世纪初的中华民族的现代构建最终完成,中华民族从自觉走向自立、自信、自强,发展成为更具包容性、凝聚力、统一性的命运共同体，[1]开启了中华民族伟大复兴的历史新纪元。

（一）探索与实践："建设一个中华民族的新社会和新国家"

由于中西方的文化和历史差异，中国的现代国家架构必须要依据中华文明和中国国情来制定。中国共产党对中华民族发展目标进行价值考量，有意识地将国家构建与国族建构进行整合，协同推进建设，不仅提出了中华民族国家构建方案，也依据处理和解决民族问题的具体实践，从思想方法到具体实践积极进行马克思主义民族理论中国化的探索。

1. 中华民族大家庭

多民族国家建设实践进入新的历史时期，探索凝聚全社会共识进而形成国家整体力量的方式，对于新中国的统一、强大和发展具有至关重要的意义。强调各民族自由平等、友爱合作的"大家庭"叙事逐渐凸显。

1949年9月颁布的《中国人民政治协商会议共同纲领》第一章"总纲"中指出，"中华人民共和国为新民主主义即人民民主主义的国家，实行工人阶级领导的、以工农联盟为基础的、团结各民主阶级和国内各民族的人民民主专政"。明确界定了国家的阶级属性，即构建以人民民主为核心价值的新型现代国家。民族区域自治制度作为解决中国民族问题的基本政策得以确立，其中表述了要"使中华人民共和国成为各民族友爱合作的大家庭"[2]的美好愿景。《五四宪法》则阐明了"我国各民族已经团结成为一个自由平等的民族大家庭"[3]的政治事实。1958年，毛泽东在中国共产党第八次全国代表大会上第一次使用了"中华民族大家庭"一词，这是"中华民族大家庭"作为政治话语的较早使用。

中国作为"人民当家作主"的社会主义国家，如何把一个多民族国家，建设成为团结而紧密联系在一起的政治共同体，需要在新的社会形态下处理好国家认同与民族认同之间的张力关系。"中华民族大家庭"兼具"家国情怀"的文化底色

---

① 中共中央统一战线工作部，国家民族事务委员会.中央民族工作会议精神学习辅导读本[M].北京：民族出版社，2022：8.
② 中共中央文献研究室.中华人民共和国开国文选[M].北京：中央文献出版社，1999：286.
③ 中共中央文献研究室.建国以来重要文献选编（第五册）[M].北京：中央文献出版社，1993：521.

和共同体的构建逻辑,成为中国特色社会主义民族理论话语体系中的政治符号。一方面使中华民族共同体内部各构成要素得以有机结合,另一方面则使全体国民不断生成"血缘+地域"共同体的内化情感。[①]"大家庭"也成为中华民族共同体意识的情感纽带,深化了各民族对中华民族的整体性感知认同。

2.中国共产党对新型民族国家的现代构建

中国是一个民族成分复杂的大国,中国共产党以探索民族区域自治为开端,逐步摆脱理论上的桎梏和实践上的局限,采取"综合性改革"方略开启了领导各族人民推翻"三座大山"的民族民主革命斗争。

经济上,中国共产党为帮助少数民族地区提升经济发展水平制定了一系列经济政策。比如为少数民族地区制定免农牧业税费和发放救济粮等"休养生息"的农牧业政策、优惠的财政政策、优先照顾的生产布局政策等。政治上,中共中央明确不再强调民族自决权,在民族性地方政权的区域建立人民民主政权,增强少数民族群众的国家认同感和归属感。1952年,《中华人民共和国民族区域自治实施纲要》作为我国第一部民族区域自治制度方面的专门法,就民族区域自治制度中的总原则,自治区及区内的民族关系、自治机关、自治权、上级政府领导等都作出了具体规定。1954年,民族区域自治制度被写入中国的第一部宪法中,并且在"总纲"和第三部分的"民族自治"中得到了更细致、全面的规定。社会发展上,以社会主义改革加快少数民族的发展,实行民主改革和社会主义改革"两步走"的方针,卓有成效地开展了人民民主政权的建设。此外,识别确定了56个民族成分,厘清了错综复杂的民族源流和现状,确立了少数民族的社会政治地位。派出中央慰问团和民族同胞参观访问团,开展民族团结宣传教育,逐步废除了农奴制、奴隶制等旧制度,使历史上长期形成的民族歧视和民族隔阂逐步消除。

总的来说,中国共产党推动马克思主义基本原理与中国实际相结合,把民族区域自治制度作为解决中国民族问题的政策抉择,使国家权力机构单一制的统一性中包含了民族区域自治的特殊性,将少数民族地方性政权顺利地纳入国家

---

① 刘春呈.铸牢中华民族共同体意识的"中华民族大家庭"符号认同[J].中南民族大学学报(人文社会科学版),2021,41(11):110.

政权体系之中,完成了统一多民族社会主义国家的构建。

3.在社会主义建设中探索民族工作

社会主义革命和建设时期,党面临的主要任务是,实现从新民主主义到社会主义的转变,进行社会主义革命,推进社会主义建设,为实现中华民族伟大复兴奠定根本政治前提和制度基础。①新中国的建设目标是将中国稳步地由农业国转变为先进的工业国。②国家开始走上以实现社会主义现代化为中心内容的轨道,中国共产党开始了投身社会主义工业化、现代化道路的实践探索。

周恩来在第一届全国人大一次会议的《政府工作报告》中,首次提出建设"现代化的工业、现代化的农业、现代化的交通运输业和现代化的国防"③。社会主义建设全面展开后,中国基本完成对生产资料私有制的社会主义改造,基本实现生产资料公有制和按劳分配,建立起社会主义基本经济制度。在第三届全国人大第一次会议上,提出分两步实现四个现代化。中国共产党以社会主义建设目标为基础,建立了不同于苏联社会主义发展的道路和模式。全国人民代表大会制度使各民族都有全国人大代表,各民族都有管理国家事务的权利;中国共产党领导的多党合作和政治协商制度规定,各民族都有全国政协委员,都有参政议政的权利;民族区域自治制度则保障了各民族管理本民族和本地区内部事务的权利,有效地促成了中国这样一个统一多民族国家的国家建构,也进一步巩固和凝聚了社会主义的中华民族大家庭。④这些基本政治制度,充分契合了中华民族多元一体、和而不同的政治生态。

(二)继承与发展:"中华民族多元一体格局"理论的创立

经历了探索社会主义建设道路的曲折后,党的十一届三中全会重新确立了

---

① 中共中央关于党的百年奋斗重大成就和历史经验的决议[N].人民日报,2021-11-17(1).

② 毛泽东选集(第四卷)[M].2版.北京:人民出版社,1991:1433.

③ 周恩来.政府工作报告——在中华人民共和国第一届全国人民代表大会第一次会议上的报告[M].北京:人民出版社,1954:4.

④ 常安.缔造社会主义的中华民族大家庭——新中国民族区域自治制度的奠基历程[J].学术月刊,2019,51(09):103.

实事求是的思想路线和"以经济建设为中心"的社会主义基本路线,将改革开放作为基本国策,成功地把中国特色社会主义和中华民族伟大复兴推向21世纪。

1.把"春天的故事"写在中国大地上

20世纪50年代中后期,受极"左"思潮影响,"民族问题的实质是阶级问题"被绝对化,各民族"共同团结奋斗,共同繁荣发展"目标实践被严重破坏,党对民族问题的判断在政治失序中逐步偏离统一多民族中国的实际。

"当经济问题一天未解决,民族问题即未能解决。"[1]作为有效解决社会矛盾的尺度,改革开放时期也是我国从民族认同到国家认同的理论与实践加快发展的时期。基于此,以邓小平同志为核心的党的第二代中央领导集体坚定社会主义最大的优越性就是共同富裕的信念,提出"集中力量搞四个现代化,着眼于振兴中华民族"[2]。党的十二大第一次旗帜鲜明地提出了"建设有中国特色的社会主义"的崭新命题;党的十三大首次提出"把我国建设成为富强、民主、文明的社会主义现代化国家"[3];党的十四大确立了社会主义市场经济体制的改革目标,开创了全面开放新局面;党的十五大首次提出"公有资本"的概念,中国快速融入全球市场经济秩序,社会主义现代化被赋予丰富的内涵;党的十六大提出:"当人类社会跨入二十一世纪的时候,我国进入全面建设小康社会、加快推进社会主义现代化的新的发展阶段。"[4]

经济体制改革的深化促进了多种经济成分的共同发展并丰富了生产关系,在"富起来"的共同目标导向下,强化了中华民族你中有我、我中有你的利益共同体意识。1979年6月,邓小平指出:"我国各兄弟民族经过民主改革和社会主义改造,早已陆续走上社会主义道路,结成了社会主义的团结友爱、互相合作的新型民族关系。"1982年9月修订的《中国共产党章程》明确指出,我国社会主义民族关系的基本特征是平等、团结、互助。民族关系的确立推动了中华民族共同体

---

① 中共中央文献研究室.邓小平文集(一九四九——一九七四年)中卷[M].北京:人民出版社,2014:121.

② 邓小平文选(第三卷)[M].北京:人民出版社,1993:357.

③ 中共中央文献研究室.十三大以来重要文献选编(上)[M].北京:人民出版社,1991:15.

④ 中共中央文献研究室.十六大以来重要文献选编(上)[M].北京:中央文献出版社,2005:1.

意识的形成,转化为国家繁荣发展的巨大动力。中华民族在改革开放的春风中汲取力量发展成共同繁荣的利益共同体,迈向"富起来"的新征程。

2.过上好日子,一个民族也不能少

改革开放后,"落后的社会生产"得到根本扭转,民族地区的社会活力得到释放,生产资源充分流通,生产要素合理配置,人口与劳动力充分流动,人际交往打破了地区、行业、民族的区隔,民族交往交流深入发展,促进了中华民族共同体的发展。[①]

由于历史和地域的差异,以及社会竞争的加剧,使得民族地区、边疆地区依然是现代化国家建设中的短板,一系列的发展不平衡不充分问题相互掣肘,增加了民族问题的异质性风险。发展是解决民族地区各种问题的总钥匙,中国共产党把"支持民族地区加快经济社会发展"作为基本方针,制定实施加快少数民族和民族地区经济社会发展、扶持人口较少民族发展、兴边富民行动等中央文件和专项规划。改革开放缩小了民族地区、西部地区与发达地区的差距,各族群众信心更足了、干劲更足了,共同利益的实现极大地激发了各族群众的爱国热情,社会主义民族关系得到巩固和加强。进入新时代,国家聚焦"重点",解决"难点",开展东西部协作和定点帮扶,建立健全乡村振兴人才队伍,开展产业扶贫、科技扶贫、教育扶贫、文化扶贫、健康扶贫、消费扶贫;引导各民族在思想观念、精神情趣、生活方式上向现代化迈进;从情感认知、心灵共鸣、思想觉悟、行动自觉等维度不断拓展各民族间交往交流交融的广度和深度,使各民族经济关联度、发展依存度、利益交汇度和人员流动度紧密交织,推动民族地区融入新发展格局。

打赢脱贫攻坚战,实现全面建成小康社会和现代化,离不开国家的统一稳定,离不开平等、团结、互助、和谐的社会主义民族关系,更离不开56个民族向上而生的内生动力。中国共产党一以贯之坚持"一个民族也不能少"的共同富裕目标,成为马克思主义民族思想中最深情、最深刻、最凝练、最动人的话语。[②]

① 马俊毅.中华民族共同体建设的现代化之路——基于国家与社会关系的分析[J].西南民族大学学报(人文社会科学版),2022,43(04):13.
② 丹珠昂奔.铸牢中华民族共同体意识的宏大实践——习近平"一个民族也不能少"思想的理论意义与实践价值[J].中南民族大学学报(人文社会科学版),2021,41(11):23.

3."多元一体"理论的形成

20世纪的两次世界大战影响了世界格局的变化和学术研究的理论转向。在民族主义的感召和资产阶级自由化思潮的鼓吹下,众多民族国家纷纷建立、战争迭起,暴露出西方"一族一国"的民族国家理论,特别是极端民族主义主张的内在缺陷。中国也面临来自国内外的各种挑战和威胁,国家认同与族群认同之间的张力凸显,局部地区涉及民族宗教因素的意识形态斗争激烈,部分边疆民族地区安定团结局面受到冲击。理论视野和现实需要的迫切燃续了我国民族研究的动力和激情,集中表现为对中华民族进行新的探索。

民族也是有发展的,有量变,有质变,[1]中华民族同其他民族一样,始终处于一个不断发展演变的过程中,是一种变动着的存在。[2]中华民族概念内涵的形成、完善、丰富在"中国整体历史观"中具有举足轻重的地位,它见证了中国社会的变革。费孝通独有创见地揭示出中华民族"多元"与"一体"的结构关系。早期费孝通的思想承继于西方人类学的"功能论",但他在深入考察中国后重塑了他对中国民族和中国社会结构的印象,形成了"迈向人民的人类学"思想的雏形。通过参加中央民族访问团,费孝通对国内民族关系的复杂性、民族本质问题进行反思,开始对中华民族和各民族的关系进行全面的总结,从中华民族历史观去理解中华民族。1988年,费孝通在香港中文大学发表了著名的《中华民族的多元一体格局》演讲,至此,中华民族"多元一体"理论应运而生,成为"如何理解中国"的研究新范式。费孝通既承认存在"中华民族"的自在实体,又认为其主流是"由许许多多分散存在的民族单位,经过接触、混杂、联结和融合,同时也有分裂和消亡,形成一个你来我去、我来你去,我中有你、你中有我,而又各具个性的多元统一体"[3]。56个"民族"层次的"民族"不具有"中华民族"那样的"国家民族"属性,因而不可以按照"民族自决"的理论寻求独立建国,成为国际法意义上的"民族国

---

① 陈连开.民族研究新发展的良好开端——1990年民族研究国际学术讨论会纪闻与体会[J].西北民族研究,1990(02):9.

② 周平.中华民族复兴与民族意识塑造[J].内蒙古社会科学,2022,43(04):2.

③ 费孝通.中华民族的多元一体格局[J].北京大学学报(哲学社会科学版),1989(04):1.

家"。①费孝通从中国实际出发完成了对西方民族国家理论的升华与超越。该理论将中华民族与中国现代国家有机地结合在一起,构成了现代中国的合法性基础,可以较好地解释世界上大多数多民族国家民族问题的症结与根源,具有很高的理论价值。

时至今日,中国仍处于民族国家建构的进程中,还存在融为一体但还有部分融而未合的情况。要探求中国未来道路,必须从中国历史脉络中遍览穷探,既要关注其与历史上观念的延续和继承,保持和发展独特的民族研究体系特征和话语权,也要站在现代政治语境下的"国家"立场上诠释中华民族的各种多元面相。

(三)中国梦与新征程:为中华民族伟大复兴而奋斗

党的十八大以来,正在崛起的中国进入新时代,中国共产党统筹国内外两个大局,在习近平新时代中国特色社会主义思想的指引下,创造性地提出了"铸牢中华民族共同体意识",将中华人民共和国的国家认同重新聚焦在对"中华民族"的认同上,开辟了马克思主义民族理论中国化新境界。

1.开启中国式现代化新征程

党的二十大报告指出:"从现在起,中国共产党的中心任务就是团结带领全国各族人民全面建成社会主义现代化强国、实现第二个百年奋斗目标,以中国式现代化全面推进中华民族伟大复兴。"

作为人类一场全方位的革命性转型,现代化实现了科学技术革命、社会生产力跃迁、现代经济的累积性增长,还包括思想革命、制度创新和社会转型,但现代化的道路也充满了曲折、挫败和血腥。西方是现代化的先行者,因此"现代化＝西方化"的机械思维逻辑长期束缚着其他国家的发展。然而西方的现代化道路并非放之四海而皆准,相比西方国家,中国始终秉持以人民为中心的价值取向,尊重国内各族群众的生存和发展权利,通过体制建构和制度变革来满足人民的物质和精神需求,不断把人民对美好生活的向往变为现实,实现国家一体化和新

---

① 王延中.费孝通多元一体格局理论与铸牢中华民族共同体意识——纪念费孝通先生诞辰110周年[J].社会发展研究,2020,7(04):46.

的民族认同。总而言之,各民族共同繁荣和共同富裕是中国式现代化的重要体现。

2.铸牢中华民族共同体意识

随着国家治理的对内对外实践发展,中国共产党对统一的多民族国家的基本国情、多民族国家建设规律、中华民族内在结构等问题的认识因时而进、因势而新。中国共产党审时度势,创造性地提出"铸牢中华民族共同体意识"理念。2014年,习近平总书记在第二次中央新疆工作座谈会上首次提出牢固树立中华民族共同体意识,并于同年的中央民族工作会议上作出"积极培育中华民族共同体意识"的论断;2017年,党的十九大报告中首次提出"铸牢中华民族共同体意识",并将其正式写入党章;2018年,第十三届全国人大一次会议通过了《中华人民共和国宪法修正案》,宪法"序言"第七和第十自然段增加了"中华民族伟大复兴"的内容,这是"中华民族"首次被写入宪法;2019年,第六次全国民族团结进步表彰大会把"铸牢中华民族共同体意识"确立为新时代民族工作的主线。这几个阶段的思考实现了中国共产党对中国特色社会主义民族理论与实践认识的升华与飞跃,推动了中华民族概念内涵的第三次转换。从实现中华民族伟大复兴的进程来看,铸牢中华民族共同体意识成为新时代国家凝聚力建设的重要向度和中国式现代化理论的标志性概念。

3.和合之美与人类命运共同体

党的二十大报告指出:"当前,世界之变、时代之变、历史之变正以前所未有的方式展开。"诸多不确定因素交织影响,国际社会不仅需要重新审视和确定人与自然、人与社会的关系,而且亟须实现价值理念和国际关系范式的改革创新,步入更为先进的现代化阶段。

中华民族的繁荣发展离不开中华文明独特的精神基底,这也是"中国之所以为中国"的关键要素。在历史的赓续中,"和"文化是中国文明演变历史轨迹中的重要一脉,形塑着人们天下归一、家国同构的国家观念以及对中华民族的集体想象。"和合"历来为中华民族所崇尚,浸染于文化、生活的方方面面。例如,"礼之用,和为贵"①"中也者,天下之大本也;和也者,天下之达道也。致中和,天地位焉,万物育焉"②"群居和一"③等。作为一种理论思维形态,"和合"是指"自然、社会、人际、心灵、文明中诸多形相和无形相的相互冲突、融合,与在冲突、融合的动态变易过程中诸多形相和无形相和合为新结构方式、新事物、新生命的总和"④。

时代聚焦下的历史契机呼唤"和合"理念在新时代继续凸显新价值,为构建人类命运共同体提供理论支撑。中国创造性地提出构建"人类命运共同体",其核心理念是在不同因素甚至是对立因素互动的过程中,在承认差异的基础上实现动态平衡,达到"合"的状态。人类命运共同体蕴含了多重关系,其内部人与人之间需要坚持"以和为贵"的处世观,怀抱真善美,促进全人类的交流合作,实现人与人之间的平等相待、和谐交往;不同国家之间需要秉持"和衷共济"的文明观,以平等尊重的态度和兼收并蓄的方式搭建文化桥梁,在潜移默化中寻求不同文明的正确相处之道;中国与世界之间需要坚持"和合之美"的处世观,超越狭隘的民族国家理论体系,是"天下大同"理想的新的全球图景和世界观结构。

邓小平曾说过,"我们最大的经验就是不要脱离世界"⑤。审视内外之变,需要从世界与中国的"互构"中来理解中华民族复兴。时至今日,世界现代化进程转变为以互联网为代表的信息技术革命与工业体系的融合,积聚势能并重塑产业结构和生产体系。作为"大变局"中的重要变量,中国抓住当前国际格局和世界体系中的主要矛盾,从和平共处五项原则到"中华民族命运共同体""亚洲命运共同体""人类命运共同体""人与自然生命共同体",逐渐形塑出超越实体的精神价值,这是对"自由人的联合体"的真正实践,中国的世界性再次得到阐明。中国以和谐观而非冲突论来体察世界,对内建设中华民族共同体,对外倡导构建人类命运共同体,"和合之美"成为中华民族共同体与人类命运共同体的交汇点。从"中国之中国"扩展到"世界之中国",内与外彼此构成、相互激荡,构建一个"大同世界"的新型大国关系。

① 杨伯峻.论语译注[M].2版.北京:中华书局,2017:10.
② 礼记[M].胡平生,张萌,译注.北京:中华书局,2017:1007-1008.
③ 荀子[M].方勇,李波,译注.北京:中华书局,2011:51.
④ 张立文.和合学——21世纪文化战略的构想[M].北京:中国人民大学出版社,2016:49.
⑤ 邓小平文选(第三卷)[M].北京:人民出版社1993:290.

　　述往思来,向史而新,中华民族的历史意义逐渐浮现。作为一个实体的存在,在五千多年的历史过程中中华民族的发展演变从未停歇,今天的中华民族是历史上频繁互动的各个民族经现代构建而形成的。要理解中华民族,必须定位在中国历史时空中,充分阐释各民族团结奋斗共创中华的事实。在王朝国家时期,历史有分有合,但以合为主,中华民族表现为自在的存在,各民族交往交流交融并朝着一体化的方向蜕变;在近代开启现代国家构建的过程中,中华民族历经苦难进行着自我实践,成为一种自觉的存在,实现了与现代国家的有机结合,转化为典型的现代民族;中华人民共和国成立后,在中国共产党的领导下中华民族达成了自我证成,强国梦、复兴梦才得以真正点燃,中华民族已然成为支撑国家发展目标的政治主体,实现了民族的自立自强。中国共产党承担起先辈们未完成的事业,在百年征途中一路披荆斩棘,实现了革命、建设、改革时期的有效治理,创造了震古烁今的伟大业绩,从整体上实现了中华民族多向度的跃升。中国共产党成为加强中华民族大团结、铸牢中华民族共同体意识的倡导者、培育者、实干者。中华各民族像石榴籽一样紧紧拥抱在一起,汇聚成实现社会主义现代化和中华民族伟大复兴的磅礴力量。置身百年未有之大变局,行至民族复兴关键一程,尝过失败苦楚的中华民族深知和平的珍贵、发展的价值。中国牢牢把握住中华民族伟大复兴中的历史方位,以历史为镜鉴,观照现实,不断地激活和塑造中华民族的现代建构,通过中国式现代化为中华民族伟大复兴的实现注入新动力,在向第二个百年奋斗目标迈进的新征程上,完成"'中国的世界'与'世界的中国'的合题"。

第三章
共同体理念探源及其价值逻辑

在"两个大局"的时代背景下，各国之间的交往交流程度不断加深，关系愈发密切，但国家关系瞬息万变，风云突起，经济危机、生态危机、恐怖主义等对世界格局不断产生影响，给全人类带来共同挑战。面对这些挑战和时代之题，以习近平同志为核心的党中央立足中国、面向世界，以党和国家发展大局为战略高度，提出的共同体理念恰逢其时，为探索具有中国特色的教育理论提供了全新视野。对共同体理念进行探源，深刻认识习近平同志提出的共同体理念，对推进中华民族共同体建设、实现中华民族伟大复兴具有重要意义。

一、共同体理念的理论探源

究其本质，人类是以群体生活为存在方式的动物。由于生存地域的差异，人类在群体生活中的生产方式、思想观念等各不相同，从而形成不同利益与价值取向的生活方式，构建了不同类型的共同体。共同体的构建是人类自古以来自觉的实践，人类社会从一开始就是以共同体的形式存在的，人类的共同体生活从动物的群居生活进化而来，却又远远高于动物的群居生活。随着历史的不断发展，共同体思想也在不断丰富完善，追溯共同体思想的生成演变，把握共同体思想的发展脉络，才能深刻领会习近平总书记提出的共同体理念的价值旨归及其时代意义。

（一）西方学术思想中的共同体理论

1.古典时期的共同体理论

共同体的观念最早见于古希腊,古希腊城邦是最本源意义上的共同体。Community从词源上看,来自希腊语koinonia,以共同利益为追求目标,具有共同的伦理取向,是一种群体的生活方式。[①]古希腊时期人民追求幸福生活的愿望,对善的期望,促使他们思考如何构建完美的城邦,古希腊的思想家们便开启了共同体探究之路。亚里士多德对共同体的探索从城邦共同体开始。亚里士多德把人类的本能看作是聚集起来共同生活,他们追求"共同生活"和"共同利益",因此,人类形成了家庭、村落和城邦三种形式的共同体,城邦是古希腊时期至高无上或者最具权威性的共同体。亚里士多德对共产城邦制中追求极端统一的思想进行批判,他将城邦共同体视为异质整体,认为有着不同特点、不同兴趣的人和团体构成了城邦共同体。正是由于每个人和每个团体拥有各自的特点和不同的关系,才使城邦共同体没有成为千篇一律的抽象、同一的共同体。此时的亚里士多德开始思考共同体与个人的关系。在他看来,城邦是一个有机共同体和有机整体,而非个体集合体,他形象地将城邦比作身体,将人比作手或脚,意为如果个人离开城邦这个集体,就像一个人没有了手或者脚,很难过上正常人的生活。所以,个人和城邦是不可分割的一个整体,亦是一个共同体,个人和城邦共同体追求的"共同生活"和"共同利益"是一致的。在城邦的共同生活中,公民可以参与到城邦事务中,可以对城邦活动自由发表意见,也可以通过公民大会参与城邦大事的决定,公民与城邦联系紧密。城邦公民为了共同利益聚集在一起,为共同利益而发展,为理想生活而共同奋斗。

罗马法还为共同体理论增添了一道亮丽的色彩。"罗马法是简单商品生产即资本主义前的商品生产的完善的法",[②]十二铜表法限制了贵族的特权,打破了其对法律的垄断,一定程度上保护了平民的利益,是平民的胜利;公民法前所未有

---

① 韩升.西方共同体主义的和谐意蕴[J].上海交通大学学报(哲学社会科学版),2010,18(06):21.
② 马克思恩格斯全集(第三十六卷)[M].中共中央马克思恩格斯列宁斯大林著作编译局,编译.北京:人民出版社,1975:169.

地提升了平民的政治和经济地位;万民法则在很大程度上调整了罗马公民与外来人、外来人与外来人之间的关系,为罗马统治阶级残酷剥削和压迫被统治阶级提供了直接的法律依据。罗马法创造性地对共同体进行了划分,社会团体分为六种:"公团体、宗教团体、慈善团体、商业团体及实业团体、政治党会、共同利益之组合。"①在这些团体中,团体成员享有相同的管理权力,并承担着与之对应的权利与义务。这不但为近代西方法律的团体划分奠定了基础,而且也为研究共同体理论的思想家划分共同体类型提供了思路,尤其是对人们对政治共同体的认识产生了深远的影响。

罗马共和时期,马尔库斯·图利乌斯·西塞罗延续了亚里士多德对政治共同体的思考。西塞罗仍然坚持希腊人遵循自然法的原则,同时认为要加强共同体的法律功能。他认为自然法是共同体共同遵守的一种规则,具有至高无上的神圣地位。因此,他认为自然法作为一种独立于政治之上的实在法,是一个正义的体系,代表着理性、正义以及神的旨意,是可以被制定出来并且用来维护共同体的。他界定共和国是民众的事,人民"不是以任意方式群集起来的人的集合","而是许多通过持守同一法律和共同利益而相互联系起来的人"。②西塞罗认为,国家本身是一个利益共同体,法律是维护社会稳定与发展的重要保证。他从人民的实际需要和利益出发,注重通过法律来约束人民,而非单纯地以道德教化大众。

2.中世纪时期的共同体理论

西方的中世纪时期,基督教哲学作为一种新型哲学形态应运而生,是基督教的宗教教义与古希腊罗马哲学相融合而形成的。由此,这一时期的共同体伦理思想也被打上了宗教色彩的烙印。以基督教哲学为主导的社会思潮在此期间所讨论的中心问题由人与人的联系转变成了人与神的联系,信仰权威也逐渐占据了主导地位。信仰基督教的信徒替代了人民,成为共同体成员。

---

① 黄右昌.罗马法与现代[M].何佳馨,点校.北京:中国方正出版社,2006:71.

② J.H.伯恩斯.剑桥中世纪政治思想史(下):350年至1450年[M].郭正东,薄林,帅倩,等译.北京:生活·读书·新知三联书店,2009:711.

教父哲学是中世纪基督教哲学的第一种形态,以圣·奥勒留·奥古斯丁为重要代表人物。奥古斯丁论述了"上帝之国"与"人间之国",他认为两者之间的对立是无法解决的,两者之争的必然结果是"上帝之国"胜于"人间之国"。"上帝之国"与"人间之国"的区分,使得教权与君权分裂且对立,但实质上却大大地提升了宗教的权威性,并且人们把它作为一种超越信仰的力量,认为宗教权力大于国家权力。因此,中世纪的教会就表现为一个用信仰来维系内部稳定的神圣共同体。

经院哲学是中世纪基督教哲学的第二种形态,托马斯·阿奎纳是经院哲学的重要代表人物。他将共同体看作是政治体,认为宗教共同体高于尘世共同体,人类的自然本性是上帝造就的,所以人类社会的君主及其对他人的统治权都来源于上帝的恩赐,这种认知最终导向了君权神授。同时,阿奎那认为不同人的利益需求不尽相同,但政治共同体应追求集体的善,以共同利益为追求目标。13世纪末,文艺复兴和宗教改革运动兴起,文艺复兴运动倡导人文主义,注重人的自由和价值,宗教改革运动呼吁摆脱封建神学的束缚。托马斯·霍布斯和约翰·洛克认为依靠自然法来维系共同体的稳定,力量是薄弱的,于是提出了社会契约论,即通过订立契约来促进和保障人的生存与发展,构建出一种人造共同体,使共同体不再受伦理和神学的束缚。文艺复兴和宗教改革运动空前解放了人性,人们的关注点从"神"转移到了"人"。但是在其传播的过程中,由于对人的价值的过度重视,传播后期出现了个体私欲膨胀、沉迷于物质享受、奢靡泛滥等问题。共同体理论在这一时期也实现了质的转变,共同体思想在近代的发展由神义论转向人义论。英国人托马斯·莫尔笔下的"乌托邦"是一个美好的想象共同体,在这里,没有冲突和战争,也没有任何暴力与压迫,人们在自由、平等的基础上建立起和谐共生的关系,每个人都有自己的理想和价值追求,这就是我们所说的"乌托邦"。尽管想象中的共同体是虚幻的,乌托邦却代表了人类对美好社会的向往和对完美共同体的追求。这为文艺复兴运动增添了新的色彩,同时也在一定程度上启发了当代共同体理论。

3.近代时期的共同体理论

在近代思想史上,让-雅克·卢梭可以被称为当代共同体主义的源头式人物,"共同体"的概念最早是由他提出的。除此之外,他还提出了"公意"的政治共同体思想。法国启蒙思想家们追求的人类自由与平等,被卢梭充分地肯定为一种历史性的进步。他大大地发展和完善了洛克所提出的社会契约论,提出只有通过契约建立政治共同体,才能实现法国启蒙思想家们所提倡的人类自由和平等。他以公意取代众意,将其作为新的社会契约基础。公意又被翻译为共同意志,与众意不同,众意指的是个人或部分人的意志,公意则是社会的所有公民的共同意志。这样的政治共同体将个人自由交给了一切人,这就恢复了人们自由和平等的权利。同时,人们通过公意构建的共同体,更能促使人们用全部的共同的力量来保护公共利益和共同利益。自此,社会共同体的观念开始深入人心。

德国古典哲学是在德国资产阶级形成、发展的历史时期产生的。在启蒙运动的冲击下,它倡导自由与理性,与此同时,它也必然具有德国典型的意识形态和思想传统。德国古典哲学创始人伊曼纽尔·康德从哲学的角度构建自由共同体,其思想蕴含着对人类自由与平等的追求,他将自由看作是道德法则的必要条件,认为自由是人类普遍的精神本质,每一个人都享有同等的权利和道德的尊严。

康德的伦理共同体是所有人、所有民族都普遍遵循德性法则的社会,是一个世界性的道德共同体。[1]康德指出,单凭个人和世俗难以建立起这种伦理共同体。因此他将上帝放在至高无上的地位,认为上帝是最高的公共立法者。伦理共同体要求上帝的子民必须遵守上帝的命令,通过对上帝的敬畏和对道德性法则的尊重,确保一种内在的精神境界和道德思想,以此保证每一个人都被道德性法则约束,最大限度地遏制人性和社会的恶,发挥人性的善。康德的伦理共同体虽然充满着对人类的关怀意识,但康德伦理共同体下的自由需要以道德性法则为前提来实现,这种道德自由是人们在道德和精神上的自我约束,是一种十分有限的自由,且是纯粹的道德形而上学,并不具备现实条件。

---

① 曹玉婷,邓同玲.思想史上关于人类解放的解决方案[J].佳木斯职业学院学报,2020,36(06):6.

德国哲学家黑格尔批判了康德的近代自由主义。他肯定自由是人类的本质属性，却不认同康德的"绝对自由"论断。他主张个人自由与集体自由、社会自由是相统一的，而不是相分离的。他认为人的自由是有限度的，应该受到国家与法律的制约；人们不能放任其发展，否则会难以控制；人们也应该自觉地且有意地约束自己。黑格尔认为家庭、市民社会和国家都是人类自由本质的客观条件以及稳定性的存在，共同体以家庭为基础，以市民社会为依托，个体寓于整体之中，个体的创造发展促进了整体的发展，离开整体的个体也无法称为个体。所以，当共同体作为一个整体时，其共同利益得以实现，个体存在于共同体之中，个体自身的利益也得以实现。黑格尔的共同体观点是以绝对精神自我运动的过程为基础的，虽然在理论方面有极大价值，但同时也限制了共同体之于实践的活力。

斐迪南·滕尼斯，德国现代社会学的缔造者之一。他的社会学著作《共同体与社会：纯粹社会学的基本概念》对社会学界产生了深远的影响，该书主要从二分法角度出发，深刻阐述了在人类群体生活中的两种结合的类型：共同体和社会。他在书中将"共同体"定义为："共同体是持久的和真正的共同生活，社会只不过是一种暂时的和表面的共同生活。因此，共同体本身应该被理解为一种生机勃勃的有机体，而社会应该被理解为一种机械的聚合和人工制品。"①滕尼斯将"共同体"的概念与"社会"的概念区别开来，他认为共同体并不是以利益为目的而形成的，而是基于精神和情感上的共同根基而形成的。社会则遵循前人提出的以社会契约为目的的原则，建立在利益关系的基础之上。滕尼斯还根据共同体产生类型的不同将共同体分为三种：血缘共同体、地缘共同体和精神共同体。血缘共同体是群体的最初形态，由家族等基本结构组成，他们共享同一个种族关系；地缘共同体则表现为人们由于距离近而居住在一起共同生活；精神共同体可以理解为精神和心灵上的相互联系，是更高层次的共同体。随着人类社会的快速发展，共同体向社会的过渡是必然的，滕尼斯一生都在探寻如何构建紧密联系的共同体。

---

① 斐迪南·滕尼斯.共同体与社会:纯粹社会学的基本概念[M].林荣远,译.北京:商务印书馆,1999:54.

(二)中华传统文化中的共同体思想

1.“大一统”的政治思想

中华民族共同体中的“共同”思想源于中国传统文化中的“大一统”理念，“大一统”理念主要包括以下含义：共同体的疆域完整和统一，共同体的政治制度和政令统一，共同体的文化高度集中统一，共同体内部各族群有机融合统一。在“大一统”理念所蕴含的四重含义之中，中华民族共同体意识的“共同”意蕴得以孕育并发展。纵观中国的历史发展进程，“大一统”的政治思想起着重大而深刻的作用。在中国的历史中，分裂和战乱是暂时的，统一和稳定则是主流。我们的祖国历经几千年的政治动荡甚至分崩离析，到最后仍然能重新成为一个团结统一的国家，其人文根基就是“大一统”思想。中国的历史就是一部多民族交往关系的发展史，这既反映了主体民族与其他少数民族之间的互动关系，又体现了各民族团结进步、繁荣发展的共同愿望。随着民族交往、交流、交融的不断加强，以儒家思想为核心的中华文化对边疆地区的少数民族产生了深刻的影响，在一定程度上促进了各民族的交流、融合。与此同时，儒家思想在共同体思想文化领域的一元主导地位得以不断巩固增强，成为中国各族人民最基本的文化认同，而中华民族也成为中国各民族共同体认同的“自觉的民族实体”。“大一统”思想对中华民族的形成与发展产生了巨大的推动作用，是中华民族得以赓续发展的根本认同基础。

“大一统”这一理念首见于《春秋公羊传》。《春秋公羊传》记载：“元年者何？君之始年也。春者何？岁之始也。王者孰谓？谓文王也。曷为先言王而后言正月？王正月也。何言乎王正月？大一统也。”[1]孔子及其儒家思想所提出的“华夷之辨”为其民族思想的核心，即从华夏与夷狄的对比中实现华夏族的自我认识和认同，除了具有区分华夷、认同华夏的含义，也有辨别尊卑、贬低蛮夷之意。孔子提出“夷狄之有君，不如诸夏之亡也”[2]，“裔不谋夏，夷不乱华”[3]，他主张“用夏变

① 公羊高.春秋公羊传[M].顾馨,徐明,校点.沈阳:辽宁教育出版社,1997:1.

② 论语[M].杨凤贤,译注.西安:世界图书出版西安公司,1997:24.

③ 左丘明.春秋左传[M].长春:北方妇女儿童出版社,2017:273.

夷",从而达到"四海之内,皆兄弟也"①的目标。一方面,"四海之内皆兄弟"的思想既体现了儒家学派所提倡的"仁爱"思想,又体现了儒家学派对各族人民守望相助、和谐相处的美好期望,以及对最终实现"天下一家"的"大一统"格局的政治期望。春秋战国时期的"大一统"主要指的是共同的疆域达到统一。秦朝终结了诸侯长期割据混战的局面,秦始皇统一六国,建立了我国历史上第一个统一的中央集权的多民族国家,他统一文字、货币、度量衡等,同时扩大疆域,对各地区各民族的经济文化交流产生了深远的影响,"大一统"思想也逐渐开始形成。汉代,董仲舒丰富了"大一统"思想,他认为实现"大一统"乃是"天地之常理"。他提出的"天人合一""天人感应"的神学目的论,使得一切都秩序化、合理化,有力地维护了国家政权的稳定。汉武帝采纳董仲舒"以德治国"的建议,实行"罢黜百家,独尊儒术",将儒学作为正统思想,从此开了中国两千多年以儒学为中华传统文化思想和伦理道德的主导正统思想的先河,"大一统"思想的政治主张也逐渐完备。随后,多民族国家经历了魏晋南北朝这个漫长的战乱时期,在大分裂、大动荡、大混乱之后,在隋唐时期再次实现了"大一统"。隋唐时期,各民族开启了深入的交流与融合,推动了民族的融合,"夷夏大防"的传统民族观被"华夷皆正统"的观念所打破,产生了"胡、越一家,自古未有也"②的思想,"华夏一体,华夷一家"的民族观念逐渐深入人心,"华夷一家"的格局也得到了确立。元朝在统一后接受了汉族的政治制度并加以改造,进行了一系列制度创新。其中最重大的创新是把中原汉族王朝的政治制度发展成为新的多元化的统一制度,这种政治制度的创新之处兼顾了汉族和其他民族,对不同民族的人实施不同的制度,这是中国历史上前所未有的。随着各民族之间经济的互通有无、文化的融合交流、思想的互相融合,元朝逐渐放弃了一国两制或一国多制的民族政策,思想观念从"华夷之辨"转变为"华夷一体"。于是,"华夷一体"的统一多民族国家由此奠定了基础。明朝时期,仍然延续了元朝的"大一统"格局,这表现在明太祖朱元璋北定中原、一统天下的政治抱负上。明朝时期倡导"华夷一家",倡导华夏民族和夷狄是

---

① 论语[M].杨凤贤,译注.西安:世界图书出版西安公司,1997:147.
② 司马光.资治通鉴[M].太原:北岳文艺出版社,1995:1332.

平等的,各族应相互尊重、互帮互助。清朝初期,为了维护满族对全国的统一,"满汉一体""满、蒙、汉一家"的政策更为深化;乾隆时期,"华夷"观念又有所突破,改变了通过血缘、地缘判断是不是"华"的标准,认为"夷狄而中华,则中华之;中华而夷狄,则夷狄之"①,认为只要能守中华之道、行中华之法即为"华",从而摆脱了"华夷之大防"的观念。清代"华夷一体"思想实现了对传统"华夷"观念的历史性超越。

随着历史的发展和传承,"大一统"的政治思想逐渐成为一种意识形态,根深蒂固地融入每一个中华儿女的思想中,引导着中华儿女将这种共同意识付诸实际,从而为共同体的形成打下坚实的政治与文化基础。从"夷夏之别""夷夏之防"到"华夷一家""华夷一体"的转变,反映出了各个民族在实践活动中与其他民族不断深入的交往融合,对当今进一步铸牢中华民族共同体意识,实现中华民族伟大复兴具有跨时代的历史意义。

2."和合"思想

"和合"思想是中国儒家、道家、墨家、阴阳家、佛家等文化流派相互渗透、相互融合而形成的人文产物,②是中华民族内在的精神特质,深刻影响着中华民族的价值取向、思维方式和行为准则。共同体所蕴含的"天人合一"的自然观、"以和为贵"的社会观、"己所不欲,勿施于人"③的人事观、"正心诚意"的处世观以及"协和万邦,天下大同"的文明观,均是在继承"和合"思想的基础上形成的。共同体的核心理念不仅与传统"和合"思想是一脉相承的,更是对"和合"思想的继承赓续。

"和""合"二字在甲骨文与金文中都曾出现过,其中"和"的本义是吹奏类的乐器,引申为和谐、和睦、平和等;而"合"的原义是器皿闭合,引申为聚合、联合、结合等。两者各有侧重,"和"强调的是各种要素间的调和与和谐,"合"则强调个体之间的配合与融合。"和合"一词最早见于《国语·郑语》:"夏禹能单平水土,以

---

① 庆桂,等.国朝宫史续编(下册)[M].左步青,校点.北京:北京古籍出版社,1994:869.
② 田蕾."和合"思想对大学生思想政治教育的意义与运用路径研究[J].教书育人(高教论坛),2021(30):60.
③ 论语[M].杨凤贤,译注.西安:世界图书出版西安公司,1997:146.

品处庶类者也。商契能和合五教，以保于百姓者也。"①意为商契能将父义、母慈、兄友、弟恭、子孝"五教"合而为一，使百姓过上安定和谐的生活。历史悠久、底蕴丰厚的"和合"文化是中华传统文化的重要内容，它强调自然是人类社会中不可分割的一部分，人类应遵循自然的规律和法则，尊重、顺应万物生息的规律，与自然界中的天地万物同生共荣，促进自然的可持续健康发展。具体而言，"和合"思想的内容主要表现在以下三个方面：

第一，以和为贵。子曰："礼之用，和为贵。"②这句话的意思是"礼"在应用的时候，应以形成和谐最为可贵。《礼记·中庸》记载："喜怒哀乐之未发，谓之中；发而皆中节，谓之和。中也者，天下之大本也；和也者，天下之达道也。"③意思是喜怒哀乐的情绪没有表露出来，叫作"中"；表露出来但适中且有节度，叫作"和"。"和"表示恰当、适当、适度、恰到好处。"中"与"和"相融，就是中和之美。中国传统的哲学思想家都倡导和睦、友好、善良、团结，这也为"和合"思想注入了丰富的内涵。如孔子提倡"仁爱"，主张"己欲立而立人，己欲达而达人"④，认为帮助别人也是帮助自己；老子提倡"善"，在《道德经》中提出"上善若水，水善利万物而不争"⑤，认为人应该像水一样不追逐名利而寻求向善；孟子主张"天时不如地利，地利不如人和"⑥，强调团结统一以及拥有凝聚力的重要性，"仁义礼智，非由外铄我也，我固有之也"⑦，坚持人性本善的观点；墨子主张"兼相爱、交相利"⑧，认为要同等看待别人与自己。这些思想都体现出了和谐共处、天人合一的"和合"思想。

第二，和而不同。"中和之道，和而不同"体现了中华传统文化中"和合"文化的重要思想观念。"君子和而不同，小人同而不和"⑨以及"求同存异、和而不同"作为中国传统文化思想方法论，意为君子能和自己身边的人维持一种和睦相处的

① 左丘明.国语[M].韦昭,注.胡文波,校点.上海:上海古籍出版社,2015:344.
② 孔丘,孟轲.论语·孟子[M].吴兆基,编译.北京:京华出版社,1999:7.
③ 朱熹.四书集注[M].长沙:岳麓书社,1985:30.
④ 论语[M].杨凤贤,译注.西安:世界图书出版西安公司,1997:75.
⑤ 老子.道德经[M].陈忠,译评.长春:吉林文史出版社,1999:13.
⑥ 孟子[M].何晓明,周春健,注说.开封:河南大学出版社,2008:135.
⑦ 孟子[M].何晓明,周春健,注说.开封:河南大学出版社,2008:209.
⑧ 墨子[M].戴红贤,译注.太原:书海出版社,2001:73.
⑨ 论语[M].杨凤贤,译注.西安:世界图书出版西安公司,1997:169.

良好状态,其对于维持人与人之间的和谐交往关系具有独特的辩证智慧。一方面,和谐并不是相同事物的简单叠加,而是多样性的有机统一。这就表达了"和而不同"的内涵,事物在发展融合的过程中不可能达到完全和绝对的统一,要在承认事物有差异的前提和基础上追求内部的和谐统一,从而达到和而不同的最高境界。面对世界文化的多样性,我们应当以开放包容的态度正确理解差异、尊重区别,以消弭隔阂,促进人与人之间的和谐共处。"和合"思想尊重差异性与多样性,并强调以此为基础,实现统一和谐、交融发展。它要求人们以一种兼收并蓄、和而不同的心态去看待世界,从而使社会更加和谐,实现人与自然的高度协调与和谐。另一方面,在尊重文化多样性的同时,我们也应当充分寻求不同文化之间的共性特征,以平等尊重的态度和兼收并蓄的方式进行文化交流与传播,利用文化的同一性联结、吸纳文化的差异性,搭建文化桥梁,摒弃文化偏见,在潜移默化中构筑基于文化理解与认同的新思维,在文化传播中形成尊重包容、和睦共处的价值观。"尚和合"的中华民族,崇尚和致力于促进不同文明之间的沟通与交流,通过各美其美、美人之美,达到美美与共、天下大同的最高境界。"和而不同"思想不仅蕴含着丰富的哲学内涵,而且不拘于古、与时俱进,其饱含的辩证思想对当代哲学仍具有重要意义。

第三,协和万邦。"协和万邦"出自《尚书·尧典》,原文为"克明俊德,以亲九族。九族既睦,平章百姓。百姓昭明,协和万邦,黎民於变时雍"①,意为一个人明事理、道德情操高尚,就可以影响一个家族,让自己的家族和睦。家族和睦就会使一方百姓受到影响,百姓团结一心,就会让国家兴旺、协和一致。从国家治理的层面来诠释"和合"思想,即在有序治理家族与国家的前提下,将其他国家团结起来,促使天下不同国家的人民互相协作、和谐相处。"协和万邦"由小及大,由浅入深,由近及远,从家族和谐扩展到社会和谐,进而从社会和谐延伸到各国、各邦族的和谐,引申到今天,"协和万邦"从国际层面上协调不同国家之间的关系,让各个国家都能够相互尊重、相互合作、共同发展。"协和万邦"最初称赞和歌颂的是古代传说中的帝王尧的德行,唐尧时期,"协和万邦"思想便得到了体现和发

---

① 孔子.尚书[M].呼和浩特:内蒙古人民出版社,2008:1.

展。作为中国文化中的优秀基因和核心价值之一,"协和万邦"在中华民族的融合和缔造中起着至关重要的作用。

3.家国天下观

天下观念作为中国古代人民认知中国地理空间以及周边疆域的一种儒家传统思想体系,是古人对世界的想象与构造。"家国天下"是中华文明绵延久远的观念基础。"家国天下"观念对古代中国人在地缘空间、民族交融等方面产生了重大影响,所以在少数族群融入华夏民族的过程中,华夏民族仍然保持着高度的统一性和主体性。在先秦时期,"华夏观"与"华夏一体"的思想发展,成为中国古代早期共同体意识的基本体现。家国天下观以开放与包容为特征,是一种自发的共同体意识,主要表现为爱国和爱家,具有丰富的人文主义情怀。一是在地域意义上,具有对家乡和国家的空间归属感,维护国家的领土安全;二是在政治意义上,建设幸福家庭,维护国家统一,促进各民族团结一心;三是在情感意义上,即个体对祖国和人民的大爱,对国家富强、人民幸福的理想追求,表现出对祖国的高度认同感、责任感和使命感。

典型的共同体形式主要分为家庭、村落、国家。家庭以血缘关系为纽带,实质上就是血缘共同体。家庭成员以血缘为纽带联结在一起,成员间互享法定权利,但更肩负着对家庭应尽的责任和义务。在家庭中,情感是维系家庭共同体的重要媒介,家庭成员自觉维护家庭秩序,维护家庭的声望与利益,并且这不会因时空的变迁而发生变化。村落是由地缘联系起来的生活共同体,有着共同的社会形态和共同的生活方式,农村民约、风俗习惯等相对固定。这些社会群体中的人长期生活在稳固的"熟人社会"中,定居在相同的环境里,形成了相似的价值观。这种村落共同体中的个体在固定的社会环境下成长,他们的语言习惯、思维方式和生活方式相对稳定,不会因为时空的变迁而急剧改变。国家则是一定范围内的人群所形成的共同体形式。在一个国家中,公民作为国家的一员,在文化和政治上与国家保持高度一致。公民对国家具有高度的认同感,表现出对国家主权、领土、制度等的维护和认同,并在此基础上有一种归属感。因此,无论是家庭、村落,还是国家,都将维护团体的共同利益作为价值取向,共同体意识和家国天下观也体现了共生、共赢、共享的价值理念,将个体与整体、合作与责任有机统一起来。

家国天下观决定了政治关系实质上是由血缘关系来确立的,血缘关系是维护社会成员之间关系的重要纽带。血缘关系是最接近本能的一种关系,因此也是最具有稳定性的纽带。西周时期实行嫡长子继承制,即王位和财产必须由嫡长子继承,这种制度体现了等级观念和血缘观念,以血缘关系的亲疏来划分不同的社会地位以及社会阶层。到了后期,随着儒学的传播越来越深入和广泛,"家国"与"天下"的观念给中国人民的政治生活、伦理生活和日常生活带来了巨大的影响,日益成为中华民族共同文化精神的重要组成部分。"家—国—天下"一体的共同体就是古代中华民族的共同体。《礼记·大学》提出"修身、齐家、治国、平天下",希望以此为依托,最终达到"天下大同"的美好目标。"天下为公"的"大同"社会是孔子设想的理想社会,也是中国古代所描绘的美好的未来图景。"大同"社会并不是没有差别、完全平等的大公无私的社会,而是存在私有财产的和而不同的"多元和谐"社会。《礼记·礼运》对"大同"社会的描述是:"大道之行也,天下为公。选贤与能,讲信修睦,……是谓大同。"①人人都能得到全社会的关怀,人人都能丰衣足食,政通人和,天下太平,国泰民安,这种社会是中国古代儒家所倡导的理想社会。"大同"一词最早出现在《庄子·在宥》中,即"颂论形躯,合乎大同,大同而无己"②,指一种天地万物融而为一的境界。"天下为公"和家国天下观充分体现了中华民族对理想共同体的期望与憧憬,其蕴含的"尚合"和"求大同"思想也为中华民族共同体意识的生成提供了重要的思想来源。

总而言之,随着从古至今中华民族共同体的文化思想的传承,"大一统"的政治思想逐渐成为一种意识形态,根深蒂固地融入每一个中华儿女的思想中,引导着中华儿女将这种共同体意识付诸实际,从而为共同体的形成打下坚实的政治和文化基础。"和合"思想包含以和为贵、和而不同、协和万邦三层含义,它是中国人特有的精神品质,它的传承与发展,对中国人的社会理想、思维方式和行为规

① 戴圣.礼记[M].胡亚军,译注.南昌:二十一世纪出版社集团,2019:121.
② 庄子[M].雷仲康,译注.太原:书海出版社,2001:105.

范产生了深远的影响。历史上各民族在不断的迁移、融合以及经济和文化上不断的交流、交往、交融中，逐渐形成了中华民族多元一体的内在格局。"和合"思想与共同体理念一脉相承，共同体理念是对"和合"思想的继承与发展。家国情怀表现为地域意义上对家乡和国家的空间归属感，维护国家的领土安全；政治意义上的建设幸福家庭，维护国家统一，促进各民族团结一心；还有特殊的情感意义，即个体对祖国和人民所表现出来的大爱，对国家富强、人民幸福所展现出来的理想追求，是一种对祖国的高度认同感、归属感、责任感和使命感。家国情怀是一种自发的共同体意识。这些中华民族传统文化中的共同体思想不仅造就了中华文化的博大精深和恢宏灿烂，也使中华民族在尊重多元文化的同时，不断地朝着团结统一的方向发展。

二、马克思主义共同体理论的内涵

马克思主义共同体理论是马克思主义理论的重要组成部分，马克思和恩格斯在历史唯物主义的基础上进行创造和发展，通过不断地丰富和完善，构建了内涵丰富、特色鲜明的马克思主义共同体理论，对现代共同体理论产生了深远的影响，并为我们理解和分析当代社会的动态关系、阶级矛盾、社会结构提供了有益的视角。尽管时代背景和社会结构发生了重大变化，但马克思主义共同体理论的核心观点在当今依然具有重要的作用和意义。在当代社会实践中灵活运用和发展这一理论，有助于我们更好地理解和应对当代共同体面临的各种挑战，推动社会的进步和发展。

（一）传统共同体

马克思和恩格斯认为共同体是一个历史发展的过程，体现为由自然形成的共同体向由历史形成的共同体的转变和发展过程，而历史的共同体又分为现代共同体（即资本主义共同体）与未来共同体（即共产主义共同体）两大阶段。于是，综合马克思主义的思想，将共同体分为传统共同体、现代共同体和未来共同体三个类型，相对于共同体的两大发展阶段。

马克思将"自然的共同体"解释为"家庭和扩大成为部落的家庭,或通过家庭之间互相通婚[而组成的部落],或部落的联合"①。彼时,个体的力量较为薄弱,甚至难以支撑自身的生存,人类只有聚集起来,利用团结和集体的力量才能面对自然界不确定因素的挑战。由于这种共同体是以血缘和地缘为基础而形成的,所以人与共同体相互高度依赖,生产力也因受地域和个体等条件的限制而落后低下。传统共同体包括亚细亚式共同体、古典古代式共同体、日耳曼式共同体、奴隶制共同体和农奴制共同体。

第一,亚细亚式共同体。亚细亚式共同体是人类最基础和最原始的一个共同体形式,这种共同体形式最突出的特征就是土地公有制。在这个时期,社会发展迟缓,生产力水平低下,自然资源匮乏,人们只能依靠和利用土地资源进行生产劳动,所以土地资源便成为当时最为宝贵的财富。亚细亚式共同体规定个体只有成为共同体的成员,才能拥有分享共同体共有财产的资格。这一时期共同体成员的个人利益仅与自身的生存和发展有关,而没有其他特殊利益,他们的劳动和生产生活旨在保障整个共同体的共同利益。只有共同体的共同利益得到了保障,共同体成员的个人利益才能得到保障。所以,"共同体是实体,而个人则只不过是实体的偶然因素,或者是实体的纯粹自然形成的组成部分"②。个体成员依附于共同体,共同体为个体提供保障,两者紧紧捆绑在一起,个人利益与共同利益实际上是等同的。

第二,古典古代式共同体。古典古代式共同体以古希腊和古罗马为主要代表,城市成为这种共同体的中心和基础,与亚细亚式共同体不同的是,在这种共同体中,国家所有与个人私有并行。在这种共同体中的个人拥有双重身份,个体既是共同体的成员,又是土地的私有者,于是,个人财产和共同体的财产便不再糅合在一起,而是各自独立、相互区分的。在这种形式下,个体拥有自己的私有财产,个体不再与共同体紧密相连,个体对共同体的依赖相较于亚细亚式共同体

---

① 马克思恩格斯文集(第八卷)[M].中共中央马克思恩格斯列宁斯大林著作编译局,编译.北京:人民出版社,2009:123.

② 马克思恩格斯文集(第八卷)[M].中共中央马克思恩格斯列宁斯大林著作编译局,编译.北京:人民出版社,2009:126.

大大减弱。"财产是魁里特的财产,是罗马人的财产;土地私有者只有作为罗马人才是土地私有者,而作为罗马人,他就是土地私有者。"①对此,我们可以理解为个体仍受共同体的约束,个人获得共同体共同利益的前提是其必须成为共同体的成员。所以在此种形式下,共同体和私人的地位仍存在差别,个体财产虽然与共同体财产相互独立,但仍受共同体约束,共同体仍处于首要支配地位。

第三,日耳曼式共同体。日耳曼式共同体的最大特征是土地私有制。日耳曼的公社并不集中在城市当中,它们相对来说是比较分散的,且彼此相距甚远,从外表看,公社只是存在于公社成员每次集会的形式当中。这种共同体以乡村为中心,是在彼此独立、相隔甚远的乡村家庭基础上发展而来的。"单个的住地就是一个经济整体,这种住地本身仅仅是属于它的土地上的一个点,并不是许多所有者的集中,而只是作为独立单位的家庭"②,这就说明此时的个体具有自给自足、独立发展的能力,他们可以不依附于共同体而单独存在和独立发展。正是由于在地域上相距较远,他们能够不依附于共同体而独立发展,而且土地私有制的所有制形式,也为个体从共同体中解放出来创造了客观条件。

第四,奴隶制共同体。在奴隶社会中,经济基础的核心是奴隶制度,奴隶主拥有并控制着生产资料,而奴隶则成为劳动力,这种剥削性的生产关系直接决定了奴隶制共同体的社会性质。奴隶制共同体中存在尖锐的阶级矛盾,奴隶主阶级和奴隶阶级之间形成了明显的社会对立,奴隶作为被统治的一方,受到奴隶主的剥削和压迫。这一阶级矛盾不仅表现在经济领域,更渗透到社会的各个方面,塑造了奴隶制共同体的整体结构。统治阶级通过意识形态的构建使奴隶制度合理化,强调奴隶主的优越性,以维护社会秩序。这种意识形态的主导反映了统治阶级对社会观念和价值体系的掌控,是维持奴隶制共同体稳定的一种手段。历史唯物主义是马克思主义对奴隶制共同体的解析的重要方法论。根据历史唯物主义,社会形态的演变是由经济基础的变化推动的。奴隶制共同体是社会历史

---

① 马克思恩格斯文集:第八卷[M].中共中央马克思恩格斯列宁斯大林著作编译局,编译.北京:人民出版社,2009:129.

② 马克思恩格斯文集:第八卷[M].中共中央马克思恩格斯列宁斯大林著作编译局,编译.北京:人民出版社,2009:132.

发展的一个阶段,随着生产力的发展和阶级矛盾的升级,它最终会被其他社会形态所替代。

第五,农奴制共同体。农奴制共同体的核心是封建地主制度,其中封建领主拥有土地的所有权,而农奴则是土地的使用者。农奴在农奴制共同体中是主要的劳动者,他们为封建领主提供农业劳动,生产粮食和其他农产品。封建领主通过占有土地并对农奴实行剥削,获取丰厚的经济利益。农奴的劳动成果归属于封建领主,而农奴本人只能得到少量的生活必需品,经济地位较为低下。农奴制共同体中存在显著的阶级矛盾,主要是封建领主和农奴之间的矛盾。封建领主作为统治阶级,占有土地,掌握经济资源,而农奴则处于被统治的地位,被迫为封建领主劳动,生活条件较为贫困。农奴在农奴制共同体中的生活受到土地的强制束缚。他们不能离开封建领主的领地,土地与他们的身份和生计紧密相连。这种土地束缚使得农奴的流动性受到限制,增加了他们对封建制度的依赖。农奴制共同体是马克思主义分析封建社会的一个重要概念,突显了封建经济和社会结构中的阶级对立和剥削关系。这一理论有助于理解封建社会的内在矛盾,以及封建制度为何在历史演进中被资本主义所替代。

在马克思主义的共同体理论中,传统共同体是指一种在原始共产主义社会和封建社会之间存在的社会形态,它们存在共同的特点。第一,劳动的主要客观条件并不是劳动的产物,而是一种前定的、客观的存在。[1]劳动的主要条件不是劳动所创造的具体产品,即劳动存在的原因并非仅仅是为了创造特定的物质产品。土地等这些客观条件是一种预先设定的存在,而不是个体选择或主观意愿的结果。第二,传统共同体中存在着无私的分配原则。生产的产出按需分配,而不是按劳动量或其他因素进行私人占有。把人及共同体本身作为生产的目的,古代世界人只是为了生产。第三,传统共同体成员之间的互动最终呈现为一种征服与被征服的模式。在传统共同体中,人们可能组织成部落或氏族,形成紧密的共同体。这些部落之间可能存在资源争夺、领土争端或其他冲突,导致一部分部落征服另一部分,形成支配关系。征服关系不仅仅表现为物质资源的争夺,还

---

① 袁吉富.马克思共同体思想辨析[J].北京大学学报(哲学社会科学版),2023,60(03):31.

可能涉及文化和价值观念的对立。一些共同体可能试图通过强制性的文化传播或意识形态的输出来征服其他共同体,以确立其文化或价值体系的优越性。第四,传统共同体具有自给自足和封闭性。传统共同体倾向于自给自足,其生产和消费主要在本地进行,相对封闭于外界。这种自给自足的性质反映了共同体对外部干扰的抵制,以及对内部资源的共享和管理。总体而言,传统共同体代表了一种与现代资本主义社会形成对比的社会形态,这种共同体形态在社会演变的过程中逐渐被封建社会和资本主义社会所取代。

(二)现代共同体

传统共同体的解体,必然表现为劳动者与其自然条件、劳动者与其工具的分离过程,以及劳动者摆脱对他人的人身依赖关系而获得独立性的过程。[①]从马克思的角度看,由于传统共同体将维护其自身存在视为最高目标,因此它内部存在着难以解决的矛盾,并有可能导致其走向相反的方向。传统共同体内部存在着不可调和的矛盾,孕育着自身的对立,其原因是人口激增、生产力的迅速发展,以及由此而来的社会结构和交往方式的变革,对传统共同体的存续条件构成了冲击,这种冲击导致旧共同体遭到破坏。随着社会历史的不断发展、生产力的不断提高,商品经济开始发展起来,自然形成的共同体逐渐走向瓦解。以私有制为基础的资本主义商品经济打破了以血缘和地缘为基础的自然经济格局,个体独立生存和发展的能力得到增强,人与共同体之间的依赖减弱,"人对人的依赖性阶段"转变为"人对物的依赖性阶段",货币、商品的联系逐步替代了人与人之间的紧密关系。由于社会发展所带来的不同社会分工以及因此产生的社会差距,个体不再以共同利益为唯一目的,于是产生了个体的特殊利益。共同利益不再是人与人之间紧密联系的基础,人与人之间的纽带从共同利益转变为个体之间的特殊利益,人们对物质的渴求与依附,已成为人类交往的一种具体体现。所以,社会发展使人类分工出现不同,个人利益逐步转化为特殊利益,传统共同体在此驱动下开始走向瓦解。

---

① 袁吉富.马克思共同体思想辨析[J].北京大学学报(哲学社会科学版),2023,60(03):33.

　　马克思认为,这种共同体披着平等和谐的"羊皮",而本质却是资产阶级为维护自身利益所使用的剥削压迫手段,它是一种虚伪的、虚幻的且不切实际的共同体。在这个共同体中,存在着两个阶级:统治阶级和被统治阶级。统治阶级拥有生产资料,如工厂、土地和资本,而被统治阶级只能靠出卖自己的劳动力为生。统治阶级通过占有生产资料,从被统治阶级的劳动中获取剩余价值,这种剥削关系是资本主义社会的核心特征,被统治阶级的劳动产生的剩余价值被统治阶级占有,从而导致社会中财富和权力的不均衡。统治阶级为维护自身的特殊利益而对被统治阶级进行剥削和压迫,所以统治阶级的特殊利益和被统治阶级的个体利益会产生对立与矛盾。统治阶级虚伪地用共同利益来掩盖自己的特殊利益,他们利用自身地位的权威性,借用法律或教育等手段为自己的特殊利益进行谋划。但当自己的特殊利益受到侵犯或损害时,他们的真实面貌便暴露无遗。

　　对此,马克思将现代共同体(即资本主义共同体)又称为"虚幻的共同体",这种形式的共同体主要以国家为载体。因而,一方面,马克思批判了资产阶级统治的国家形式,指出"正是由于特殊利益和共同利益之间的这种矛盾,共同利益才采取国家这种与实际的单个利益和全体利益相脱离的独立形式"①。这说明资产阶级的特殊利益与个人利益是相冲突的,而国家作为以普遍形式呈现出来的共同利益的表现形式,则是一个充满异化的"虚幻的共同体"。马克思认为,国家是阶级社会的产物,是统治阶级为维护其统治地位而设立的工具,资产阶级国家的存在是为了服务资产阶级的利益。在资本主义共同体中,国家并非真正代表整个社会的共同利益,而是代表资产阶级的特殊利益。另一方面,马克思对整个资本主义也进行了批判。在商品经济发达的资本主义社会中,货币作为商品交换的媒介应运而生,货币也开始成为人与人之间联系的重要媒介。但是"在货币上共同体只是抽象,对于个人只是外在的、偶然的东西;同时又只是单个的个人满足需要的手段"②。这就导致人为了满足个人需要,通过货币的积累对资本表现

---

① 马克思恩格斯文集(第一卷)[M].中共中央马克思恩格斯列宁斯大林著作编译局,编译.北京:人民出版社,2009:536.

② 马克思恩格斯全集(第四十六卷)(上册)[M].中共中央马克思恩格斯列宁斯大林著作编译局,编译.北京:人民出版社,1979:176.

出狂热的追逐，人们对金钱的渴望达到了巅峰，人被物质所奴役，将财富和成功作为衡量个人价值的唯一标准，而忽视了道德、社会责任和人文价值。由此，在拜金主义和物质主义的盛行下，人们的精神世界逐渐被物欲侵占，人与人之间的关系也从之前的团结友爱变为金钱和利益，社会价值观也被"唯利是图"所冲击；在政治生活领域，这种变化更是表现为资产阶级与无产阶级的对立。在资本主义共同体中，财富和资源分配不平等，极端的社会不平等可能导致社会分裂、社会动荡和经济机会不平等，贫富差距的扩大进一步削弱了社会凝聚力。

根据马克思主义的相关论述，我们认为现代共同体有以下特点。第一，劳动与其主要客观条件相分离，即劳动脱离了原本紧密相连的客观条件，不再受传统的社会结构和生产方式的直接限制。劳动不再仅仅是为了满足生产需求，而可能具有更广泛的社会和文化意义。第二，人完全成为财富的手段而不是目的，个体沦为工具。在资本主义社会中，个体的劳动力被看作是一种商品，而不是一种有创造性、有尊严的活动。个体不再被视为工作的主体，而是被看作为了创造价值而存在的劳动力。人在这种资本主义生产关系下被异化，与自己的劳动、产品和社会关系感到疏离，这种异化导致了个体被视为与其劳动和社会地位无关的客观存在。第三，现代共同体之间的关系以竞争为基本方式。马克思主义认为资本主义社会中的关系主要通过经济的竞争来塑造，这种竞争体现在阶级之间、企业之间、市场经济中，对有限资源的争夺以及对资本的追逐，从而决定了社会结构和个体的地位。所以在这种"虚幻的共同体"中，资产阶级谋取私利，社会成员承受他们的剥削与压迫，人无法获得自由、健康的发展，只有构建"真正的共同体"，人们所追求的自由与解放才能得以实现。第四，现代共同体具有依存性和扩张性的特点。资产阶级依赖无产阶级的劳动获得剩余价值，无产阶级出卖劳动力获得生存，在经济上对资产阶级产生依赖，阶级之间虽存在不可调和的矛盾，但仍相互依赖。现代共同体的运作建立在经济交换和市场机制上，这导致共同体内的成员在经济上相互依赖。此外，由于资本主义商品文化在全球范围内的开放，使资产阶级不断激发扩张物理空间的内在冲动，而这种扩张性促使历史向世界历史转变。

（三）未来共同体

马克思把未来共同体又称为"真正的共同体"。马克思在对前两种共同体进行了深刻剖析后,认为随着社会的发展和人类思想意识的觉醒,这两种共同体必将瓦解并被取代,只有"真正的共同体"才是最适合人类社会生存和发展的共同体。马克思提出,"真正的共同体"是立足于历史唯物主义,从社会劳动实践的人的角度出发,以人为本构建的一个全面发展的真正共同体,"真正的共同体"追求的是人类整体的解放与整体利益,故又被称为"共产主义社会"。马克思、恩格斯在《共产党宣言》中提出取代资本主义社会的"将是这样一个联合体,在那里,每个人的自由发展是一切人的自由发展的条件"①,即"真正的共同体"的思想。

先进的生产力是建构"真正的共同体"的物质基础。马克思指出:"无论哪一个社会形态,在它所能容纳的全部生产力发挥出来以前,是决不会灭亡的;而新的更高的生产关系,在它的物质存在条件在旧社会的胎胞里成熟以前,是决不会出现的。"②由此我们可以看出,生产力和生产关系是社会发展的前提和基础。"真正的共同体"被视为人类迄今为止最高的社会形态,它的发展不可能是一蹴而就的,必须经历漫长的探索过程。而发展的关键便是先进的生产力,只有先进的生产力才能创造出充足的物质财富,才能帮助人类摆脱"虚幻的共同体"中物欲熏心的精神状态。因此,"真正的共同体"的实现必须依靠先进的社会生产力,否则可能再次被卷入"虚幻的共同体"之中。

所有制的改变是建构"真正的共同体"的社会条件。马克思指出,"如果一个国家越强盛,因而政治性越强,那么这个国家就越不愿意认为社会缺陷的根源就在于国家的原则,在于现存的社会结构"③。在私有制体制下,个体为了自身的生存,不得不承受资产阶级的剥削和压迫,通过出卖自身的劳动力来换取生存资料。正因为如此,他们在劳动中所创造的价值不归属于他们自己,而属于资产阶

---

① 共产党宣言(纪念版)[M].2版.中共中央编译局,译.北京:中央编译出版社,2005:46.

② 马克思恩格斯选集(第二卷)[M].3版.中共中央马克思恩格斯列宁斯大林著作编译局,编译.北京:人民出版社,2012:3.

③ 马克思恩格斯全集(第三卷)[M].中共中央马克思恩格斯列宁斯大林著作编译局,编译.北京:人民出版社,2002:387.

级,属于那个不从事生产、依靠雇佣工人发家致富的阶级,并且在资产阶级的利益控制下,这种异化的劳动越来越频繁,从而导致劳动者被资产阶级剥削的程度更加严重。所以,只有消灭私有制,才能消灭异化的劳动;只有实现公有制,才能真正实现平等和自由。马克思设想未来社会理想的所有制是"各尽所能,按需分配"的公有制,即各人尽全力地为社会施展其才能,社会按各人的需要分配生活资料。公有制使每个社会成员都可以成为生产和生产资料的主人。而不存在剥削和被剥削的关系,人便可以从机器中脱离出来,充分发挥自身的优势和能力为社会生产的发展添砖加瓦。

人的自由和全面发展是"真正的共同体"的最终目标。马克思、恩格斯认为"只有在共同体中,个人才能获得全面发展其才能的手段,也就是说,只有在共同体中才可能有个人自由"①。所以"真正的共同体"又被称为"自由人联合体"。在这个共同体之中,个体作为共同体的成员,享有充分的发展空间,不再仅仅被当作一个劳动力,而是作为一个独立的人选择自己喜欢的工作和生活。在这个理想社会中,人们可以不受剥削和压迫,可以在自己喜欢和擅长的领域进行自由劳动;劳动者不再是出卖劳动力的被剥削者,他们可以真正占有自身的劳动产品,个人利益与共同体利益能够相互融合,达到有机统一。在马克思主义中,未来的共同体主要指的是社会主义社会或共产主义社会的理想形态,马克思主义的核心思想包括对资本主义社会的批判以及对无产阶级解放的追求。在这个理想的共同体中,有几个关键特征:第一,无产阶级解放。马克思主义认为,在资本主义社会中,无产阶级处于被剥削的地位,他们的解放将是社会变革的动力。未来的共同体将使无产阶级摆脱剥削和阶级压迫。第二,阶级消亡。马克思主义追求一个没有阶级划分的社会。在"真正的共同体"中,随着私有制的消失,阶级差异将逐渐消失,人们将共同拥有和掌控社会生产资料。第三,生产资料社会化。马克思主义认为,"真正的共同体"将建立在生产资料的社会化基础之上,取代私有制。这将促使资源和生产手段公有化,以确保生产的社会性和满足全体社会成

① 马克思恩格斯文集(第一卷)[M].中共中央马克思恩格斯列宁斯大林著作编译局,编译.北京:人民出版社,2009:571.

员的需求。第四,按需分配。在未来共同体中,按需分配是一项基本原则。每个人根据自己的能力、个体的需求来分配社会资源,以实现物质和经济上的平等。第五,国家消亡。马克思主义认为,未来共同体将是一个没有国家的社会形态。国家在这个阶段将逐渐消亡,因为它是阶级社会的产物,而在共产主义社会中,由于阶级消失,国家也将不再需要存在。总体来说,"真正的共同体"在马克思主义中是一个理想化的社会形态,代表着从资本主义向社会主义和共产主义过渡的阶段,以实现阶级解放、阶级消亡和社会的真正平等。这一设想在马克思主义者眼中,是对当时社会问题的批判和未来社会理想的追求。

总体而言,从古希腊古罗马时期的城邦共同体、德性共同体、法律共同体,中世纪时期的神圣共同体、信仰共同体,启蒙运动时期的契约共同体,近代的国家共同体、政治共同体到德国古典哲学宣扬的自由共同体,西方共同体思想在各个历史阶段不断发展,其发展历程既揭示了历史思想的演变逻辑,又体现了人类社会发展的互动建构。而马克思和恩格斯在黑格尔、英国古典政治经济学、空想社会主义、费尔巴哈以及赫斯等的影响下,充分吸收了西方学术思想中的共同体理论的精髓,并以历史唯物主义为基础,创造出了马克思主义共同体理论。综合马克思和恩格斯的观点,从人类历史发展的角度,我们将人类社会共同体的发展划分为"传统共同体"、"现代共同体"和"未来共同体"("真正的共同体")三个阶段,将构建"真正的共同体"作为最终目标。马克思主义共同体思想发展过程由抽象到具体,由浅入深,其最终目标是走向共产主义。经过不断地丰富与发展,人们形成了内容丰富和特点鲜明的马克思主义共同体理论,这为构建现代共同体理论打下了坚实的理论基础,具有重要的历史意义和时代价值。

三、习近平共同体理念的三重维度

当今中国正经历中华民族伟大复兴战略全局和世界百年未有之大变局,在深刻把握"两个大局"的高视角下,习近平总书记提出具有中国特色的共同体理念。不仅具有不忘初心的历史维度,继承、弘扬了中华优秀传统文化中"和而不同""天人合一""大道之行,天下为公"的思想理念,更彰显了打造人类命运共同体、人与自然生命共同体的大国责任担当意识,体现了宏大高远的视域广度。由此可见,习近平提出的共同体理念既根植于中华优秀传统文化的沃土,也是对西方学术思想中的共同体理论,尤其是马克思恩格斯经典共同体理论的继承和发展,强调为解决人类面临的共同的严峻挑战提出中国方案,为解决"世界向何处去"的重大课题指明正确方向。

(一)深刻体认中华民族共同体

铸牢中华民族共同体意识,就是要引导各族人民深刻认识"我们辽阔的疆域是各民族共同开拓的""我们悠久的历史是各民族共同书写的""我们灿烂的文化是各民族共同创造的""我们伟大的精神是各民族共同培育的"[①],要各族人民牢固树立"休戚与共、荣辱与共、生死与共、命运与共"的共同体理念[②]。习近平用"四个共同""四个与共"精练地概括了中华民族共同体形成与发展的演变逻辑,揭示了中华民族共同体的本质特征,诠释了中华民族多元一体的基本结构和发展趋势,这是新时代党的马克思主义民族理论的新创造,对推动建设中华民族共同体、实现中华民族伟大复兴具有重大的理论价值和现实意义。

1."四个共同"

(1)我们辽阔的疆域是各民族共同开拓的。中国幅员辽阔,是各族人民的祖先在自己生活的区域里联合开发的结果。藏族、彝族、白族等民族开发了西南地区,土家族、苗族、瑶族等民族开发了中南地区,维吾尔族、哈萨克族、回族等民族开发了西北地区,蒙古族、满族、锡伯族等民族开发了东北地区。各民族凭借着自己的勤劳和智慧,开发、改造自身赖以生存和发展的地区,将生态环境十分恶劣的居住地区改造为适宜人类生产生活的青山绿水之地。各民族的先民用他们的智慧和劳动,为统一多民族国家的建立和发展打下了牢固的基础,让祖国的每一寸土地都凝结着中华各民族先民们的汗水,铭刻着他们的印记。秦帝国时期,

---

① 习近平.在全国民族团结进步表彰大会上的讲话[N].人民日报,2019-09-28(2).
② 习近平.以铸牢中华民族共同体意识为主线 推动新时代党的民族工作高质量发展[N].人民日报,2021-08-29(1).

秦始皇统一六国,结束了春秋战国以来500多年诸侯纷争割裂的局面,确立了中央集权制度,在岭南一带进行了扩张,将两广区域纳入版图,奠定了中国大一统的基本格局。西汉设置西域都护府,统辖天山以南葱岭以东的西域诸国,留下了"明犯强汉者,虽远必诛"的时代最强音。唐朝设立安北都护府,在中国历史上首次将北方草原纳入版图。元朝将西藏首次纳入中央政府管辖之下,进一步将东北和北方草原划入国家统一管辖之内。清朝疆域西跨葱岭,北接西伯利亚,东临太平洋,南至南海诸岛,为我国今天的国土疆域奠定了历史基础。可见,历代中央王朝和少数民族政权带领各族人民共同开拓了祖国疆域、维护了国家统一,对今日中国疆域的形成作出了重要贡献。近代以来西方国家试图蚕食中国领土,频繁的战争以及一系列不平等条约使中国领土被侵占。为拯救危机中的中国,中华儿女团结一心、同仇敌忾,与西方列强作斗争,用鲜血和生命誓死捍卫祖国的主权,至死不辱使命,并最终在中国共产党的领导下维护了中国的领土完整和民族的独立。

(2)我们悠久的历史是各民族共同书写的。中国是一个历史悠久的统一多民族国家,历史上无论哪个民族建鼎称尊,建立的都是多民族国家,越是强盛的王朝,吸纳的民族就越多,从而共同推动了中国历史的发展和中华民族的壮大。早在先秦时期,华夏大地上生活着的中华民族先民就逐渐形成了以华夏为凝聚核心、"五方之民"共天下的交融格局。在这一格局的影响之下,各民族之间的政治、经济、文化交流不断加深。秦朝"书同文,车同轨,量同衡,行同伦",开启了中国统一的多民族国家发展的历程。从秦汉到隋唐,再到元明清,每一次"大一统"都比上一次的范围更广、力度更强、吸纳的民族更多。特别是清朝彻底结束了农耕和游牧两大地带数千年的分分合合,砥定了现代中国的疆域,为中华民族在近代从自在走向自觉奠定了基础。秦汉雄风、大唐气象、康乾盛世等,都是各民族共同铸就的辉煌历史;秦皇汉武、唐宗宋祖、成吉思汗等,都是中华民族历史上的杰出人物代表;胡服骑射、昭君出塞、唐蕃会盟等,都是各民族共有的历史佳话。少数民族和民族地区的历史是中国历史的重要组成部分,各民族共同推动了中国历史的发展。在我国五千多年的文明发展史上,许多民族登上历史舞台,建立政权,比如鲜卑人建立的北魏,契丹人建立的辽,女真人建立的金等。这些政权实现的局部统一,为全国的统一奠定了基础。各个朝代、各个民族共同努力,最终写就了源远流长、光辉灿烂、赓续不绝的中华民族史。

(3)我们灿烂的文化是各民族共同创造的。中国疆域辽阔,气候多样,地理环境复杂,形成了不同的气候环境和动植物生态群落,这些差异使各民族创造出了各具特色的民族文化。在漫长的历史长河中,各民族在长期交流融合的过程中相互学习借鉴,相互交流发展,彼此取长补短产生的各种成果最终汇聚成了精彩纷呈、博大精深的中华文化。从赵武灵王胡服骑射到北魏孝文帝汉化改革,从"洛阳家家学胡乐"到"万里羌人尽汉歌",从边疆民族习用"上衣下裳""雅歌儒服",到中原盛行"上衣下裤"、胡衣胡帽,以及如今随处可见的舞狮、胡琴、旗袍等,都展现了各民族文化的互鉴融通。除此之外,各民族在文化交流融合中也创作出了不朽的文化作品,如《诗经》《楚辞》《汉赋》等。各民族的优秀传统文化交相辉映,汇聚形成了丰富多彩的中华优秀传统文化。总之,中华文化是我国各民族共同创造、共同拥有的宝贵财富。

(4)我们伟大的精神是各民族共同培育的。民族精神是民族文化自觉的产物,是一个民族赖以生存和发展的精神支柱与精神动力。中华民族精神则是中华民族赖以生存和发展的精神纽带和动力源泉,是创新社会主义先进文化的民族灵魂。[①]在璀璨的历史长河中,农耕文明的勤劳质朴、崇礼亲仁,草原文明的热烈奔放、勇猛刚健,海洋文明的海纳百川、敢拼会赢,西域丝路的包容开放、多元共生,雪域高原的坚毅守望、勇敢真诚,源源不断地注入中华民族的特质和禀赋中,共同熔铸了中华民族伟大的民族精神。各族人民在长期的奋斗中,创造了造纸术、火药、印刷术、指南针等科技成果,留下了昭君出塞、文成公主进藏、瓦氏夫人抗倭、锡伯族万里戍边等历史佳话,传唱了盘古开天、女娲补天、夸父逐日等神话故事,集中彰显了中华民族的伟大创造精神、艰苦奋斗精神、团结凝聚精神。近代以来,面对亡国灭种的空前危机,全国各族人民奋起抗争,从最早举起抗战

---

① 齐海英,邱思文.汉语国际推广语境中的中国民间故事[J].沈阳大学学报(社会科学版),2016,18(05):608.

反侵略旗帜的东北义勇军,到把抗战烽火燃遍内蒙古大草原的大青山抗日游击队;从驰骋华北平原的回民支队,到血染贺兰山的回民骑兵团。以爱国主义为核心的中华民族精神已经进入了各族人民的心灵深处,已经成为促进中国社会发展和前进的一股强劲的精神力量。

2.“四个与共”

(1)休戚与共。“休戚”指“喜乐与忧虑”,“休戚与共”理念的本义是“共同享受欢乐与幸福,共同抵挡忧愁与祸患”[1],其以根本利益、整体利益、长远利益为导向,是推进中华民族共同体建设的物质认同基础。“休戚与共”强调共同体的利益交融、利益互惠、利益共享,并以追求共同体的共同利益为价值目标。自古以来,中华民族就始终将中华民族的根本利益视为各民族的最高利益,构建了一个以整体利益最大化为最高目标的共同体。先秦时期各个民族间就已经有了政治、经济、社会、文化的联系。秦建立统一多民族国家后,各民族之间的交流、交往并没有随着朝代的更迭而弱化,反而汇聚了更多的民族。两千多年来,尽管有分裂、有纷争、有兵戎相见,但统一的多民族国家形态始终是各民族追求的目标,是历史发展的趋势所在。比如,汉代设西域都护府统辖新疆;唐代设800多个羁縻州府经略边疆,使边疆呈现“一半胡风似汉家”的景象;元代凉州会盟、设宣政院管理西藏;明清两代在西南地区实行改土归流……都反映出各民族建立的中央政权把实现国家统一作为最高政治目标,都为维护各民族的团结作出了巨大贡献。在这两千多年的时间里,伴随各民族间频繁的互动,各民族在交往、交流、交融中,形成了你中有我、我中有你、谁也离不开谁的休戚与共的整体。

新中国成立后,中国共产党始终将维护和发展中国人民的根本利益、争取和保障中华民族的整体利益作为第一要务。为此,中国于20世纪70年代开始开展对口支援行动,由东部发达省份对口支援西部落后的省份,帮助少数民族地区脱贫并发展。青藏铁路、西气东输、西电东送等大型工程为西部地区带来了显著的经济效益,民族地区的经济得到了显著发展。在这样的倾斜照顾和对口支援政

---

① 宋春霞,陈智.“四个与共”:中华民族共同体意识的话语深化[J].西北民族大学学报(哲学社会科学版),2023(01):39.

策的帮扶下,少数民族群众的物质生活得到了极大改变。2021年,在中国各族群众的共同努力下,中国全面建成小康社会,各族群众共享改革开放成果。国际方面,习近平总书记提出的"一带一路"倡仪将中国与相关各国联系在一起,依托中国与相关国家现有的双边机制,利用已有的、有效的地区协作平台,借用"丝绸之路"这个古老的历史象征,积极发展与相关各国的经济合作,打造互利共赢的利益共同体、息息相通的命运共同体、共进共退的责任共同体。

(2)荣辱与共。"荣辱"指"光荣与耻辱",诠释了各族人民共膺荣誉与辉煌、共抗屈辱与苦难的理性认同根基。[①]"荣辱与共"集中反映的是共同体的情感依赖、情感共鸣、情感力量,共同的情感是树立共同体理念的价值追求。中国作为统一的多民族国家,爱国是各民族成员最为一致也是最为强烈的情感共鸣和情感追求。各民族在这个大家庭里团结互助,共同维护着国家的独立与统一,构成一个相互依存、不可分割的整体,形成了你中有我、我中有你,相互交融的多元一体格局。各民族力量聚成合力,各民族汇聚形成中华民族,爱国主义情怀早已根植于各族群众心中。尤其是近代以来,西方国家多次试图通过侵占中国领土,鼓吹少数民族进行"民族自决",甚至直接出兵扶植国内分裂势力,企图瓜分中国。面对这些分裂行径,各族人民在中华民族多元一体理念下,同仇敌忾,荣辱与共。例如,面对英帝国主义的威逼利诱,西藏军民殊死抵抗,西藏九世班禅曾毅然宣言,"西藏是中国的领土,如被帝国主义者侵略,则无异于自己的门户被人拆毁,不免有唇亡齿寒之忧"。面对帝国主义的残酷迫害,各族人民同心构筑中华民族共有家园,粉碎了帝国主义企图吞并中国的野心。中华人民共和国成立以后,作为中华民族爱国主义基因的坚定传承者,中国共产党团结带领全国各族人民从"彝海结盟"到"牦牛革命",从"三千孤儿入内蒙"到"一家三代卫国戍边",再到"党政军警民强边固防",中华民族迎来了从站起来、富起来到强起来的伟大飞跃,实现中华民族伟大复兴进入了不可逆转的历史进程。[②]各民族的爱国主义情怀前所未有的高涨,充分体现了中华民族共同体在情感上的荣辱与共,为实现第二个百年

---

① 宋春霞,陈智."四个与共":中华民族共同体意识的话语深化[J].西北民族大学学报(哲学社会科学版),2023(01):39.

② 刘雪璟."四个与共"共同体理念的价值意蕴[J].社会主义论坛,2021(10):39.

奋斗目标、中华民族伟大复兴的宏伟目标奠定了坚实的理性认同根基。

（3）生死与共。"生死"指"生存与衰亡"，体现了各族人民从自在走向自觉、共同挽救民族命运的历史认同根基。"生死与共"集中凸显的是共同体的精神力量、精神归依、精神谱系，共同的精神是共同体理念的价值追求。在古代，王朝更迭，不乏"一身报国有万死，双鬓向人无再青"①"报国之心，死而后已"②"人生自古谁无死？留取丹心照汗青"③等爱国的豪情壮志。在近代，从"九一八"事变到"一二·九"运动，再到卢沟桥事变和全面抗日战争爆发，亡国灭种的民族危机提出了加紧中国各民族凝聚融合、守望相助、共御外侮的严峻使命。于是，中国共产党发出呼吁，"中国是我们的祖国！中国民族就是我们全体同胞！""为民族生存而战！"，并高呼"大中华民族抗日救国大团结万岁"等口号，④激发各族人民的抗战斗志，激励各族人民生死与共。解放战争时期，在中国共产党的领导下，全国各族人民群众踊跃参战。如在内蒙古地区，汉族、蒙古族等群众将国民党反动派驱逐出了内蒙古，成立内蒙古自治区。各族人民用实际行动支持中国共产党领导的解放事业，推翻了国民党的反动统治。新中国成立后，中国共产党持续团结带领各民族闯关过坎，改变了中国一穷二白的整体面貌；各民族同甘共苦，为建设社会主义现代化强国提供了物质基础，建立了制度保障、积蓄了精神能量。改革开放以来，面对经济全球化、政治多极化、文化多元化、信息网络化的国内外复杂形势，以及金融危机、生态危机、意识形态危机、公共安全危机等严峻考验，中华民族团结一心、众志成城，构筑起了坚不可摧的精神长城，彰显了民族精神的凝聚力、向心力、感染力。各族人民团结一心，统一对外，表现出强烈的民族情怀和强大的民族凝聚力，各族人民用自己的行动书写了生死与共的绚丽篇章。

（4）命运与共。"命运与共"是各族人民共同实现中华民族伟大复兴愿景的认同根基。"命运与共"将历史、现实、未来联结起来，共同体的发展目标与趋势是共

---

① 陆游.陆游诗选注[M].李淼,杜新,杨浩,选注.长春:吉林文史出版社,2002:54.

② 苏轼.苏轼散文全集[M].北京:今日中国出版社,1996:195.

③ 文天祥.文山先生全集[M].商务印书馆,1936:487.

④ 中央档案馆.中共中央文件选集 第十册(一九三四——一九三五)[M].北京:中共中央党校出版社,1991:520,525.

同体理念的价值旨归。在中华民族几千年的演变发展中，不论哪个民族都以礼教四方为己任。尽管在漫长的历史长河中，中华民族作为一个命运共同体，不可避免地受政治、经济、社会等因素的影响，常常由于朝代更迭、战争割据而时强时弱，但团结统一始终占据历史的主流，各族人民的共同追求也是团结统一、和平安康。虽然"中华民族"的概念并不是自古以来就有的，而是近代才提出的，但中华民族作为民族实体已延续了几千年，且植根于高度融合、有机统一、兼容并包的中华文化之中，尤其是"大一统""和合"等思想理念。在"六合同风，九州共贯"的民族交融格局之下，各民族在经济上互通有无，文化上兼容并包，政治上互相尊重，思想上交流开放，情感上彼此亲近，最终形成了命运与共的"一体民族"。特别是近代以来，在帝国主义的侵略下，中华民族面临前所未有的危机，中华民族的仁人志士们高举"命运与共"的旗帜，提出了"五族共和""合满汉各民族为一大中华民族"等思想。最终，在中国共产党的领导下，各民族团结统一推翻了压在人民头上的"三座大山"，建立了中华人民共和国，开辟了中华民族发展的历史新纪元。观照现实，中华民族秉持"天下一家"的理念和"世界大同"的情怀，为弘扬和平、发展、公平、正义、民主、自由的全人类共同价值赋予了中国智慧，贡献了中国力量，把世界各民族的前途命运紧紧联系在一起，力推全球各国合作共赢、共同发展。要推动新时代中华民族共同体理念的运用和升华，就要一如既往地铸牢中华民族共同体，深入推动构建人类命运共同体，为世界的和平安宁、共同发展、交流互鉴作贡献，使各民族在命运与共的人间正道上携手并肩、和衷共济。

总而言之，"四个共同""四个与共"属于中国特色的话语体系，带有特殊的中国情感，是进一步加强各族人民大团结的新时代表述，有利于在世界百年未有之大变局中进一步铸牢中华民族共同体意识的实体地位。"四个共同"从共同疆域、共同历史、共同文化和共同精神等四个方面真实呈现和高度凝练了中华民族共同性的历史渊源与基本特征。"四个共同"是在坚持正确的中华民族历史观的基础上的深刻阐发，是铸牢中华民族共同体意识的"共同"基础，为铸牢中华民族共同体意识提供了对中华民族"共同性"的认同基础。与此同时，"四个与共"作为历史实践和反映在人们心中的思想观念，以意识存在的形式贯穿于中华民族的思想意识中,成为中华民族共同体的文化基因,具有超越时空、民族、个体的意义,是中华民族共同历史的命运纽带,为铸牢中华民族共同体意识提供了稳定的心理保障,为高质量推动民族大团结提供了无穷动力。把握"休戚与共、荣辱与共、生死与共、命运与共"的民族认同根基,是理解中华民族共同体意识的内涵与本质,我们要提挈铸牢中华民族共同体意识工作的理论焦点,从而推动中华民族发展为认同度更高、凝聚力更强的共同体。

(二)倡导构建人类命运共同体

2013年,习近平总书记访问俄罗斯,在莫斯科国际关系学院作的演讲中提出,"这个世界,各国相互联系、相互依存的程度空前加深,人类生活在同一个地球村里,生活在历史和现实交汇的同一个时空里,越来越成为你中有我、我中有你的命运共同体"[①]。这是习近平总书记首次对命运共同体作出论述。此后,习近平总书记曾在不同场合多次提及构建人类命运共同体,陆续提出了"中拉命运共同体""利益共同体"等新概念,不断充实和丰富"人类命运共同体"思想内涵,在国际社会中得到了广泛的认可。人类命运共同体的提出立足于当今发展的实际需求,其内涵回应了发展的现实诉求,涉及政治、经济、文化、生态等领域,兼顾了人类发展对和平、安全、经济、文化、生态等方面的要求。

1.平等相待的政治命运共同体

"冷战"结束后,旧的两极格局被打破,但霸权主义和强权政治仍然存在,世界的和平与稳定仍受到以美国为首的西方某些大国的强权政治和霸权主义的威胁。世界各国都是国际社会中的成员,都具有独立自主权,都应该在国际社会中被平等地看待。习近平强调,"主权平等,真谛在于国家不分大小、强弱、贫富,主权和尊严必须得到尊重,内政不容干涉,都有权自主选择社会制度和发展道路"[②]。主权平等的关键在于尊重每一个国家,不干涉他国内政,各个国家独立自主。国家间的共同利益是国家合作的基础,而利益的对立则可能使国家间产生

① 习近平.顺应时代前进潮流 促进世界和平发展[N].人民日报,2013-03-24(2).
② 习近平.共同构建人类命运共同体——在联合国日内瓦总部的演讲[N].人民日报,2017-01-20(2).

分歧或摩擦乃至冲突,但协商与对话始终是和平解决国际争端的重要方式。所以,"要坚持多边主义,不搞单边主义;要奉行双赢、多赢、共赢的新理念,扔掉我赢你输、赢者通吃的旧思维","走出一条'对话而不对抗,结伴而不结盟'的国与国交往新路"。①国与国之间的交往应以协商合作、平等对话等方式维护双方的共同利益和稳定关系,不断增强双方的政治互信、实现经济互利,为推动构建人类命运共同体奠定良好的基础。总之,全人类共同价值导向下的人类命运共同体,是平等相待的共同体,各个国家只有发展程度、道路方式的不同,没有高下、优劣之分。全人类共同价值导向下的人类命运共同体,是互相尊重的共同体,每个国家都尊重其他国家的核心利益,不以大欺小、以富压贫、以强凌弱。全人类共同价值导向下的人类命运共同体,是求同存异的共同体,尊重不同国家的特殊情况,同时探寻你中有我、我中有你的共同利益,推动实现求同存异、聚同化异。②

2.共建共享的安全命运共同体

和平与发展是历史发展的主题和潮流,对和平的向往是世界各国人民最真挚的理想。习近平强调:"坚持共建共享,建设一个普遍安全的世界。"③随着人类社会的快速发展,世界进入了崭新的发展阶段,机遇与挑战并存、困难和希望同在。一方面,随着科学技术的迅速发展,人类面临着前所未有的发展机会,如人工智能、新能源、空间科学和航天技术等。但若想抓住这些机会,单靠一个国家或一个民族,能力是非常有限的。所以要想紧跟时代发展潮流,牢牢抓住时代发展机遇,须以人类的整体利益为导向,将全人类看成一个共同体,动员全世界的资源和力量,为维护和追求人类的整体利益共同努力,促进全人类社会的和平与发展。另一方面,在人类社会迅速发展的同时,许多全球性的问题也层出不穷,对人类的生存生活产生了巨大的影响,甚至威胁到了人类的生存。如地区冲突、民族矛盾和宗教纷争等,都威胁着世界安全;生态环境被破坏,导致人类生存环

① 习近平.携手构建合作共赢新伙伴 同心打造人类命运共同体——在第七十届联合国大会一般性辩论时的讲话[N].人民日报,2015-09-29(2).

② 杨伟宾.全人类共同价值推动构建人类命运共同体的逻辑理路[J].思想教育研究,2023(02):119.

③ 习近平.共同构建人类命运共同体——在联合国日内瓦总部的演讲[N].人民日报,2017-01-20(2).

境不断恶化,引发各种疾病,影响着世界人民的生命健康安全。面对当今世界各个领域的安全挑战,没有任何一个国家可以独善其身,能够完全独立于全球性传统和非传统安全威胁之外。在百年未有之大变局下,世界各国之间联系紧密、命运与共,可以说是"牵一发而动全身",人类实际上已经成为一个命运相连的命运共同体。因此,为有效应对全球化带来的机遇和挑战,世界各国应坚持共建共享,实现安全与发展、传统安全与非传统安全、国外安全与国内安全、自身安全与共同安全、国土安全与国民安全"全面统筹",特别是要打造一个"普遍安全"的世界,需要确立新时代的新安全观。

3.合作共赢的经济命运共同体

经济发展的不平衡是导致战乱和冲突的根本原因,贫富差距的不断扩大,更不利于世界和平、稳定的发展。经济全球化使世界各国之间互通有无,生产、资本和市场已经紧紧联系在一起,逐渐形成了"经济命运共同体"。世界各国经济合作程度如此之深,以至于一国的经济波动会在全球范围内传播、放大,甚至引起全球危机。人类命运共同体是我国对当今时代特征和国际形势的判断提出来的正确论断,其始终注重推动经济全球化朝着更加开放、包容、普惠、平衡、共赢的方向发展。如"一带一路"倡议促进了共建国家经济和贸易往来,为当地创造了就业机会,带动了当地经济发展。因此,为实现经济发展、保证经济运行的平稳,世界各国必须秉持"人类命运共同体"理念,谋求双赢、多赢、共赢的新局面,实现共同繁荣,达成共同发展的目标。

4.开放包容的文化命运共同体

文化与经济、政治相互影响,相互交融。经济、政治决定文化,文化又反作用于经济、政治,但这种影响始终是第二位的,它无法与经济、政治对文化的决定作用相提并论。不同的文化,对社会发展的影响是不同,先进的、科学的文化能促进社会发展,落后的、腐朽的文化则会阻碍社会进步。文化是一个国家民族凝聚力和创新力的重要源泉,是一个国家发展的动力,也是综合国力的重要因素。随着经济全球化的不断深入,世界各国的文化交流与互动不断增强,并促进了世界范围内各种文化的广泛传播,开放性、包容性是构建人类命运共同体的重要内容。习近平强调"文明因多样而交流,因交流而互鉴,因互鉴而发展"①。由于所处地理位置、自然环境、宗教信仰、民族的不同,每个国家都有具有自己国家特色的文化,所以我们的世界才丰富多彩。习近平强调:"各种人类文明在价值上是平等的,都各有千秋,也各有不足。世界上不存在十全十美的文明,也不存在一无是处的文明,文明没有高低、优劣之分。"②每一种文化都是各个国家和各族人民劳动与智慧的结晶。中国应正确对待中华文明与其他文明的关系,正确处理二者间的关系,包容、尊重他国文化,以中国智慧、中国理念为依托,做文明传播、交流的推动者、助力者。中国应抓住文明交流机会,学习和吸收他国文明之长,取其精华,发展本国文明,展现大国担当,为地区和世界的发展贡献智慧与力量。国家在进行文化交流时应秉持兼收并蓄、开放包容的态度,尊重世界文明多样性,以文明交流超越文明隔阂,以文明互鉴超越文明冲突,以文明共存超越文明优越,推动世界文化的多样性发展。

5.绿色发展的生态命运共同体

人与自然和谐共生、休戚与共是人类命运共同体存在与发展的基础,因此,想要构建人类命运共同体,必须注重生态建设,建立绿色发展的生态命运共同体。

习近平总书记指出,"地球是人类的共同家园,也是人类到目前为止唯一的家园","我们应该共同呵护好地球家园,为了我们自己,也为了子孙后代"。③生态环境是人类赖以生存的基础,全球化进程加快,生态问题不再是某一个国家的事情。人类命运共同体思想主张在生态上尊崇自然、绿色发展,进而打造一个清洁美丽的世界。社会的高速发展,生产力的更新迭代在给人类带来丰厚物质财富的同时,也引发了资源枯竭、气候异常、生物多样性锐减等生态环境问题,如果

---

① 习近平.深化文明交流互鉴 共建亚洲命运共同体——在亚洲文明对话大会开幕式上的主旨演讲[J].中华人民共和国国务院公报,2019(15):7.

② 习近平.在联合国教科文组织总部的演讲[N].人民日报,2014-03-28(3).

③ 习近平.携手建设更加美好的世界——在中国共产党与世界政党高层对话会上的主旨讲话[N].人民日报,2017-12-02(2).

还不重视生态环境问题,人类必将受到大自然生态系统的"惩罚"。全球生态问题不是一个国家或一个地区特有的,也不是资本主义国家或社会主义国家特有的,而是一个普遍性和急迫性的问题,应对这些问题,需要各类治理主体的共同参与。中国作为负责任的大国,积极参与全球生态环境治理,主动承担相应的生态治理责任,为全球生态问题的解决和生态环境的可持续发展而不懈努力。中国共产党人始终高度重视生态环境问题,将生态环境保护引入国际秩序语境。近年来,以习近平为主要代表的中国共产党人更是创新性地提出了构建尊崇自然、和谐共生的生态共同体,这一行动代表着中国生态治理理念的升华与转变,极大地推动了中国生态治理能力的现代化进程,对世界生态治理问题产生了重要影响。中国共产党人还指出,在全球生态治理领域,发达国家凭借其强大的实力在治理能力方面具备更多的优势,理应多向其他国家分享治理经验,勇于承担治理责任,以自身的实际行动为全球生态治理树立典范,推动全球生态治理实践的有效开展。总而言之,人与自然是一个共同体,各国应通力合作,帮助发展中国家改进落后的生产方式,推动形成绿色低碳的生产方式和生活方式,携手保护全球生态,共同维护人类的地球家园。

(三)推动形成人与自然生命共同体

"天地者万物之父母也"[①],自然生态环境是人类永续繁衍的物质载体,是构建人类命运共同体的根本依托。工业革命以来,人类在疯狂向大自然索取资源的同时,也付出了诸如温室效应等生存环境逐渐恶化的代价,人类的可持续发展已然面临危机。面对我国生态文明建设的重大理论与现实问题,聚焦新发展阶段生态文明建设总体要求以及全球生态环境新挑战,习近平提出了人与自然生命共同体理念。深刻认识人与自然生命共同体理念的实践指向和价值意蕴,对全面把握我国新发展阶段生态文明建设总体要求以及积极促进全球环境治理,具有现实指导意义。

---

① 庄子[M].雷仲康,译注.太原:书海出版社,2001:186

1.人与自然是辩证统一的

人与自然是相互依存、相互联系的有机整体,是建立在实践基础上的辩证统一关系。自然界先于人类和人的意识而存在,是因其具有不以人的意志为转移的特性。所以说,自然界的存在与发展是客观的。自然界发展到一定程度才产生了人类,人类社会是自然界的产物,是自然界的组成部分。因此,人类和大自然是联系紧密、不可分割的一个整体。随着人类的不断发展、社会的不断进步,人类与自然的关系也越来越密切,所以正确处理人与自然的关系尤为重要。世界上的任何事物都是矛盾的统一体。我们面对的现实世界,是人类社会和自然界组成的矛盾统一体,两者之间是辩证统一的关系。

一方面,人与自然是相互联系、相互依存、相互作用、相互渗透的。人类的发展离不开自然,自然界为人类提供直接的生活资料,人类肉体的生存必须依靠自然界以食物、衣服、能源、住所等不同形式提供的产品;同时,自然界为人类提供劳动对象和工具等,自然界既是人类进行自然科学活动的对象,也是人类从事艺术创作的材料。人类通过劳动直接利用这些资源,为自己创造更有利于生存和发展的条件。马克思、恩格斯始终将自然界作为人类生存的基础和发展的前提,①正如马克思、恩格斯在《神圣家族》中所说的那样:"人并没有创造物质本身。甚至人创造物质的这种或那种生产能力,也只是在物质本身预先存在的条件下才能进行。"②

另一方面,人与自然是相互对立、相互制约的。人类作为自然存在物,要满足生存的肉体需要,就必须受其周围自然环境的制约和限制,"人作为自然的、肉体的、感性的、对象性的存在物,同动植物一样,是受动的、受制约的和受限制的存在物"③。马克思、恩格斯认为,人的受动性内含于人的能动创造性之中,受动性规定着人的能动创造性的发生范围,而且正是受动性的制约性,体现出了人的能动创造性的发展水平。马克思、恩格斯不仅从人作为"自然存在物"的角度理

---

① 邵鹏鸣.论人与自然生命共同体理念的三重维度[J].学校党建与思想教育,2022(11):34.

② 中共中央编译局.马克思恩格斯列宁哲学论述摘编:党员干部读本[M].北京:中央编译出版社,2015:39.

③ 马克思恩格斯文集(第一卷)[M].中共中央马克思恩格斯列宁斯大林著作编译局,编译.北京:人民出版社,2009:209.

解人的受动性,而且从社会关系的角度阐述"人受动于社会",人在自然面前的受动性产生在一定的社会关系中,"自然界的人的本质只有对社会的人来说才是存在的"①。

2.人与自然的关系的发展阶段

在原始社会、奴隶社会和封建社会中,人的发展处于对人和物的双重依赖之中,在以农业为主的较低的生产力水平下,人对物的依赖主要是对自然界的依赖。人类在强大的自然力面前,还没有能力进行大规模的开发和利用,人类活动对生态环境的影响较小,人类只能顺应或服从自然。人与自然环境之间基本上保持着天然的、原始的统一关系。此时,人类形成了对自然界的纯粹动物式的服从意识,"人们同自然界的关系完全像动物同自然界的关系一样,人们就像牲畜一样慑服于自然界"②,同这一阶段人与自然的关系相对应,人与人之间形成了基于血缘、地域等的天然的原始共同体。

在资本主义社会,人类的主体性得到了极度张扬,自然科学的进步、工业和商业的需要推动生产力飞速发展,人类在自然界面前举起了片面斗争的旗帜,千方百计地征服和占有自然。劳动本来是表现人的本质力量的对象化活动,是人以自身的活动来引起、调整和控制人和自然之间的物质变换的过程,但是资本主义生产方式下的异化劳动造成了人与自然之间无法弥合的物质变换裂缝。一方面,资本为了在尽可能短的时间内获取最大利润,往往背离自然界原先的物质循环规律,改变自然界中物质原本的存在方式、结构和状态等,导致人与自然之间的物质变换产生了各种问题;另一方面,资本主义社会形态下的劳动组织方式将抽象的人类劳动当作一切财富的源泉,忽视其他物质变换要素的重要作用,导致物质变换裂缝。

在共产主义社会,人与自然的关系在个人全面发展和他们共同的社会生产能力成为他们的社会财富的基础上,实现了更高层次的和谐统一。此时,私有财

① 马克思恩格斯文集(第一卷)[M].中共中央马克思恩格斯列宁斯大林著作编译局,编译.北京:人民出版社,2009:187.

② 马克思恩格斯文集(第一卷)[M].中共中央马克思恩格斯列宁斯大林著作编译局,编译.北京:人民出版社,2009:534.

产和异化劳动已经被扬弃,"社会化的人,联合起来的生产者,将合理地调节他们和自然之间的物质变换,把它置于他们的共同控制之下,而不让它作为一种盲目的力量来统治自己;靠消耗最小的力量,在最无愧于和最适合于他们的人类本性的条件下来进行这种物质变换"①。在这一阶段,人与自然之间和人与人之间已经超越了"人的依赖"或"物的依赖"关系,人真正成为具有自由个性的人,人的劳动成为自由、自觉地满足人的真正需要的活动,实现了人和自然、人和人的真正和解,人和自然获得了双重解放。

3.人与自然生命共同体理念

习近平在党的十九大报告中特别强调:"人与自然是生命共同体,人类必须尊重自然、顺应自然、保护自然。"此外,习近平还指出,"我们应该坚持人与自然共生共存的理念"②,"推动形成人与自然和谐共生新格局"③。这种尊重自然、和谐共生的人与自然生命共同体理念继承了中华优秀传统文化中"道法自然""天人合一"的思想精髓。《道德经》记载:"人法地,地法天,天法道,道法自然。"④这指出了人类作为天地万物中的组成部分,与自然在本质上是相通的,世间一切人事必须遵循自然规律。可见,中国古代思想中所蕴含的极为丰富的生态智慧,为新时代人与自然生命共同体理念的构建提供了理论基础和行动指南。总而言之,人与自然生命共同体的核心是人与自然和谐共生,既不是主张人对自然环境的竭泽而渔,也不是舍弃人的现代化发展的缘木求鱼,而是秉持人与自然共生、共存、共荣的关系理念,以"山水林田湖草生命共同体"⑤的系统思想,强调探索出一条实现人与自然和谐共生的现代化实践道路,进而实现人的全面发展和社会的全面进步,实现人与自然的共生共荣。

事实证明,只有好的发展模式,即绿色发展模式,才能够实现人与自然的和

① 马克思恩格斯文集(第七卷)[M].中共中央马克思恩格斯列宁斯大林著作编译局,编译.北京:人民出版社,2009:928-929.

② 习近平.携手建设更加美好的世界——在中国共产党与世界政党高层对话会上的主旨讲话[N].人民日报,2017-12-02(2).

③ 习近平.共同构建人与自然生命共同体——在"领导人气候峰会"上的讲话[N].人民日报,2021-04-23(2).

④ 老子.道德经[M].李正西,评注.合肥:安徽文艺出版社,2003:56.

⑤ 习近平.在联合国生物多样性峰会上的讲话[N].人民日报,2020-10-01(3).

谐共生,以破坏环境为代价的发展模式必然是"吃祖宗饭,断子孙路",将会彻底瓦解人与自然永续存在的根基。人类在通过劳动实践改造自然界的过程中要在遵循自然规律的基础上,坚持绿色发展,走绿色科技之路,为全球经济社会可持续发展夯实基础、提供支撑。与此同时,人与自然生命共同体理念要体现全球正义或国际正义。全球正义或国际正义以倡导多边主义为前提,以遵循国际法为基础,维护以联合国为核心的国际体系,以倡导共同但有区别的责任为矫正机制,以保护人的生命福祉为价值圭臬。任何形式的生态利己主义或生态殖民主义都是与全球正义或国际正义背道而驰的。在全球生态治理过程中,各国应该"强化自身行动,深化伙伴关系,提升合作水平,在实现全球碳中和新征程中互学互鉴、互利共赢。要携手合作,不要相互指责;要持之以恒,不要朝令夕改;要重信守诺,不要言而无信"[①]。

要而论之,习近平在新时代提出的"共同体理念"吸收了中华优秀传统文化中的共同体理论和马克思主义共同体理论精髓,创造性地提出了全球治理的新理念,为创新全球治理体系、解决全球性难题贡献了中国方案,为人类社会共同的价值追求和人类未来的发展指明了方向。作为习近平新时代中国特色社会主义思想的重要组成部分,"共同体理念"蕴含着深刻的内在逻辑关系,彰显了中国共产党人矢志不渝追求人类共同进步和发展的世界情怀。中国是人类命运共同体和人与自然生命共同体的积极倡导者和有力推动者。中华民族共同体的构建是人类命运共同体和人与自然生命共同体的重要基础,人类命运共同体为构建中华民族共同体和人与自然生命共同体提供了良好的社会环境,人与自然生命共同体则是构建人类命运共同体和中华民族共同体的重要保障。三者相互贯通、系统衔接,通过要素间的联结与互动,为加快实现中华民族伟大复兴和推动共同体构建汇聚了更多的精神力量。

---

① 习近平.共同构建人与自然生命共同体——在"领导人气候峰会"上的讲话[N].人民日报,2021-04-23(2).

创新探索中华民族特色教育理论

实现中华民族伟大复兴中国梦是全体中华儿女矢志不渝的共同心愿，也是全国各族人民的共同目标。在中华民族伟大复兴战略全局和世界百年未有之大变局交汇的局势之下，时代对胸怀"两个大局"的时代新人提出了新的要求，因而创新探索符合时代发展逻辑、规律和使命的教育理论具有重要的战略意义。中华民族特色教育理论是应"两个大局"而做的关于"培养什么人""怎样培养人""为谁培养人"的创新性探索，旨在在遵循教育发展一般规律的基础上，以落实立德树人为根本任务，结合习近平总书记共同体思想，探索培养中华民族共同体的践行者、人类命运共同体的推动者以及人与自然生命共同体的捍卫者，使他们能够以时代新人的全新姿态更好地成为社会主义的建设者和接班人。

一、中华民族特色教育理论的理论基础

众所周知，某一理论诞生的合理性、必要性以及科学性需要以不同学科相应的理论为其作学理性支撑。马克思关于人、社会与教育的关系论述从哲学层面说明了中华民族特色教育理论的创新价值和存在意义；共生教育理论从教育学层面奠定了中华民族特色教育理论的生长根基，为其进阶、升华以及超越提供了逻辑前提；"知情意行"的个体心理认知模式和共同内群体认同理论则分别从心理学的个体层面和群体层面为中华民族特色教育理论提供了可操作的科学性依据。这些理论虽来自不同学科，但都从不同角度为中华民族特色教育理论的创新探索提供了学理性支持，使其有据可依、有理可循。

(一)哲学层面:马克思主义关于人、社会与教育的关系论述

马克思在《关于费尔巴哈的提纲》中提出了关于"人的本质"的论述,他说:"人的本质不是单个人所固有的抽象物,在其现实性上,它是一切社会关系的总和。"①这里的社会关系并不是社会学上或是通常所说的人际关系,而是包含物质的生产关系(经济关系)和思想关系(围绕经济基础而形成的思想意识形态)。社会关系客观存在,不以人的意志为转移,教育作为一种社会活动形式对人施加的影响,归根结底是来自社会关系的要求;教育对人发展的作用,实际上就是社会关系决定作用的体现。由此可知,教育对人发展的作用,是以社会关系为前提的,教育是社会关系影响人的重要手段。因此,马克思主义重视教育对人发展的作用,同强调社会关系对人的决定作用非但不矛盾,而且恰恰是社会关系决定教育这一原理的体现,从根本上反映了人的发展规律。马克思从人所处的社会现实世界出发考察人的质的规定性,既然人是由社会关系决定的,社会关系又是历史的、变化的,那么社会关系决定的人的本质,也就自然是历史的、变化的。对于人性的认识,也就必须在历史的发展变化中进行。马克思、恩格斯在《德意志意识形态》中也曾指出,全部人类历史的前提是人,"但不是处在某种虚幻的离群索居和固定不变状态中的人,而是处在现实的、可以通过经验观察到的、在一定条件下进行的发展过程中的人"②。

换言之,人是基于社会物质条件进行现实生活活动的实践者,是一种具体的、历史的规定性存在。当然,这种"具体的、历史的规定性存在"是随着时空维度不断发展变化的,正如马克思所言:"每一个单个人的解放的程度是与历史完全转变为世界历史的程度一致的。"③人的世界历史性存在,就是人的彻底解放,就是人的全面发展。人的本质要在关系存在中认识和把握,这超越了抽象的人

① 马克思恩格斯选集(第一卷)[M].2版.中共中央马克思恩格斯列宁斯大林著作编译局,编译.北京:人民出版社,1995:60.
② 马克思恩格斯文集(第一卷)[M].中共中央马克思恩格斯列宁斯大林著作编译局,编译.北京:人民出版社,2009:525.
③ 马克思恩格斯选集(第一卷)[M].2版.中共中央马克思恩格斯列宁斯大林著作编译局,编译.北京:人民出版社,1995:89.

性论中个体性与社会性相对立的论断,把个体的人置于社会关系的整体存在中考察其社会性。人是具体的、现实的,既要从人所处的社会关系和所从事的社会活动中认识人,也要从人的个体层面关注人的个性和需求。只有在生产方式变革的历史发展过程之中,人才能从动物世界进入真正的人的世界,从必然王国进入自由王国,从现实的此岸进入理想的彼岸。这个过程就其本质和内涵而言,就是从封闭的、地域的、民族的历史走向开放的、全球性的、全人类的世界历史。所以无产阶级只有在世界历史意义上才能存在,就像它的事业——共产主义一般只有作为"世界历史性的"存在才有可能实现一样。伴随着历史向世界历史的转变,个人也将从狭隘的、地域性的、孤立的个人向世界历史性的个人转变,人类社会将走向一体化和整体化,形成相互依存、相互依赖和一损俱损、一荣俱荣的人类命运共同体。

而要实现人的自由且全面的发展,就需要高度发达的生产力和公有制生产关系。只有随着生产力的普遍发展(生产力的巨大增长和高度发展),人们的普遍交往才能建立起来,地域性的个人为世界历史性的、经验上普遍的个人所代替。[①]显然,目前的"全球化时代""世界历史时代"还不具备其所需要的全人类范围的高度发达的生产力和社会基础。发达资本主义国家的私有制还没有被高度发达的生产力所消亡,反而通过现代化的生产方式和信息技术的更新迭代,达到保护本国资产阶级剥削劳动者的目的。伴随着经济全球化的纵深发展,无法回避的贸易往来也使后发的发展中国家面临着私有制所带来的经济侵略。中国当前仍然处于社会主义初级阶段,虽然有了以公有制为主体的生产关系,但是科技发展水平和生产力发展水平还不高,完善的社会主义制度的建立尚需依靠大力发展科学技术和生产力才能实现。即使具备这些丰富的物质条件,人的自由而全面的发展也需要充分发挥教育的主观能动性,在世界历史进程中培养人的民族性并提升人们对民族的自我认同感。

所以,就我国目前的"世界历史"进程而言,创新探索中华民族特色教育理论

---

① 马克思恩格斯文集(第一卷)[M].中共中央马克思恩格斯列宁斯大林著作编译局,编译.北京:人民出版社,2009:538.

以突出教育的"民族性",是根据马克思世界历史思想得出的科学结论,而非"地域狭隘性"和"民族狭隘性"的表现。具体而言,中华民族特色教育理论所指导的教育一方面以社会现实为依据,将人的发展置于具体的历史条件和社会条件中,从人所处的历史条件和发展过程中实现对人的意识的培育,使社会发展阶段和人的发展阶段相适应,现实社会发展规律和人的成长规律紧密结合。另一方面,坚持历史与现实相统一的原则,虽然教育的性质、制度、规模、内容以及方法等由社会生产力所决定,但生产力所起的决定性作用并不一定能够被直接反映出来。教育作为人类特有的历史实践,依据社会关系进行转移,在历史演变中遵从社会发展的一般规律,并通过改变环境、社会条件等实践活动,实现对人的意识的培养。归根结底,人是在历史中生成的,是历史和文化的产物,是历史与现实的统一。中华民族特色教育理论探索培养具有国际视野的中华民族成员和具有民族自豪感的国际主义者的方法,期望通过教育这一方式处理好全人类主体和民族国家主体之间的关系。也只有这样,人类才能超越威斯特伐利亚体系,走出民族国家的思维局限,加快构建人类命运共同体,实现人与自然的和谐共处。马克思主义的教育思想之所以科学的另一个重要原因,就在于它不仅正确地解决了教育同社会发展的关系,而且科学地揭示了教育同人的发展的关系。

(二)教育学层面:共生教育理论

"共生"(Symbiosis)一词最早来源于希腊语,而其作为学术概念最早出现在近现代的生态学领域。1879年,德国真菌学家安东·德贝里率先在真菌学领域提出了"共生"概念,并将其定义为两种或两种以上不同种属的生物在一起生存的紧密互利关系。1884年,德贝里描述了许多生物之间多种多样的共生方式,并将共生这一生物学意义上极其重要的概念与寄生、腐生、共存等进行了区别比较。斯科特认为,共生是生物体生存的特征样态,一个完整的共生体并不限于两个个体或两大种群,具体表现为两种及两种以上的不同生物,在生理上达到相互依存的程度进而达到平衡的状态,任何单方面的依赖都无法形成有效的共生。原生动物学家戴尔将共生定义为几对合作者之间的稳定、持久、亲密的组合关系，即所谓普通生物学原理——细胞或个体内外生物之间的共生组合(Symbiotic association)普遍法则。除了上述解释以外，我们还需要通过辨析相近的词语来明确共生所指明的意涵边界。首先，"共生"不同于"共存"。"共生"以差异性为前提，强调处于同一时空下的不同事物间的相互影响和相互作用，是一种动态的相互依存、彼此协调所形成的最佳结构关系的关联状态，而"共存"更强调事物的静态性存在，各要素能够同时存在于某一环境中，无论它们之间是否产生某种程度的交流、互动，都不影响彼此在共有环境中的存续状态。其次，"共生"不同于"共同"。尾关周二在《共生的理想——现代交往与共生、共同的思想》一书中探讨了"共生"与"共同"两者的区别，认为"共同"意含当事者具有某些相同的价值、规范和目标；而"共生"则是以异质性为前提，正是由于在价值、规范、目标方面有所差异，当事者才能够建立起"相互依存"的关系。

伴随着研究范围的不断扩大，共生除了揭示了生物体之间复杂的组合关系，还被拓展到社会学、金融学、管理学、人类学和教育学等不同的学科领域，形成了独具中国特色的共生理论。其中，袁纯清最早将生物学中的共生概念及相关理论向社会科学拓展。他提出了经济学共生分析理论，以共生单元、共生模式和共生环境来构成共生的三个基本要素，以共生密度、共生界面、共生组织模式(点共生、间歇共生、连续共生和一体化共生)、共生行为模式(寄生、偏利共生、非对称互惠共生和对称互惠共生)分析共生的状态。[①]在社会学领域中，胡守钧教授提出了社会共生论思想，认为共生是人的基本生存方式，呼吁应用共生论来指导社会实践，进而走向呼唤和谐的社会共生论。胡守钧教授在《社会共生论》一书中进一步将共生理论推广至社会学领域，完善了共生理论在社会学领域的分析框架。此外，"产业共生""工业共生""生态共生""民族共生"等相关理念及理论也在不断涌现。

就教育学而言，张诗亚先生提出"共生教育"解决了两个问题：一个问题是人类自身的生长同它外部世界的良性发展形成一个共生互补的系统，另一个问题

---

① 袁纯清.共生理论及其对小型经济的应用研究(上)[J].改革,1998(02):102,104.

是在与其他民族、其他文化相处以及对待自己的文化和现代化发展这些问题中形成的文化"共生"。①日本民族教育学家小泽有作则认为,"共生"应包含三方面的内容,即自然与人的共生、人与人的共生、民族与民族的共生,由此才能构成完善的"共生社会",并实现"共生教育"。总之,共生关系揭示了共生的意义是追求关系性的整体存在,它不仅承认"自我",还要肯定"他者"的独立存在,以及"自我"与"他者"之间不容忽视的相互依存关系,即承认"自我"或"自我"所在的群体与周围的一切生命或非生命存在,以及与之建立的关系联结,在接纳异者、相互碰撞、相互共荣、共同成长中形成一个互利、平衡、发展的整体。值得注意的是,共生教育理论实际上并不强迫事物之间一定具有一个能够统驭各要素的相同的价值目标,如果缺乏共同目标的价值指引秩序,某一事物状态的改变会引发另一事物无序、随机的变化,甚至冲破事物之间的平衡,破坏可持续发展态势。中华民族特色教育理论以共生教育理论为基础,但对要素之间关系的认识不仅仅局限于一种共生、共存、共有的关系,由于自身所携带的"共同体意识"基因,它能够对各事物内部诸要素进行勾连胶合、交错重塑,从而形成强关联的"一体化"存在,且这种"一体化"程度能通过相同的教育发展目标不断强化事物发展的内聚力。可以说,中华民族特色教育理论是应时代发展诉求,在共生教育理论基础上所作的深化和拓展,当然,其在增强共同性的同时也需要尊重和包容差异性。尤权在学习贯彻习近平总书记在中央民族工作会议上的重要讲话精神时强调:"有同无异,没必要强调共同体;有异无同,形成不了共同体。离开了共同性,铸牢中华民族共同体意识无从谈起。忽略了差异性,铸牢中华民族共同体意识难以做起。各民族的差异性将长期存在,尊重、包容差异性是铸牢中华民族共同体意识的应有之义。"②共同性与差异性的关系不单体现于国内各民族之间,也反映在世界背景下的全人类之间,更是人与自然可持续发展的内在要求。

---

① 张诗亚.共生教育论:西部农村贫困地区教育发展的新思路[J].当代教育与文化,2009(01):56.

② 尤权.做好新时代党的民族工作的科学指引——学习贯彻习近平总书记在中央民族工作会议上的重要讲话精神[J].求是,2021(21):47.

（三）心理学个体层面："知情意行"个体心理认知模式

情感认同是一种复杂的心理活动，是个体借助自身的心理结构和思维特质对价值客体作出的情感上的肯定评价，是人们对客体在内心获得肯定、满意、喜爱、赞同等体验的基础上产生的积极态度，实质上是一种内化认同。①"认知—情感—意志—行动"（知情意行）作为心理学领域的重要理论，是每个独立个体都有的一套完整的理性判断程序和自内向外的行动秩序，其凭借着层次递进的秩序力量将感性与理性、意识与现实、认知与行动融合起来。其中，认知是行为发生的逻辑起点，它将特定的知识输入个体的心智系统，并开始反思原有的理解逻辑及重塑新的认识，改变了之前的固有认知，使认知成为一种具有丰富内涵的价值指向的事实。当个体已经对其运行的制度以及背后的基本价值有了相对合理的判断时，便获得了一种稳定的接受状态，不会轻易随着时间和周围事物的状态变化而产生变化。情感是行为发生的关键所在，通过引起个体共鸣的情绪化表达，表征人的心理倾向和欲望需求，从而构成个体不同的情感体验。情感深刻地影响着行为主体对目的的达成和方式的选择，积极的情绪体验能使个体不断地选择有利于自我情感满足的活动方式，并使其经"心理偏好修正—发展巩固提升"而形成良性的螺旋循环。意志是行为发生的内生动力，是个体愿意为实现某一目标而自觉克服困难的心理表现。意志一旦形成，表明个体此时的内心认同程度已经达到相当成熟的阶段，将通过调节和驱动个体的行为来实现认同的意识层面到行为层面的转化。行为是个体心理活动的外显化表达和"知情意"的最终归宿，人们深层的情意感受通过具身性的活动得到转化，以较强的感染力、吸引力和共享力使个体能够以经验性的认知方式去践行心中的所思所想。正如法国思想家卢梭所说："一个瘫痪的人想要跑，一个矫健的人不想跑，这两个人都将停留在原地上。""知情意行"是一套系统完整的心理认知模式，这四者对人的意识发展而言，缺一不可。

中华民族特色教育理论所指导的教育实践是知行合一的认知过程。首先，其在认知维度上表现为个体对中华民族共同体的积极认知，以及对人类命运共

① 王伦光.论社会主义核心价值观的情感认同[J].理论探讨,2018(05):64.

同体和人与自然生命共同体的理性认识,在重塑原有理解逻辑的同时形成了一种具有丰富内涵的价值指向。在具体的教育实践活动中,教师通过构建有意义的认知渠道来提升学生自身的理解力和判断力,使其从兴趣出发感受和探寻中华民族的发展历程,以及人类命运共同体和人与自然生命共同体的目标指向,从而避免使个体对中华民族的理性认知成为一种被动接受以及抽象的心智活动,且依赖于制度运作所维护的基本价值判断,而且教师致力于让学生能够产生一种表里如一的认同感并获得价值中立、不偏不倚的秩序力量。

其次,情感可以弥散于人的生命全程,是人的生理、意识、认知、思想、行为等一切生命方式及其运动的基底,可以通过表征人的欲望和需求构成人的价值观。情感深刻地影响着主体对活动方向的选择,而且积极的情绪体验能够使主体更倾向于认可和选择某种活动,在延续和反复的活动体验中寻找相似的情感记忆,经过"偏好—发展—巩固"的过程进而形成强大的认同能量。所以在情感维度上,中华民族特色教育理论所指导的教育实践表现为个体对中华民族共同体的高度心理认同和情感依赖,以及对人类命运共同体和人与自然生命共同体的情感共鸣,借由情绪化的表达来表征个体的心理倾向和欲望需求。情感通过具身性的教育活动转化为人们深层次的情感感受,人们在心理上确立自身对中华民族强烈的归属感、责任感和忠诚感,以及对人类命运共同体和人与自然生命共同体的情感提升,并使之成为个体不断成长的自我中心,在逻辑递进的身份认同基础上明确个体的社会角色属性并实现自身的价值。

再次,在意志维度上,中华民族特色教育理论所指导的教育实践表现为个体愿意为实现中华民族伟大复兴中国梦而自觉克服困难的心理态度和行为倾向,与此同时,个体也能够清晰地认识到自己在全球化中肩负的责任与担当,从而为构建人类命运共同体、实现人与自然和谐共处以及推动可持续发展作出自己应有的贡献。意志实际上是个体树立牢固的中华民族共同体意识、坚定的人类命运共同体意识和科学的人与自然生命共同体意识的动机系统,它是个体实现从意识层面到行为层面的转化的动力,是发动、坚持、调节和驱动行为在心理层面的最后一步。当处于意志维度时,个体其实已经经历了对自身身份的建构、维持、防御、调节、改变、再维持等一系列过程。个体为了保持自身对身份的期望而不断挖掘行为动机,这也迫使个体产生相应的行为来回应需求。意志是人的能动性的集中表现,一旦形成便具有稳定性、持久性、坚韧性和长期性,即使受到干扰也不会轻易被某一思想或理念"侵蚀",从而支撑着个体实现对内心想法的外显化表达。中华民族特色教育理论所指导的教育实践期望学生能够产生身份认同,并以稳固的中华民族共同体意识、人类命运共同体意识和人与自然生命共同体意识去践行内外合一的行为。

最后,在行为维度上,中华民族特色教育理论所指导的教育实践表现为个体积极维护民族团结和国家统一、致力于促进人类社会的和睦、实现人与自然和谐共处的外显行为,即将融会于个体自我规定性中的中华民族共同体意识、人类命运共同体意识和人与自然生命共同体意识激发出来,自觉地在实践中履行相应的行为。事实上,无论多么深刻的认识、多么浓烈的情感、多么强烈的动机,不付诸实际行动都等于空谈,行为维度可以说是铸牢中华民族共同体意识、建构人类命运共同体以及人与自然生命共同体的最终归宿。铸牢中华民族共同体意识、推进人类命运共同体以及人与自然生命共同体的行为生发,以及加强人与人、人与自然的深层互动是实现行为助推的关键所在。由柯林斯的互动仪式链理论可知,如果没有互动场域,没有共同经历,没有引发社会互动,那么这个群体对成员而言就只是一种想象的共同体,是一种静态的存在。在这个想象的共同体中,各个族群之间虽然存在潜在的意义与情感共享、潜在的集体行动,但由于缺乏互动,尚未形成真实的群体兴奋和集体记忆,更何谈构建共同体意识。[①]

(四)心理学群体层面:共同内群体认同理论

中华民族特色教育理论的创新初衷便是让个体能够形成对中华民族共同体、人类命运共同体以及人与自然生命共同体的高度认同感。以往的研究通常从个体视角分析每个人的身份认同问题,即个体通过自我认同建构来明确自我

[①] 管健,杭宁.知情意行:四维一体铸牢中华民族共同体意识[J].南开学报(哲学社会科学版),2021(06):65-66.

身份,产生个体认同,识别"我群"的同一性和"他群"的差异性。而哈贝马斯从群体的角度分析了认同问题,认为满意的群体认同是一个有凝聚力的社会制度的基本前提,同时也是安全共同体产生的必要基础。[①]群体认同是个体融入内群体的心理建构,也为个体融入他群体提供心理基础。然而,个体认同代表了自身对个性化的追求,期望保持个体的独特价值来与他者"求异";群体认同则代表了自身对群体归属感的追求,希冀获得尊重、承认与接纳而与他者"求同"。从二者的内在逻辑来看,个体认同与群体认同共存于人的自我认同中,但又因存在巨大的张力而相互矛盾。就如何协调个体认同和群体认同之间的关系,社会认同理论认为个体认同和群体认同在一般情景中是并行不悖的,但是当群体认同无法为个体认同提供积极的自我确证时,个体认同便会无限扩张,出现"认同分离"的现象;而当社会情景过于强烈,群体认同能够为个体认同提供足够的确证资源时,则会出现"认同融合"的现象。

20世纪70年代,英国社会心理学家亨利·塔菲尔首次提出社会认同理论。自此之后,相继出现了自我归类理论、最优特质理论、群体动机理论和共同内群体认同理论等。共同内群体认同理论由对内群体的认识演化而来,经过不断丰富、完善和拓展,最终由盖特纳等人提出,因契合于共建、共享、共有的和谐发展理念而被广泛应用于心理学领域。该理论是一种典型的群体间理论,认为不同群体之间的隔阂与偏见是由社会分类所导致的,社会分类往往成为社会偏见形成的基本心理过程。[②]其中,民族、族群等作为最重要和最明显的社会分类,是导致民族偏见、刻板印象与歧视的重要诱因。因此,研究者一直致力于消除群体边界和群体偏见的研究。社会心理学家认为,去分类化、相互差异化和重新分类等策略,有助于模糊社会分类导致的群体边界,减少群际矛盾与冲突,即通过重新分类来营造共同目标和集体记忆,提升群体之间的相似程度,从而改变个体对原有族群的边界感知,减少群体之间的刻板印象和偏见歧视。其分类方式,便是将

---

① 尤尔根·哈贝马斯.在事实与规范之间:关于法律和民主法治国的商谈理论(修订译本)[M].2版.童世骏,译.北京:生活·读书·新知三联书店,2003:660.

② CRISP R. J, HEWSTONE M.Multiple social categorization[J]. *Advances in Experimental Social Psychology*, 2007(39):165.

原本分离的内群体和所属之外的外群体统摄为一个包摄水平更高的上位群体，通过概念性的认知将个体原内群体的积极情感延伸到新的上位群体中。这不仅需要不断增加群际接触的"量"，也需要通过优化"重新分类"，切实提高群体接触的"质"，以达到促进群际和谐的目的。

　　首先，中华民族特色教育理论将中华民族共同体视作上位概念，以此消除各民族群体交往、交流、交融的壁垒和障碍，增强群体之间的共同性以及相似性，使"汉族离不开少数民族、少数民族离不开汉族、各少数民族之间也互相离不开"的观念深入各民族群体成员的意识当中，为中华民族的团结进步和伟大复兴凝心聚力。这也就意味着，中国内部的任何个人和群体只有在各自民族认同的基础上建构起牢固的中华民族群体认同，培育和铸牢中华民族共同体意识，才能真正地形成对中华人民共和国的国家认同。因为中华民族是建构中华人民共和国的"国家民族"，任何人如果无视自己的中华民族身份认同，就无法有效地建构对中华民族的社会认同或国家认同。毫无疑问，随着我国56个民族通过加强中华民族认同而建构起牢固的国家认同，民族问题也就能在坚定的国家认同前提下，从坚决维护自身的国家利益出发，获得正确、妥善的处理和解决。[①]其次，中华民族特色教育理论将人类命运共同体视作上位概念，以一种更为普遍的价值取向和更大的精神容量去寻求中国的世界与世界的中国的契合，在聚焦中国问题的同时胸怀世界、面向未来，避免自我圈画视野边界而落入"狭隘民族主义"的错误认识中。构建人类命运共同体是顺应时代发展的抉择，是跨越"修昔底德陷阱"、实现和谐共生的人类社会的必有路径。最后，中华民族特色教育理论将人与自然生命共同体视作上位概念，通过科学理解人类群体与自然环境的矛盾关系和相处法则，在人与自然的和谐共处中保障人类未来的可持续发展。人类是自然界的重要组成部分，自然界先于人类而存在，只有遵循大自然的发展规律才能在开发、利用自然上少走弯路，人与自然生命共同体是实现国家富强、民族复兴、人民幸福以及人类永续发展的重要前提条件。共同内群体认同理论不仅旨在解决当代社会存留的各种因分别、分离、分裂而产生的社会性问题，更重要的是可以为

[①] 叶江.中华民族伟大复兴进程中的"国家民族"建构研究[M].上海:格致出版社,2020:182.

增强共同体的心理认同提供理论基础。无论是中华民族共同体,还是人类命运共同体以及人与自然生命共同体,均可借助共同内群体认同的包容性力量,改善群际关系,将离散的分类融合到更高级别的分类中,通过建构包摄水平更高的上位群体来解决社会分类带来的认同矛盾。

二、中华民族特色教育理论的价值指向

习近平总书记在继承中华优秀传统文化所蕴含的共同体思想以及马克思恩格斯经典共同体理论的基础之上,提出了"共同体理念",主要包括"中华民族共同体""人类命运共同体"和"人与自然生命共同体"三个层面。基于此,我们认为中华民族特色教育理论是在共同体理念的引领下,以立德树人为根本任务,力求探索培养中华民族共同体的践行者、人类命运共同体的推动者以及人与自然生命共同体的捍卫者的基本原理和运行机制。[①]首先,研究如何引导青少年在全面建设社会主义现代化国家的新征程中以"时代新人"的姿态勇担中华民族伟大复兴的历史使命和责任重担。其次,研究如何提升青少年在全球发展浪潮中的胜任力,为全球化背景下"人的全面发展"提供新思路,探索培养具有国际视野和全球意识的"时代新人"的方法,使青少年能够从容应对国际社会中的竞争与挑战,从而推动人类进步与世界和平发展。最后,探索培养青少年正确的生态文明观的方法,使其形成人与自然和谐共生的共同体意识,并积极践行人与自然和谐共处的生态行为,是人类未来获得永续发展的科学方向和必行路径。三者相互贯通、循序递进、缺一不可,是中华民族特色教育理论的价值所向。

(一)落实立德树人的根本任务

"立德树人"是培育担当民族复兴大任的时代新人的根本任务和中心环节,作为我国教育领域的一个专业概念,自2007年8月31日胡锦涛在全国优秀教师代表座谈会上发表重要讲话后,"立德树人"开始进入理论研究的视野。2012年

---

① 张学敏,柴然,周杰.中华民族特色教育的理论审视与实践观照——基于共同体理念的讨论[J].民族教育研究,2022(04):25.

11月,党的十八大明确提出要全面贯彻党的教育方针,坚持教育为社会主义现代化建设服务、为人民服务,把立德树人作为教育的根本任务,培养德智体美全面发展的社会主义建设者和接班人;坚持不懈用中国特色社会主义理论体系武装全党、教育人民;广泛开展理想信念教育;大力弘扬民族精神和时代精神,深入开展爱国主义、集体主义、社会主义教育;积极培育和践行社会主义核心价值观。党的十八大把"立德树人"作为教育的根本任务,标志着"立德树人"的理念和思想在教育领域占有重要的地位。"十三五"规划和《中华人民共和国教育法》相继将"立德树人"纳入其中。2018年9月,习近平总书记在全国教育大会上的重要讲话中多次提到"立德树人",并强调:"要把立德树人融入思想道德教育、文化知识教育、社会实践教育各环节,贯穿基础教育、职业教育、高等教育各领域,学科体系、教学体系、教材体系、管理体系要围绕这个目标来设计,教师要围绕这个目标来教,学生要围绕这个目标来学。凡是不利于实现这个目标的做法都要坚决改过来。"可见,"立德树人"已经成为引领中国特色社会主义教育事业发展的鲜明旗帜,教育系统的每一个环节都应遵循的价值准则,体现了中国共产党对中国特色社会主义人才培养规律的深刻把握。在百年未有之大变局和中华民族伟大复兴战略全局下,立德树人的目标指向也被进一步明确,就是要为中华民族伟大复兴培养具有民族意识和情怀、国际视野和生态智慧的时代新人。培养担当民族复兴大任的时代新人是党的教育方针在新时代的阐释表达,而时代新人的培育必然要通过立德树人来实现。

可见,中华民族特色教育理论指导下培养担当民族复兴大任的时代新人的价值指向,与新的历史方位下"立德树人"所蕴藏的育人内涵并行不悖。明确"立德树人",首先要厘清"立德"与"树人"之间的逻辑关系。学界大致将二者的关系分为以下三种:一是并列关系。认为"立德"和"树人"同等重要,这种关系属于平等的均衡关系。二是递进关系。"立德"作为一种前提条件,其存在是为了"树人","树人"是"立德"最终的目的和归宿。三是辩证关系。两者之间互为因果、互为前提,立什么德就树什么人,树什么人就需要立什么德。无论是并列关系、递进关系,还是辩证关系,实则都将二者割裂开来,而"立德"和"树人"本身是一体的,"立育人之德"和"树有德之人"是有机统一的。整体理解"立德树人"需要以"德"为抓手,来明确培育担当中华民族伟大复兴大任的时代新人的底层逻辑。"立德",首先,立成"人"之德,德是成"人"的根本。人性中包含着成为人的共同德性,即人性的善。如《孟子·告子上》所说:"恻隐之心,人皆有之;羞恶之心,人皆有之;恭敬之心,人皆有之;是非之心,人皆有之。恻隐之心,仁也;羞恶之心,义也;恭敬之心,礼也;是非之心,智也。仁义礼智,非由外铄我也,我固有之也。"其次,立社会主义道德,用马克思主义、毛泽东思想以及中国特色社会主义理论体系,通过意识形态教育强化学生的社会主义核心价值观,培养社会主义事业的建设者和接班人。最后,立时代之德,即新时代背景下每一位中华民族成员都应遵守的共同行为准则。随着农业社会向工业社会以及现代社会转型,人与人之间交往的范围和需求日益加大,公共生活的空间不断扩张,与此同时,人们对公共道德的要求也随之提高,公共性开始渗透到生活系统中的每个角落,从国家到区域再到世界的社会责任和公共利益逐渐彰显。根据"立德"的三重逻辑,树什么样的人也就有了相应的价值指向,具体来说包括:德智体美劳全面发展的人、社会主义事业的建设者和接班人、担当中华民族伟大复兴重任和具备全球胜任力的时代新人。

中华民族特色教育理论培养时代新人是中国特色社会主义进入新时代后培养社会主义建设者和接班人的根本要旨,也是新时代实现中华民族伟大复兴重要教育使命的内在要求。党的十九大报告指出:"要以培养担当民族复兴大任的时代新人为着眼点,强化教育引导、实践养成、制度保障,发挥社会主义核心价值观对国民教育、精神文明创建、精神文化产品创作生产传播的引领作用,把社会主义核心价值观融入社会发展各方面,转化为人们的情感认同和行为习惯。"基于此,"立德树人"包含文化熏陶、道德引领、行为示范直至个性养成等动态过程,如此培养出来的"时代新人"理应有理想、有本领、有担当,具有奋斗精神、实干精神、创新精神,是新时代的奋进者、开拓者、奉献者,而这些基本素质要求恰恰体现了"立德树人"的内在本质。只有落实"立德树人"根本任务,时代新人才能担当起中华民族伟大复兴的历史重任和责任担当。

（二）培养中华民族共同体的践行者

国家的统一稳定和民族关系的团结和谐是中华民族伟大复兴的基础和前提条件,中华民族伟大复兴是中华各民族的全体、全面的复兴,需要各族人民众志成城,凝聚成强大的中国力量,艰苦奋斗,踔厉前行。[①]事实上,中华民族的伟大复兴是中国各民族全体成员或中华民族共同体的伟大复兴,是中华民族共同体建设的目标。回望历史,中华民族共同体的形成经历了由自在原生性民族向自觉实体民族转变的过程,这一过程主要包含四个阶段,即从远古到春秋战国,由"华夷之辨"到汉族与各民族间多元一体关系的雏形逐步形成;汉唐千余年,多元一体的中华民族格局,即自在的中华民族基本形成;宋元明清约千年中,中华民族进一步发展、成熟,民族关系更趋合理;近代以来,面对西方殖民主义的侵略,中华民族觉醒了,成为民族国家的主体。正如费孝通先生所言,"中华民族作为一个自觉的民族实体,是在近百年来中国和西方列强对抗中出现的,但作为一个自在的民族实体则是几千年的历史过程所形成的"[②]。"中华民族"作为概念首次出现于梁启超发表的《论中国学术思想变迁之大势》一文中,其核心要义伴随着历史节点和重大事件不断深化发展,如抗战时期顾颉刚先生提出"中华民族是一个",新中国成立后用于处理民族工作的"中华民族多元一体"理论以及如今"铸牢中华民族共同体意识"的时代话语表达。可以说,历经数千年,中华各民族在长期的交往、交流、交融中,共同培育了以爱国主义为核心的伟大民族精神,在近代百年抗争中各族人民凝聚心血、共同铸就了中华民族的钢铁长城,已然形成了"休戚与共、荣辱与共、生死与共、命运与共"的民族聚合体。

2014年5月,习近平总书记在第二次中央新疆工作会议上指出,"要高举各民族大团结的旗帜,在各民族中牢固树立国家意识、公民意识、中华民族共同体意识"。这是习近平首次提出"中华民族共同体意识",并用"牢固树立"加以强调。在2014年9月召开的中央民族工作会议上习近平提出要"积极培养中华民

---

① 马俊毅.试析铸牢中华民族共同体意识在中华民族伟大复兴中的历史方位[J].民族研究,2022(05):23.

② 费孝通.中华民族多元一体格局[M].北京:中央民族大学出版社,2018:17.

族共同体意识"。2015年8月,在中央第六次西藏工作座谈会上习近平提出"要大力培育中华民族共同体意识"。2017年10月,习近平在党的十九大报告中正式提出了"铸牢中华民族共同体意识",并将其写入党章。2021年8月,在中央民族工作会议上习近平提出将"铸牢中华民族共同体意识"作为党的民族工作的主线,一切党的民族工作都要以此为核心来开展。2022年10月,党的二十大报告再次重申了这一重要表述。由此可见,从"牢固树立""积极培养""大力培育"到"铸牢"的表述,体现出了党中央对中华民族共同体认识的不断深化和拓展。以习近平同志为核心的党中央基于中华民族由"自在"到"自觉"发展的历史事实,深刻阐释了"中华民族共同体"的内涵与实质,即"中华民族是一个命运共同体,一荣俱荣、一损俱损。各民族只有把自己的命运同中华民族的命运紧紧连结在一起,才有前途,才有希望"。因此,中华民族特色教育理论应致力于探索培养时代新人的方法,牢固树立其中华民族共同体意识,使其为社会主义现代化建设服务并在实现中华民族伟大复兴的新征程中锐意进取,在绘就中华民族一体化同心圆的过程中坚定信念,在实现中华民族伟大复兴的过程中践行使命。

当前中国正朝着中华民族伟大复兴征程前进,这对我国教育事业提出了崭新的要求,我们要引导青少年在全面建设社会主义现代化国家的新征程中勇担时代使命和历史重任,通过铸牢中华民族共同体意识,有效应对实现中华民族伟大复兴过程中可能出现的风险与挑战,为党和国家兴旺发达、长治久安提供重要的思想保证。铸牢中华民族共同体意识是国家统一之基、民族团结之本、精神力量之魂,是中华民族伟大复兴的前提和保障;中华民族伟大复兴是铸牢中华民族共同体意识的出发点和落脚点,民族复兴和强盛又可增强各族人民对中华民族和伟大祖国的认同感、自信心。中华民族伟大复兴和铸牢中华民族共同体意识,二者相互辉映。因此,中华民族特色教育理论致力于探索如何使年轻一代牢固树立"我们辽阔的疆域是各民族共同开拓的""我们悠久的历史是各民族共同书写的""我们灿烂的文化是各民族共同创造的""我们伟大的精神是各民族共同培育的"的"四个共同"理念,使他们在思想深处形成对伟大祖国、中华民族、中华文化、中国共产党、中国特色社会主义的"五个认同",同时在实际行动中坚定理想信念、矢志艰苦奋斗、锤炼高尚品格、练就过硬本领、勇于创新创造。基于上述认识,我们进一步认为培养中华民族共同体的践行者是培养人类命运共同体的推动者以及人与自然生命共同体的捍卫者的重要前提,只有在实现好本民族伟大复兴事业的基础上,培养中华民族共同体的践行者才能为构建人类命运共同体、人与自然生命共同体创造良好条件,为共创世界人民的美好生活提供中国经验。可见,基于共同体理念的中华民族特色教育理论探索培养中华民族共同体的践行者的方法,是回答"培养什么人""为谁培养人"等问题的基本前提。

(三)培养人类命运共同体的推动者

当今世界处于百年未有之大变局,正在经历大发展大变革大调整,政治多极化、经济全球化、社会信息化、文化多样化深入发展,全球治理体系变革深入发展,国际力量对比"东升西降",我国日益走近世界舞台的中央,中华民族迎来了从站起来、富起来到强起来的伟大飞跃。这个大变局,给中华民族伟大复兴带来重大机遇,也必然带来诸多风险和挑战。随着我国综合国力和国际地位快速上升,深度参与全球治理体系变革,美国等西方国家对我国的猜忌和戒惧明显加深,加紧对我国实施战略上围堵、发展上牵制、理论上歪曲、形象上丑化。[1]此外,人工智能、芯片制造等科学技术的加速迭代导致国际竞争、对抗的因素趋于明显,民族利益与全球利益的紧张关系开始恶化,单边主义和霸权主义行径导致国际秩序趋向冲突的可能性增加,国家的民族意识被冲击与侵蚀,人类命运共同体建设面临狭隘的排他性民族利益的威胁。[2]中华民族特色教育理论所培养的时代新人不仅要扎根中国大地,具备家国情怀,还要顺应世界大势,具有世界眼光、国际视野、人类关怀。新时代是我国不断为人类作出更大贡献的时代,所以具有国际视野和全球意识是时代新人的应有之义。

当今社会,"人类交往的世界性比过去任何时候都更深入、更广泛,各国相互联系和彼此依存比过去任何时候都更频繁、更紧密。一体化的世界就在那儿,谁

---

① 谢伏瞻.加快构建中国特色哲学社会科学学科体系、学术体系、话语体系[J].中国社会科学,2019(05):7.
② 朱军.中华民族共同体意识共同性的现代性转化及发展[J].民族研究,2021(03):34.

拒绝这个世界,这个世界也会拒绝他"①。自党的十九大报告提出"倡导构建人类命运共同体"以来,习近平总书记在不同场合多次提到构建人类命运共同体的重要意义,并不断丰富人类命运共同体的思想内涵。人类命运共同体理念是对中华优秀传统文化的继承和发扬,其中"开放包容""交流互鉴"的主张与中华优秀传统文化中的"和而不同""兼收并蓄"思想一脉相承、高度契合。中华文化崇尚"和合共生",强调"和而不同"。早在西周时期,思想家史伯就提出"和实生物,同则不继",认为不同的事物相配合才能产生新生事物,将相同事物放在一起只会有量的增加,并不会有质的变化。"尚中"是中华文化的处世哲学,"喜怒哀乐之未发,谓之中;发而皆中节,谓之和。中也者,天下之大本也;和也者,天下之达道也"②,而将"贵和"和"尚中"结合在一起,就使中华文化的智慧得到了升华。党的十八大以来,习近平总书记多次提出要携手共建人类命运共同体,共建"一带一路",这便是在吸收中华优秀传统文化中"和合"思想的基础上的有力实践,这也为积极推进全球伙伴关系建设、为人类社会的和谐美好发展提供了中国智慧、中国方案。习近平总书记的"人类命运共同体理念"是在全球秩序失灵、逆全球化思潮泛起的时代背景下提出的,是中国同世界各国分享发展红利的重要途径,在带动广大发展中国家发展的同时彰显了大国风范与责任担当。此外,构建人类命运共同体也体现出马克思主义世界历史理论的理论逻辑和人类社会发展的实践逻辑辩证统一的内在规定,是植根于人类社会的历史实践、适应时代发展的现实之路,是走出现代性困境、解决全球性危机、建设人类美好家园的必由之路。

人类命运共同体的价值内蕴在阿德勒和巴尼特看来,表现为共同体内的成员国将拥有共同的价值观,且能够进行多种方式的直接互动,表现出一定程度的互惠和利他性。新时代的中国日益走近世界舞台中央,中国参与全球治理体系改革和建设的脚步也在朝着纵深迈进,中国特色社会主义道路、理论、制度、文化能够为世界上其他国家和民族提供新的选择,同时为解决人类共同问题贡献中

---

① 习近平.在纪念马克思诞辰200周年大会上的讲话[M].北京:人民出版社,2018:22.
② 朱熹.四书集注[M].长沙:岳麓书社,1985:25.

国智慧和方案,这也对新时代人才培养的理论基础提出了崭新要求。[①]"时代新人"需要不断审视和确证"个体与他人""中国与世界"之间存在的张力与矛盾,不仅担负着实现中华民族伟大复兴的重任,同时也要努力成为人类命运共同体的参与者、支持者和推动者;在观察和思考问题时既要具备大国胸襟和大国情怀,也要具备开放的视野和全球视角,还要树立合作共赢的意识,在进行跨文化交流时更应相互尊重,体现高度的文明素质。中华民族特色教育理论是构建人类命运共同体的理论补充与发展,是培养人类命运共同体推动者的动力来源。固然,中华民族特色教育理论的首要价值目标是培养中国特色社会主义事业的建设者和接班人,然而教育理论绝不仅仅局限于培养中华民族成员,更要致力于培养具有世界眼光、现代意识和全球视野的人,理应包含人类共同的价值追求,为世界多样化的教育发展提供可证明、可借鉴的中国经验。因此,中华民族特色教育理论应致力于探索培养具有国际视野和跨文化沟通能力的时代新人的方法,这样的时代新人才能够清晰地认识到自己在全球治理中肩负的责任担当,积极参与国际教育规则与标准的制定,推动构建人类命运共同体,为人类社会的和谐和可持续发展作出自己应有的贡献。

(四)培养人与自然生命共同体的捍卫者

天地者,万物之父母也。人类社会自诞生以来,便面临着人与自然界万事万物之间的矛盾。人类的生存发展依赖于自然界,人类产生于自然,也发展于自然,人类只有通过实践活动认识和改造自然才能维持自己的生命,要想更好地进行生产生活活动,我们不得不处理好人类自身与大自然之间的矛盾。自然生态环境是人类永续繁衍的物质载体,是构建人类命运共同体的根本依托。自工业革命以来,人类在疯狂向大自然索取资源的同时,也付出了诸如温室效应等生存环境逐渐恶劣的代价,人类的可持续发展已然面临危机,人与自然和谐相处的重要性和必要性不断提高。当今世界,生态环境问题已经不再是个别国家和地区的问题,世界各国都在探索生态危机的解决途径。生态危机本质上是人与自然

---

① 朱永新.新时代 新人才 新要求[N].学习时报,2019-08-02(1).

的关系的危机,日益尖锐的人与自然的矛盾需要尽快解决。在全球性生态危机不断爆发的背景下,人类必须深刻反思自己的行为,并重新认真思考人与自然的关系。

习近平总书记在党的十九大报告中特别强调:"人与自然是生命共同体,人类必须尊重自然、顺应自然、保护自然。人类只有遵循自然规律才能有效防止在开发利用自然上走弯路,人类对大自然的伤害最终会伤及人类自身,这是无法抗拒的规律。"2021年4月,习近平总书记在领导人气候峰会上再次强调:大自然孕育抚养了人类,人类应该以自然为根,尊重自然、顺应自然、保护自然……自然遭到系统性破坏,人类生存发展就成了无源之水、无本之木。我们要像保护眼睛一样保护自然和生态环境,推动形成人与自然和谐共生新格局。2022年10月,党的二十大报告指出:"大自然是人类赖以生存发展的基本条件。尊重自然、顺应自然、保护自然,是全面建设社会主义现代化国家的内在要求。必须牢固树立和践行绿水青山就是金山银山的理念,站在人与自然和谐共生的高度谋划发展。"习近平总书记关于"人与自然是生命共同体"的重要论述充分体现了党中央对中国特色社会主义社会建设与自然和谐发展规律的深刻认识,并为社会主义生态文明建设发展奠定了理论基础。该思想为解决全球生态环境问题提出了中国方案,为人类进入生态文明新时代打下了坚实基础,并为世界生态文明发展作出了应有的贡献。这种尊重自然、倡导人与自然和谐共生的思想是中华优秀传统文化中"道法自然""天人合一"生态智慧的集中体现,是中华优秀传统文化的重要组成部分,为新时代我们构建人与自然生命共同体提供了理论基础。

"凡事预则立,不预则废。"我们之所以倡导构建人与自然和谐共生的共同体意识,是为了给人类未来的永续发展奠定基础和指明方向。我们应通过中华民族特色教育理论来探索培养学生正确生态文明观的方法,并引导其积极践行人与自然和谐共处的生态行为。中华民族特色教育理论在指导我们培养中华民族成员和世界新人的基础上,更应该致力于研究培养人与自然和谐共生的捍卫者的方法,教育学生科学认识人与自然、人与社会、他人和自我的矛盾关系,科学理解人与自然的相处法则,以求做到对自然"心存敬畏,行有所止",使学生能够从身边的每一件小事出发,成为人与自然生命共同体的捍卫者。只有每一位中华民族成员都树立正确的自然观,才能实现"美丽中国"的伟大目标,从而推进世界范围的生态安全建设。中华民族特色教育理论不仅要奠定中华民族共同体和人类命运共同体的基石,更要筑牢人与自然生命共同体的理论根基,教育学生自觉成为人与自然和谐共生的捍卫者,保障人类未来的可持续发展。毋庸置疑,中华民族特色教育理论所指向的首要目标是培养中华民族时代新人,为实现中华民族伟大复兴中国梦提供有力保障,同时,引导学生树立广阔的国际视野和恢宏的人生理想,推动构建人类命运共同体,为人类美好生活谋福祉。而人与自然生命共同体是中华民族共同体、人类命运共同体的升华,人与自然和谐共生乃人类命运之本、永续发展之核。因此,探索、形成人与自然和谐发展的现代化新格局更是中华民族特色教育理论深远和宏阔的价值追求。中华民族特色教育理论最终指向培养"完整的人",这种完整是个体完整与社会和自然协调完整的辩证统一,是既能担当起中华民族伟大民族复兴大任,又能关注人类前途命运,并以人类解放为终身使命的时代新人的高度统一。

三、中华民族特色教育理论的方位审视

中华民族特色教育理论有其独特的运行样态,因而从不同视角和路径审视中华民族特色教育理论,才能让我们全面、立体地审视其蕴藏的内在价值,在丰盈中华民族特色教育理论应具备的知识体系的同时,进一步明晰其范围边界并以此来锁定理论的坐标方位。从理论的本体来看,中华民族特色教育理论的教育逻辑是:将"四个共同""四个与共"等"共同体理念"融入教育教学以及人才培养中,高度强化学生的"五个认同",使他们形成"正确五观",成长为具有民族意识和情怀、国家视野以及生态智慧的"时代新人",进而更好地为社会主义现代化建设服务,由此,构成教育过程中"铸"与"牢"的因果关系。从理论与学科的关系来看,中华民族特色教育理论是中国特色教育学的重要组成部分,无论在思想来源、研究视角还是育人追求上都有着独特的民族性价值,可以补充和丰富中国特

色教育学一直以来缺失的民族品格,探索培育担当民族复兴大任的时代新人的教育特性和发展规律。中华民族特色教育理论的创新探索不仅是中国特色教育学本土建设的理论自觉,也是走向世界的民族性话语表达。从理论与实践的维度来看,中华民族特色教育理论所对应的实践范围主要指向铸牢中华民族共同体意识教育。铸牢中华民族共同体意识教育作为一种全新的教育形式,区别于传统的爱国主义教育、社会主义核心价值观教育、公民教育、中华优秀传统文化教育、思想政治教育以及民族团结进步教育,而爱国主义教育的知识体系因相对成熟且普遍运用于教育实践中,无论是在政策文件的使用中,还是在学术研究的探讨中,均有较高频率的出现。因此,对比分析铸牢中华民族共同体意识教育和爱国主义教育之间的联系与区别,有助于我们从实践层面进一步准确把握和认识中华民族特色教育理论。

(一)"四个共同""四个与共"与"五个认同""正确五观"

中华民族特色教育理论的创新探索旨在让中华民族共同体意识根植各族师生心灵深处,为推动各民族共同走向社会主义现代化、实现中华民族伟大复兴凝心聚力。关于如何通过教育的方式来铸牢中华民族共同体意识,我们必然要回到"教什么"这个问题上,以期达到希冀的教育效果。习近平总书记2019年在全国民族团结进步表彰大会上的讲话中指出,"一部中国史,就是一部各民族交融汇聚成多元一体中华民族的历史,就是各民族共同缔造、发展、巩固统一的伟大祖国的历史"。与此同时,习近平总书记用"四个共同",清晰地概括了"中华民族共同体"的科学内涵,为明确铸牢中华民族共同体意识的工作主线奠定了理论基础,为推进中华民族共同体建设,开展"五观"教育,特别是树立正确的中华民族历史观的教育工作指明了正确方向。①习近平总书记的"四个共同"理念,是在充分认识中华民族多元一体格局理论的基础上提炼升华而成的,其中蕴含着丰富而深厚的历史文化信息,不仅与中国这个统一多民族国家的历史发展逻辑高度契合,而且从根本上讲清楚了中华民族共同体能够在悠久的历史长河中形成、发

---

① 王延中.扎实推进中华民族共同体建设[J].民族研究,2022(01):4.

展、绵延不绝且不断凝聚深化的原因,也为我们认识和开展相关的教育活动提供了科学指引。事实上,中华民族特色教育理论所期望的教育活动,是将千百年来形成的中华民族共同体(社会存在)融入教学过程中,在学生心中厚植中华民族共同体意识(社会意识),从而形成一种社会存在决定社会意识的体识关系。"四个共同"的提出恰恰为教育实践提供了纲领性内容以及现实版的"材料清单",微观具体的教育实践活动可以此为核心和依据拓展教材内容、教学活动形式,甚至是教育管理模式。因此,中华民族特色教育理论所指导的教育实践活动理应对"四个共同"理念进行深入解读和研究,有必要回到中国历史和文化发展的整体性与一体性中去思考和分析。辽阔疆域的共同开拓、悠久历史的共同书写、灿烂文化的共同创造以及伟大精神的共同培育,显然不是一朝一夕之功,必然是各民族在漫长的历史进程中共同努力、彼此支持,不断凝聚巩固得来的,这是中华大地上我国各民族共同发展的历史脉络和主流所向。由此,从过去到未来、从历史到现实,习近平总书记所提出的"四个共同"理念深度契合我国自秦汉以来统一多民族国家形成、发展的整体历史特性,充分奠定了铸牢中华民族共同体意识教育的根本。

　　"四个共同"揭示了中华民族共同体历史形成的整体性,中国各民族历史发展的不可分割性,中国各民族共同创造的一体性以及各民族共同培育、熔铸的中华民族伟大精神的集体性。可见,中华民族在漫长的演化历程中,已然形成休戚与共、荣辱与共、生死与共、命运与共的民族聚合体。而要正确理解"四个与共",不仅要认识到中华民族本身已经是一个由"自在"向"自觉"再到"自强"转变的共同体,更要准确把握中华民族与其组成部分(56个民族)之间的相互关系。中华民族共同体是由56个民族组成的大家庭,是一个命运共同体,各民族之间是一荣俱荣、一损俱损的关系。各民族只有把自己的命运同中华民族的命运紧紧连接在一起,才有前途,才有希望。中华民族是各民族最大的依托和依靠,在此前提下,处理好各民族之间共同性和差异性关系,对于正确理解"四个与共"的共同体意识至关重要。用"四个与共"的共同体理念,看待中华大地上各民族共同开拓祖国辽阔疆域、共同书写辉煌历史、共同创造灿烂中华文化、共同培育伟大民族精神的历史与现实,有利于各族人民更好地把握中华民族共同体意识和各民族意识、中华民族文化和各民族文化,以及中华民族精神和各民族精神之间的关系,从而让每一位中华民族成员形成和树立正确的国家观、历史观、民族观、文化观和宗教观。可以说,"四个与共"在一定程度上塑造了"四个共同","四个与共"可以看作是实现"四个共同"的过程、途径和方式,"四个与共"的存在在千百年来不断推进"四个共同"的演化发展。

2014年5月28日至29日,在北京召开的第二次中央新疆工作座谈会上,习近平总书记首次提出"四个认同"(即认同伟大祖国、中华民族、中华文化、中国特色社会主义道路)。2015年8月24日至25日,在北京召开的中央第六次西藏工作座谈会上,习近平总书记强调,"必须全面正确贯彻党的民族政策和宗教政策,加强民族团结,不断增进各族群众对伟大祖国、中华民族、中华文化、中国共产党、中国特色社会主义的认同"。习近平总书记提出的"五个认同"是对"四个认同"的创新发展,新增的"对中国共产党"的认同,可谓旗帜鲜明地说明了只有在中国共产党的领导下,全国各族人民才能团结一致实现中国特色社会主义建设以及中华民族伟大复兴的中国梦。"四个认同"到"五个认同"的转变,也从国家、政党、社会、个人等多个方面推进了中华民族共同体意识的发展。具体而言,对伟大祖国的认同实际上是对中华人民共和国所产生的强烈归属感,个体作为一名中国人能够自觉地履行中国公民义务,担当中国公民责任,维护国家安全和领土完整,并热爱中国5000多年来形成的自然风光、历史文化、风俗习惯、语言文字等。对中华民族的认同,本质上就是对中国各族人民在历史长河中碰撞、交融和发展形成的共同历史的认同,每个民族都是组成中华民族的重要成员,也是中华民族大家庭中不可缺少的一员,对中华民族的认同基于各民族在历史交往、交流中孕育的集体意识。对中华文化的认同,就是对中华各族人民共同创造的灿烂辉煌、源远流长、博大精深的优秀传统文化的认同,文化认同是最底层的身份认同,反映了个体对民族共同体的身份识别和情感依托。增强中华文化认同是铸牢中华民族共同体意识的根本保障。对中国共产党的认同是铸牢中华民族共同体意识的政治基石,中国共产党领导是中国特色社会主义最本质的特征,也是

中国特色社会主义制度的最大优势。对中国特色社会主义的认同是铸牢中华民族共同体意识的动力源泉,中国特色社会主义是马克思主义理论中国化发展的智慧结晶,是中国共产党领导中华民族全体人民进行社会主义建设的探索过程中的伟大创造,走中国特色社会主义的发展道路才能实现中华民族伟大复兴的中国梦。

铸牢中华民族共同体意识是增强"五个认同"、促进民族团结的情感依托、思想前提和文化归依,而"五个认同"既是维护国家统一、民族团结、社会稳定的思想基础,也是培育公民中华民族共同体意识、构筑中华民族共有精神家园的基石和底线。①个体只有在认同的基础上才能形成相对稳定的思维价值倾向,因而"五个认同"成为"正确五观"(国家观、民族观、历史观、文化观和宗教观)的思想基础。相对于"正确五观"来说,"五个认同"比较基础,是每个中华民族成员都必须具备和应该做到的。因此,可以把"五个认同"看作成为中华民族成员的必要条件,而"正确五观"是每个中华民族成员都应该具备的基本价值观念。党的十八大以来,针对民族工作领域的诸多问题,习近平总书记反复强调要引导各族人民特别是青少年树立正确的"五观",这是铸牢中华民族共同体意识、建设各民族共有精神家园、实现中华民族伟大复兴历史使命的重要战略举措。有了正确的"五观",引导各族人民坚定对伟大祖国、中华民族、中华文化、中国共产党、中国特色社会主义的高度认同,就不再是简单的宣传话语或政治口号,而是拥有深厚历史底蕴和扎实现实支撑的学术话语和理论表达,是铸牢中华民族共同体意识、推进中华民族共同体建设的理论武器。②

中华民族特色教育理论将"四个共同""四个与共""五个认同""正确五观"进行了因果性关联,"四个共同""四个与共"是自变量"铸"的具体内容,而"五个认同""正确五观"作为可考量的因变量,希望获得对"牢"的程度的把握。换言之,"四个共同""四个与共"与"五个认同""正确五观"之间是社会存在决定社会意识、社会意识反作用于社会存在的关系。"四个共同""四个与共"是中国历史时空

① 王延中.铸牢中华民族共同体意识建设中华民族共同体[J].民族研究,2018(01):7.
② 王延中.扎实推进中华民族共同体建设[J].民族研究,2022(01):5.

已经积淀下来的客观事实,已然存在,而"五个认同"属于社会意识层面的范畴,是在充分体认"四个共同"之后在行为中可以表征出来的价值认同。基于对此观念的认识,中华民族特色教育理论实际上是指在遵循教育教学规律的基础上,以落实立德树人、培养"时代新人"为根本任务,将习近平总书记"四个共同""四个与共"的共同体理念融入学校学科体系、课程体系、教材体系、管理体系和服务体系中,贯穿于教育教学、人才培养、学术研究以及党的建设、意识形态建设等各个领域;挖掘、提炼各学科、各专业、各门课程的育人要素,强化学生对伟大祖国、中华民族、中华文化、中国共产党、中国特色社会主义的高度认同,进而使之形成正确的国家观、历史观、民族观、文化观和宗教观,自觉地成长为中华民族共同体的践行者、人类命运共同体的推动者和人与自然生命共同体的捍卫者,并更好地成为德智体美劳全面发展的社会主义建设者和接班人。中华民族特色教育理论的核心要义在于让中华民族共同体意识通过各级各类教育活动植根各族师生心灵深处,探索使学生将"共同体理念"内化为认知、情感、意识和行为的心理机制和教育规律,其具体逻辑关系如图4-1所示。中华民族特色教育理论基于"两个大局"的时代背景而创生,将"四个共同""四个与共"等共同体理念融入多样化的教育活动中,让学生在学习过程中不断体悟中华民族的发展历程、文化传统、精神内蕴以及风俗习惯,进而强化"五个认同",形成"正确五观",更好地成为社会主义事业的建设者和接班人,同时,能够自觉成为中华民族共同体的践行者、人类命运共同体的推动者以及人与自然生命共同体的捍卫者,由此,构成一个螺旋上升的认知迭代过程。值得注意的是,我们在将"四个共同""四个与共"等共同体理念融入国民教育体系之前,可在实验室或某一学校进行试点实验,通过总结经验形成科学的研究成果并推广实施,不断探索由"铸"到"牢"的特殊心理机制。

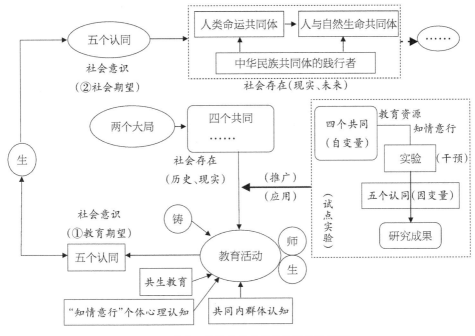

图4-1　中华民族特色教育理论的逻辑关系图

(二)中华民族特色教育理论与中国特色教育学

教育学作为一门学科,并非是在中国土壤上土生土长起来的,而是从西方"移植嫁接"在了中国大地上。改革开放以后,西方教育理论在中国教育实践中出现"水土不服"的现象,中国教育学人开始致力于中国特色教育学的本土构建,并取得了一系列成就。依据主体性、原创性和时代性等原则,中国特色教育学大致形成了三大独具中国特色的教育理论。其一,教育史学回溯。以史料为载体剖析教育学发展的来龙去脉,是推动教育学现代化发展的前提和基础。教育史学回溯的相关研究试图以时间为线索,审视教育学自西方"移植嫁接"以来的发展特征和演化规律,通过归纳、总结、对比、演绎、述评等分析方法不断挖掘中国大地上的教育智慧,并探寻中国特色教育学学科体系、学术体系以及话语体系的建设方案,体现出"中国特色、中国风格、中国气派"等要素特征,由此成为中国特色教育学的基本内容之一。其二,"实践类教育理论"①。部分研究者结合中国社会和教育的实际问题,作出了原创性的探索,如涌现出了"生命·实践"教育学派、主体教育论、情感教育、情境教育、新教育等特色案例。②显然,这些案例均是扎根于中国大地,生长于大量的本土教育实践活动中,并在规律演化和逻辑自证的过程中不断总结、凝练和提升后,最终形成的独树一帜而又内核丰富的抽象理论,呈现出鲜明的实践性。其三,中国特色社会主义教育理论。中国特色社会主义教育理论是中国特色社会主义理论和教育实践相结合的产物,是党和国家对中国发展什么样的教育以及怎样发展教育等一系列带有方向性、根本性和战略性的重大问题的理论认识和基本主张,是具有中国特色、中国元素和社会主义性质的教育理论。③由于中国特色社会主义教育理论在思想上与国家意识形态存在本质上的内在关联,因而具有鲜明的政治性。中华民族特色教育理论立足于中国境遇、扎根于中国大地、着眼于中国实际,具有典型的中国原创、中国表达、中国实践等中华民族元素,是中国特色教育学的重要组成部分。它与"实践类教育理论"、中国特色社会主义教育理论既有联系又有区别,它通过比较分析可以凸显自身的存在意义和特殊价值,能够为培育担当中华民族伟大复兴历史重任的时代新人提供教育层面的学理性支撑。

1.思想来源:体现本土建构的民族意识

任何科学理论的形成都不可能是一蹴而就的,大多都是从相应的"思想基点"出发,随时间而不断演化、丰富和完善的。"实践类教育理论"、中国特色社会主义教育理论与中华民族特色教育理论均是扎根于祖国大地,立足于中国本土而建构起来的教育理论,但在思想来源以及成形路径上存在较大的差异。

"实践类教育理论"虽起始于对教育问题的价值预设,但直接生成于中国本

---

① 实践性构成了这些理论共同的本质特征,故将这类理论命名为"实践类教育理论"来进行指代,以便后文进行理论之间的对比分析。该词在此不具有概念上的解释意义,也不特指某一种具有实际内涵的教育理论。

② 侯怀银.论中国特色现代教育学体系的发展与创新[J].河北师范大学学报(教育科学版),2022,24(02):7.

③ 冯建军.论新时代中国特色社会主义教育理论[J].南京社会科学,2021(10):8-9.

土的教育实践活动中,并在实践活动的过程中不断形塑与确证。改革开放40多年来,我国教育事业呈现出了生机勃勃的发展态势,中国教育学的学科体系、学术体系和话语体系的创新发展,离不开具体、生动和鲜活的教育改革实践。布雷钦卡曾把教育学分为科学教育学、哲学教育学和实践教育学,认为只有实践教育学能为实践提供规范指导,而科学教育学和哲学教育学都不能为实践提供具体指导,只提供科学依据和价值方向。教育理论的形塑不能仅靠概念的演绎推演和文字的赋意重构,其首要表现为"对生活的抽象",在此基础上才能形成某种理论。如依据具体教育现象和具体实例,包括教育生活细节,抽象出某种教育教学理论。[①]"实践类教育理论"一直致力于围绕中国本土的教育实践活动来进行学科建设,利用那些具有前沿性的教育实验所取得的成果来激发中国教育学的发展活力,完善其知识谱系和学科体系。

中国特色社会主义教育理论是马克思主义教育理论中国化的成果,源头是马克思教育理论。[②]马克思教育理论主要是马克思、恩格斯、列宁等人关于教育的思想、观点、论述的集中表达,包括生产力、生产关系、人的发展与教育的关系、人的全面发展及教育同生产劳动相结合等内容。中国特色社会主义教育理论正是在此内容的基础上继承、创新和发展出来的,是马克思教育理论的进一步扩展与延伸。党和国家历来高度重视教育的基础性、全局性和先导性作用,根据时代发展要求逐渐形成了一套符合现代教育发展规律和中国教育发展实际的中国特色社会主义教育理论。同中国特色社会主义理论相一致,中国特色社会主义教育理论包括邓小平教育思想、"三个代表"重要思想、科学发展观教育思想和习近平新时代中国特色社会主义教育思想。2018年9月,习近平总书记在全国教育大会上提出教育"九个坚持"新理念新思想新观点,其内容彼此联系、相互阐释,系统诠释了新时代中国特色社会主义教育理论的基本内涵,为教育工作的开展提供了科学指南和发展方向。

① 李政涛.什么是"教育基本理论"[J].高等教育研究,2020,41(03):12.
② 冯建军.中国特色社会主义教育理论的历史逻辑[J].西北师大学报(社会科学版),2022,59(04):20.

中华民族特色教育理论孕生于现代中华民族观念①和共同体理念两大思想体系，是二者不断糅合、互为补充以及融合交汇的时代结晶。其中，现代中华民族观念以指称中国国内包括汉族和其他各民族人民在内的大民族共同体的"中华民族"概念为内核，并由该主导型概念所直接传导和涵括的族类认同意识，及其运用展开的民族一体化理念和信念等组成。②根据时间线索，现代中华民族观念具体囊括了自古便有的儒家"天下观"、晚清民国时期对于"中华民族"的认同观念、"抗战"以来中国共产党的统一战线思想、新中国成立后中国化的马克思主义民族理论与政策，以及新时代"五个认同"等相关思想。有关"共同体理念"的系统阐述同样离不开对"共同体"认识的深度挖掘，基于不同学科和视角为"共同体"添加不同的前置定语，可以得出取向迥异的价值追求。如从政治学角度，亚里士多德提出了以"至善"为追求的政治共同体；从社会学角度，斐迪南·滕尼斯将"共同体"分为了血缘共同体（亲属关系）、地缘共同体（邻里关系）和精神共同体（友谊关系）；从生态学角度，利奥波德提出"自然共同体"理论，阐述了人与自然的共生关系；从哲学角度，马克思将"共同体"的解释提升到了一个新的高度，即"从前各个人联合而成的虚假的共同体，总是相对于各个人而独立的"，"它不仅是完全虚幻的共同体，而且是新的桎梏。在真正的共同体的条件下，各个人在自己的联合中并通过这种联合获得自己的自由"③。由此可见，无论从哪种学科或是视角切入，"共同体"始终内蕴着凝合与聚集的共同性表达以及情感和道义的正当性。在新时代，习近平总书记继承并创新中华优秀传统文化中的共同体

---

① 其之所以被称为"现代中华民族观念"，一方面需要从"民族"这一概念出发进行历史性考察。在西方文字里，对于"民族"的解读，大致可以分为前现代和现代两个阶段，前现代"民族"的概念包括与地域、语言、习俗密切相关的社会文化所决定的族群（文化人类学），也包括血缘或泛血缘的族群（体质人类学），现代"民族"的概念则伴随着现代共和政体与公民意识在法国、美国和英国的崛起，而增添了一种政治内涵。因而，现代意义上的"民族"的概念体现着政治学和人类学理解的某种矛盾与互动融合。另一方面，现代中华民族观念的确立与整个中国现代化密切相关，是一种基于现实环境和诸多现代性因素（特别是现代公民政治因素）作用背景下的能动反映，所以，"中华民族"的一体认同观念本身，无疑带有一种现代性。详见：黄兴涛.重塑中华：近代中国"中华民族"观念研究[M].北京：北京师范大学出版社，2017：360-385.
② 黄兴涛.重塑中华：近代中国"中华民族"观念研究[M].北京：北京师范大学出版社，2017：1.
③ 马克思恩格斯选集（第一卷）[M].2版.中共中央马克思恩格斯列宁斯大林著作编译局，编译.北京：人民出版社，1995：119.

思想、马克思主义共同体思想,同时基于中国和世界发展大势率先提出了中华民族共同体、人类命运共同体、人与自然生命共同体等思想,进一步丰富了共同体理念。中华民族特色教育理论正是由这两个源头汇聚而成,以至于脱离了任何一方,我们都无法充分而又完整地解释理论的内核要义和清晰地描绘其思想轮廓与边界。

2.研究视角:突显中国特色的民族视野

中国特色教育学究其本质来说,包含两大前提。第一,教育学是中国的,中国不仅仅是单纯意义上的地域层面框定,更是代表了一种态度、立场、视角、方法和典范,这些构成了认识与探究中国及世界教育、教育学问题的参照系和坐标轴。[①]第二,教育学是具有特色的,特色代表了一种区别于一般意义上的教育基本理论而存在的独特认识,但并不是游离于客观存在的教育规律之外的,而是以教育基本理论为基础进行独特价值的进阶和升华。当然,特色也意味着高质量、高标准发展的自律性要求。"实践类教育理论"、中国特色社会主义教育理论和中华民族特色教育理论,囊括多种中国元素而具备同质的理论DNA,但对中国特色的彰显却从属于不同的视角和研究路径,以至于产生出特色分异的理论形态。

"实践类教育理论"聚焦于微观领域的个体视角,关注受教育者自身的内在成长,是立足于个体成长的中国特色教育理论。诚然,教育理论来源于教育实践,教育实践也是教育理论的最终归宿,但教育实践也有不同的类型和层次。因此,"实践类教育理论"通常发生在教育者和受教者真实互动的微观场域,在双向交流的养成中把受教育者对某一方面(如对生命的理解、对情感的感受、对自我的知觉)的认识逐步放大,并在教学情境中不断涵养与稳固。有研究认为理想的教育,是让个体在不同发展阶段都能依照自身的内在基础与发展特点来充分地显现自身。"每个人在自身发展过程中就其自身特点而尽可能充分地显现自身,个体发展就能更多地保持健康、和谐、积极的生命状态。"[②]"生命·实践"教育、情感教育、情境教育、理解教育等理论均是以学生个体为基本单元,依从不同的科

① 李政涛.走向世界的中国教育学:目标、挑战与展望[J].教育研究,2018,39(09):46-47.
② 刘铁芳.走向整全的人:个体成长与教育的内在秩序[J].教育研究,2017,38(05):42.

学路径,试图挖掘学生个体的成长潜能,使其学会自我感悟、自我理解和自我诠释,在强化个人发展主体价值的同时形成教育发展的内在逻辑和一致秩序,不断拓展个体成长的时间和空间之维。

中国特色社会主义教育理论聚焦于宏观领域的国家视角,是中国特色社会主义理论与中国教育实际相结合的产物,是立足于国家建设的中国特色教育理论。改革开放以来我国所取得的一切成就,归结起来就是开辟了中国特色社会主义道路,形成了中国特色社会主义理论体系。而在此基础上衍生出来的中国特色社会主义教育理论不同于一般意义上的教育学理论,它规划和指导着国家教育的未来发展方向,并通过教育方针政策和法律法规在具体的教育活动中得到贯彻落实。究其价值属性来说,中国特色社会主义教育理论更加强调教育的政治价值和思想导向性,旨在培养社会主义事业的建设者和接班人来推动国家的现代化发展。从国家视域角度坚持中国特色社会主义的教育办学方向,可以说是建设现代化教育强国最为本质的特色。

中华民族特色教育理论同样聚焦于宏观视角,却是从民族意识角度深入融于教育理论的创新性探索,是立足于民族意识发展和民族复兴伟业的中国特色教育理论。教育民族性是维持和发展一个具有"民族性"特征的教育乃至文化的核心,教育的民族性的丢失往往会导致该民族的教育和文化发展的"断裂"。因此,现代教育如果远离民族性则很难说是"中国特色"的教育,缺乏"中国特色"的教育,也绝非教育"中国梦"的目的地。[1]中华民族在长期的交流、交往、交融中,已经形成你中有我、我中有你的多元一体的联结性"民族实体"[2],其拥有共同的历史叙事、共同的历史记忆和共同的历史命运,并在长期的演化过程中表现出同质的民族心理。这种民族心理最终成为该民族独有的价值倾向、文化传统和生活习俗,它使得一种文化在发展过程中获得了一种内在的一致性和共同性。[3]中华民族特色教育理论试图从民族视角切入,运用教育的方式将人们在历史文化

① 陆道坤,陈娜.论教育民族性的重构——基于我国教育发展的多维度审视[J].中国教育学刊,2016(05):47.

② 赵超.中国民族国家构建与中华民族认同的形成[J].探索,2016(06):54.

③ 海路,杨柄.中华民族历史观教育:内涵、价值与实践路径[J].民族研究,2022(04):17.

长河中长期积淀下来的民族意识和民族情愫激发出来。通过这种方式培养出来的时代新人才能以积极的姿态自觉承担起实现中华民族伟大复兴的历史重任，肩负起自己在全球治理中的责任担当，为构建人类命运共同体，实现人类社会的和谐以及可持续发展作出自己应有的贡献。

3. 育人追求：彰显立德树人的民族情怀

以立德树人作为时代新人培育的根本任务，实际上是揭示了人才培养的辩证法规律。培养担当中华民族复兴大任的时代新人，必须坚持把立德树人作为根本任务，这是所有教育理论和教育实践工作都需要坚持的基本原则和共同遵守的行动准则。但在规约教育理论发展理路的同时，"实践类教育理论"、中国特色社会主义教育理论和中华民族特色教育理论在育人追求的落脚点上仍有所不同。

"实践类教育理论"聚焦于微观领域的教育实践活动，目的是在一个个具体的实践活动中促成每一个个体完整品格的养成，让个体了解自己、发现自己，进而"开发"自己。例如"生命·实践"教育理论生长于"新基础教育"学校变革的实践土壤中，提出了两个独具中国特色的纲领性表达："教育是直接点化人之生命的社会实践活动"以及"教天地之事，育生命自觉"。"生命·实践"教育理论的核心旨在通过教育这样一种社会实践活动来提升学生个体的生命质量，激发其生命自觉。而情景教育理论以"儿童—知识—社会"为内核，突出教育过程中的"真、美、情、思"四大元素，让学生在情景中自觉体验、自主学习，从而更深刻地理解教材、掌握知识，获得情感的体验。①由此推论，不同的教育理论在培养人上侧重于不同的方面，而激发学生的主体性自觉、促进学生自由而幸福的个体成长等是"实践类教育理论"内在的一致性追求。

中国特色社会主义教育理论自创生以来，便深度契合党和国家指导教育发展的变革逻辑，在有关"培养什么人"的表述上，伴随着社会主义现代化建设而不断丰富与完善。新中国成立之初到改革开放之前，党和国家致力于培养"有社会主义觉悟的有文化的劳动者"。改革开放到20世纪80年代，党和国家致力于培

---

① 顾明远.李吉林和情境教育学派研究[M].北京：教育科学出版社,2011:75.

养"四有新人"。1990年12月,党的十三届七中全会通过了《中共中央关于制定国民经济和社会发展十年规划和"八五"计划的建议》,其中提到"教育必须为社会主义现代化服务,必须同生产劳动相结合,培养德、智、体全面发展的建设者和接班人"。这是中央文件首次用"建设者和接班人"取代"劳动者",奠定了我国教育目的的新基调。①进入新时代,习近平总书记综合研判国内外现实境遇,并根据"两个一百年"奋斗目标以及中华民族伟大复兴中国梦的宏伟目标,强调我们的教育必须把培养社会主义建设者和接班人作为根本任务,培养一代又一代拥护中国共产党领导和我国社会主义制度、立志为中国特色社会主义奋斗终身的有用人才。②可见,中国特色社会主义教育理论一直以来把"培养社会主义建设者和接班人"作为自己的核心使命,将个体的成长与党和国家的未来命运联系起来,突出培养人的政治性、时代性和方向性。

中华民族特色教育理论探索培养中华民族共同体的践行者、人类命运共同体的推动者以及人与自然生命共同体的捍卫者的方法,期望通过教育,使个体形成一种理性的反思意识从而获得对共同体的合理认知,让每一个时代新人都可以从中华民族福祉的角度进行价值判断,从而形成条理清晰、格局周全的认同关系并激发其认同的自觉意识。正如哈贝马斯所说,只有当一种生活世界允许互动——主宰这种互动的不是靠强制所达成的共识,而是直接或间接靠交往达成的沟通——存在的时候,它才是合理的。这种超越私人领域的意识不断影响并修正个体的价值判断,一方面,它引导人们走出自我成长的"孤岛",将人与人之间的联系发展作为共同的价值目标,成为医治以往的"精致利己主义"的一剂良药,构成了整个国民教育的价值观和基础性条件。另一方面,它从更加宏大和整体的视野出发,将国家、民族、世界、自然的命运和未来联结在一起,从世界历史意义的角度来理解中华民族的复兴之路,从中华民族伟大复兴的角度来引领世界秩序的重建,以一种预见的育人取向和充足的精神容量去追求中国与世界的合题。意大利哲学家维柯认为,人类的这种共同感觉是"一整个阶段、一整个人

① 冯建军."培养什么人、怎样培养人、为谁培养人"的中国答案[J].教育研究与实验,2021(04):3.
② 崔保师.深刻学习领会习近平总书记关于教育的重要论述的科学内涵[J].教育研究,2018,39(09):7.

民集体、一整个民族乃至整个人类所共有的不假思索的判断"①。中华民族特色教育理论并不将发展设想框限于中华民族伟大复兴的单一思维中,而是通过"人"这一主体与世界相衔接,为整个人类社会的可持续发展谋蓝图,为实现共产主义这一伟大目标不断地探索、尝试。

(三)爱国主义教育与铸牢中华民族共同体意识教育

爱国主义教育与铸牢中华民族共同体意识教育是在进行德育活动时常见的两种教育形式,二者共同指向运用培根铸魂的方式凝聚受教育者对国家和民族的高度认同感,进而实现中华民族伟大复兴的战略目标。新时代爱国主义教育是一种具有政治性、教育性和思想引领性的实践活动,旨在对学生进行持续的引导,激发其爱国热情,使其始终保持对国家和民族的自尊心、自信心和自豪感,自觉肩负起维护国家利益、致力民族振兴的神圣使命,从而实现个人发展同祖国命运的同频共振。②爱国主义教育是植根于国家教育目标并受国家教育制度保护的教育,有比较直接的政治价值和思想导向性,本质上是一种以国家立场为根本并受国家政治体制和意识形态影响的教育活动。而铸牢中华民族共同体意识教育是应时代发展境遇要求而开展的教育活动,但并不仅仅是应对形势需要而进行的阶段性探索,更是新时代以及未来较长时期教育事业都要贯彻并落实的发展任务,是实现中华民族伟大复兴所必需的教育形式。铸牢中华民族共同体教育作为一种积极的心理建构和行为引导,其核心目的是教育引导全体国民牢固树立"我是中华民族一员"的观念,并以此为基础,鼓励全体师生积极投身于中华民族共同体建设。综上,铸牢中华民族共同体意识教育并不是爱国主义教育的重复、组合和叠加,而是围绕习近平总书记提出的"四个共同""四个与共""五个认同""正确五观"等核心理念,将贯穿其中的中华民族多元一体格局思想作为认识基础的全新的教育活动形式。究其本质而言,这两类教育在学理依据、建构指向和教育目的三个方面存在着明显的区别。

① 维柯.新科学[M].2版.朱光潜,译.合肥:安徽教育出版社,2006:144.
② 邹太龙,康锐.新时代爱国主义教育的内在逻辑、基本原则与实施路径[J].教育理论与实践,2020,40(28):38.

1. 学理依据：爱国主义思想和中华民族共同体意识

爱国主义教育的学理依据为爱国主义思想，其囊括了对"爱国主义"这一核心要素的概念内涵、价值指向以及功能范围的多维认识，是否能够正确理解爱国主义决定了是否能够有效把握爱国主义思想。英语中的"爱国主义"（patriotism）一词来源于拉丁语中的"祖国"（patria）一词，而"祖国"（patria）的词源又是拉丁语中的"父亲"（pater）。爱国这个概念在我国古已有之，但"爱国主义"则是20世纪初由国外"patriotism"一词翻译而来，意指"爱国心或爱国精神"。当前，学界对"爱国主义"的研究主要集中在三个方面。其一，关于爱国主义的基础理论研究，包括对爱国主义的概念、本质、价值的阐述等。例如卡尔·多伊奇认为，爱国主义是促进所有出生或生活在同一国家（patria）的人的利益的努力或意愿。罗塞利通过爱国主义和民族主义的比较，将爱国主义界定为基于对其他民族权利的尊重的自由要求，而民族主义则与反动政权所追求的扩张政治相联系。[①]哈贝马斯则认为在这样一个以宪法为国家制度基石、以宪法表达公民基本共识的共同体中，公民既然享受平等的权利，也就必须履行平等的义务，而最重要的义务之一就是对平等保护公民权利、支撑国家基本制度框架的宪法原则的支持和忠诚，随即哈贝马斯提出了"宪政爱国主义"。列宁曾在《皮梯利姆·索罗金的宝贵自供》中说道："爱国主义就是千百年来巩固起来的对自己的祖国的一种最深厚的感情。"这种感情并不是人类一出现就有的，而是经过千百年的社会实践积累和巩固形成的。其二，是对爱国主义发展脉络和划分类型的研究。有学者根据爱国主义的纯粹程度将爱国主义划分为古代和现代两种类型，认为古代的爱国主义是一种朴素的、普泛的，热爱共同善的爱国主义；现代的爱国主义是功利化的，公民将部分权利让与国家，从而获得实际意义上的保护和稳定。也有学者从横向上将爱国主义划分为共和爱国主义、王朝爱国主义、自然爱国主义、政治爱国主义等类型。其三，是关于爱国主义教育宣传的实践研究。主要表现为我国学界对经典作家及国家领导人的爱国主义相关论述的研究，包括对爱国主义教育的对象、手

---

① 毛里齐奥·维罗里.关于爱国：论爱国主义与民族主义[M].潘亚玲，译.上海：上海人民出版社，2016：154.

段,不同国家爱国主义教育的比较,教育的目的和效果等内容的考察等。①例如,习近平总书记在纪念五四运动100周年时指出,当代中国,爱国主义的本质就是坚持爱国和爱党、爱社会主义高度统一。长期以来,爱国主义作为一种潜移默化的文化传统植根于国人的思想意识和行为实践中,不断激发教育对象对祖国政治意识的高度认同,但并不忽视对自己祖国人文元素和属性的内化。依据爱国主义的属性特征,我们可以知晓爱国主义教育是一种"强政治性—弱文化性"的教育活动。

铸牢中华民族共同体意识教育的学理依据为中华民族共同体意识。"中华民族共同体意识"由习近平总书记在第二次中央新疆工作座谈会上首次提出,自提出以来,便成为学界研究的热点话题。有学者以马克思主义哲学为研究视角,认为中华民族共同体是中华民族共同体意识所赖以产生、表现和变化的物质基础,中华民族共同体意识是对中华民族共同体最高层次的哲学抽象和反映,二者由此构成了一种社会存在决定社会意识、社会意识反作用于社会存在的"体识关系"。②也有学者从动态视角阐述中华民族共同体意识,认为作为具有元概念属性的中华民族共同体意识,孕育于中华民族五千年的历史长河之中,形塑于近代反帝反封建的革命进程之中,确定于中国特色社会主义建设的伟大实践之际,而"大一统"、大联合、大团结、"大家庭"等理念为中华民族共同体意识的孕育和发展奠定了坚实的理论基础。③还有学者从构成要素上剖析中华民族共同体意识,并提出中国认知体验是各族人民理解与体认的共同印象,中国价值信念是各族人民承袭与创生的共善关怀,中国行为意愿是各族人民期许与实践的共同意志。④综上可知,铸牢中华民族共同体意识教育是在"中华民族共同体"范畴内形成的意识表现,也是理解铸牢中华民族共同体意识的逻辑前提和思想基础。中华民族共同体意识是对"大汉民族主义"和"极端民族主义"的超越,以中华民族

---

① 王珍,向建华.新时代继承和发扬中华民族爱国主义传统[J].民族研究,2022(01):14-15.

② 白屯,张利国,徐丽曼.铸牢中华民族共同体意识的哲学基点[J].大连民族大学学报,2020,22(04):294.

③ 马冬梅,李吉和.中华民族共同体意识的历史逻辑与理论渊源探析[J].西南民族大学学报(人文社会科学版),2022,43(08):12.

④ 青觉,徐欣顺.中华民族共同体意识:概念内涵、要素分析与实践逻辑[J].民族研究,2018(06):10-11.

的根本利益和福祉为本位,试图凝聚各民族的力量让中华民族能够在急剧变化的世界秩序中稳步发展,并实现中华民族伟大复兴的历史使命和国家富强的现实目标,在适应全球化趋势和国际格局演变的基础上,以一种包容的态度和宽广的视野实现各民族的凝聚以及中华民族与世界的合题。究其本质而言,中华民族共同体意识实际上是建立在血统纽带之上的生物学意义的共同体意识,由血统、情感、文化等基本元素组成,也是基于利益和政治联系的共同纽带。铸牢中华民族共同体意识教育便是在思想理念、精神内核上内契于中华民族共同体意识的一种教育活动形式,表现出一种"强文化性—弱政治性"的本质特征,目的是由内而外地激活受教育者与中华民族的文化关联和精神纽带,让受教育者主动成为顺应时代发展的时代新人,并以崇高的理想信念担当起中华民族伟大复兴的历史重任。

2.建构指向:"民族国家"和"国家民族"

霍布斯鲍姆认为,如果"民族"的概念脱离或者没有了"民族国家"这个实体,"就会像软体动物被从其硬壳中扯出来一样,立刻变得歪歪斜斜、软软绵绵"。[①]追本溯源,民族国家发轫并成长于资本主义全球扩张的历史进程中,名为"民族国家"的政治实体的形成是由全球化工业和商业革命架构的。17世纪以来,资本主义生产方式的确立和扩张带来了全球性的工业革命和商业革命,多样性、异质性的全球化进程猛烈冲击了欧洲中世纪的神权政治,《威斯特伐利亚和约》签订之后,主权原则成为国家建构的核心支柱,神权帝国没落并消失,民族国家通过民族认同和公民身份的关联建立了统一性的现代形态。[②]民族国家首先是一种政治架构,是一种具有特定特征的政治秩序,其本质上,"是在特定国界范围内对既定的领土进行统治的政治体系"[③]。中国是统一的多民族国家,在统一的多民族国家中,爱国主义教育以维护民族国家的共同利益的方式整合国内各族群利益,在政治实践中培育一种国家集体意识,在促进族际政治一体化的过程中保障

---

① 埃里克·霍布斯鲍姆.民族与民族主义[M].李金梅,译.上海:上海人民出版社,2006:182.

② 林红.族群民族主义的复归与民族国家的选择[J].教学与研究,2020(09):55.

③ 安东尼·吉登斯.全球时代的民族国家:吉登斯讲演录[M].南京:江苏人民出版社,2010:190-191.

民族国家的政治稳定。与此同时,爱国主义教育期望培育一种群体政治意识,主张把"一体化"层面或国家层面的民族(即中华民族)作为政治活动的核心单位,其认同对象同样也是政治共同体意义上的中华民族。强调把民族国家作为族群利益代言人,使各族群的利益具有统一性,有助于塑造国家认同以及推动族际政治一体化。在此意义上,爱国主义教育指向的核心就是"统一的多民族国家",区别于以往西方国家进行民族国家建设的底层逻辑,主要是通过培养人的国家制度意识、国家法律意识、国家政策意识、国家民族意识等,力图保障公民享有规定的各种权利以及维护各族群体利益的一致性,更多是从所谓的主观因素方面强化族群成员的国家认同感。爱国主义教育与诸多传统意识形态教育和社会形态变迁相伴相生,通过强化国民的公民意识而指向"民族国家"的建设。

铸牢中华民族共同体意识教育的核心指向为"中华民族多元一体"的现实格局,强调国家层面的民族建设,即中华民族建设。"国家民族"的实质是马克斯·韦伯所说的"政治民族"。在韦伯那里,民族的国族性质不言而喻,他认为民族是一种充分宣称有自己国家情感的共同体;一种通常趋向于建立自己国家的共同体。由此推断,中华民族不仅具有雄厚的中华文化底蕴和民族精神风貌,同时还兼有国家建设的政治逻辑。"国家民族"建构,不是追求所谓的"混合的认同"或"国家在推进多元的民族认同(multiple national identities)"[①],也不等于一般意义上的"国族化",即以多数、优势民族为基础融合为一族,以实现与国民认同的统一,这样自然也就不会因同化的危险而很难取得广泛的认同,甚至产生极强的排斥意识,破坏国家的统一认同。"国家民族"建构的重点是强调尊重国内各民族的平等地位,承认各民族文化差异的事实,建设一个统一的包括政治、经济和民族文化一体化的国家民族。"国家民族"理念正是以承认差异事实为基础,坚持内在差异论的基本思想,而这也契合铸牢中华民族共同体意识教育的价值意蕴。对于"中华民族多元一体"的建设指向,铸牢中华民族共同体意识教育对内并不忽视各民族之间的差异性,而是采取尊重、包容的态度求同存异;对外并不奉行民族利益至上的原则,而是秉持开放与合作的态度协同发展。具体来说,"各个民族"是

---

① 威尔·金里卡,刘曙辉.多民族国家中的认同政治[J].马克思主义与现实,2010(02):117.

"多元"，"国家民族"是"一体"，由"多元"到"一体"的"一体化"，既汲取了"多元一体格局"[①]的基本思想，又在内涵与外延上进行了合理性拓展。此外，中华民族的"一体化"强调并不以民族利益为根本追求，而是与世界其他民族协同共进，在更宽、更广、更大的国家视野中共同构建人类命运共同体。总之，中华民族的"一体化"，即在承认各个民族文化发展的不平衡性的前提下，包容差异性，奠定平等关系基石，统一思想观念，整合一种"国家民族"文化精神，引领各个民族建立起平等、友爱、团结、互助的新型民族关系，通过发展民主政治和民族经济文化，实现各民族的共同繁荣与民族国家的强盛。

3.教育目的：国家认同和民族认同

无论是对国家的认同，还是对民族的认同，本质上都是个体对自己的身份属性的认同，即确认(identification)、归属(belongingness)是指个体或群体辨识自己的特色、确定自己属于哪一种类属、不属于哪一种类属的活动，这表达了个体或群体的归属性。当然，作为培植国家精神的具体表现，中国的爱国主义教育的最终目的是使受教育者形成一种对中华人民共和国的高度的认同感和强烈的归属感，从而在心中形成"我是中国人"的基本、稳定的身份界定。国家认同教育不只是情感教育，还是理性化及价值观的规制，是个人的一种主观或内在化的、属于某个国家的感受。为进一步明晰爱国主义教育的特征及其价值属性，我们首先应理解国家认同的关键要素，即何为"国家"。"国家"这一概念有多种含义。恩格斯认为，"国家是社会在一定发展阶段上的产物"[②]。当社会陷入了不可解决的自我矛盾时，就需要有一种凌驾于社会之上的力量用以缓和冲突，把冲突限制在"秩序"的范围以内，国家实质上就是调和社会矛盾的政治工具。现代政治理论把国家概念的含义分为两类：其一，国家是集领土、主权、人口(政治学上的三要素说)于一体的国家共同体(nation)；其二，国家是集组织、权力、制度于一体的国家政权系统(state)。因此，对国家的认同，实质上就是个体对国家的政治制度、

---

① 费孝通.中华民族的多元一体格局[J].北京大学学报(哲学社会科学版),1989(04):18.
② 马克思恩格斯选集(第四卷)[M].中共中央马克思恩格斯列宁斯大林著作编译局,编译.北京:人民出版社,1972:166.

法律体制、历史文化等国家元素的主动迎合,这形成了一种身份的归属感以及对祖国的热爱,其中也包含着无法排出的政治认同。波利卡普·伊库恩诺比曾说:"爱国之爱是由一个国家的政治制度、原则、价值观、政策或特征在道德上的可接受性所激发的,这些东西可能会给公民带来福祉或繁荣。"也就是说,在伊库恩诺比那里,爱国之爱应该以国家的可接受的价值观为特征,本质上是一种政治认同。从实施途径来看,国家认同的维系主要通过制定政策法律、舆论宣传、国民教育等有计划、有组织的官方行为加以推进,强制性、目的性较强,同时,国家通过自身的发展,提升政治经济实力与国际影响力,不断提高国民的政治、经济、文化权利保障水平和完善其制度,以此增强他们对国家的归属感、依赖感与荣誉感。

铸牢中华民族共同体意识教育的最终目的是形成一种民族认同。这里的民族认同是"国家层面"的民族,即中华民族的认同,而非56个民族中某一民族的认同。在明确中华民族认同之前,我们首先要理解认同的前置主语,即何为"中华民族"。对于中华民族的理解需要借助"过去—现在—未来"所蕴含的思维线索和"自在—自觉—自强"的逻辑递进。费孝通先生曾言:"中华民族作为一个自觉的民族实体,是在近百年来中国和西方列强对抗中出现的,但作为一个自在的民族实体则是几千年的历史过程所形成的。"①中华民族作为概念于晚清时期由梁启超在《论中国学术思想变迁之大势》一文中首次提出,其核心要义伴随着历史节点和重大事件被不断深化,经历了"三次转换",第一次是从"小民族主义"到"大民族主义"的转换,区分了"种族革命"和"政治革命",使"民族""中华民族"概念的讨论开始跳出种族主义的泥沼,拓展了"大民族主义"的内涵;第二次是从"五族共和"到"中华民族是一个"的转换,赋予了"中华民族"与"中华民国"并举的"国族"意涵,并在抗日战争的特殊背景下实现了中华民族从"自在"到"自觉"的转变;第三次是从"社会主义民族大家庭"到"中华民族共同体"的转换,中国共产党先是以无产阶级国家观和民族观取代了此前的资产阶级国家观和民族观,在中国历史上首次实现了真正的民族平等,而后把"铸牢中华民族共同体意识"

---

① 费孝通.中华民族多元一体格局[M].北京:中央民族大学出版社,2018:17.

作为新时代民族工作的主线,按照增进共同性的方向改进民族工作,为实现中华民族伟大复兴的中国梦打下了坚实的基础。[1]在本质上,铸牢中华民族共同体意识教育本身就是一种历史观教育,遵循中华民族发展的历史逻辑构建知识体系以及教育内容,让个体从历史发展的脉络中寻求自身的价值性判断和身份归类,最终形成"我是中华民族一员"的基本认知和理性认识。从实施途径来看,中华民族认同强调的是个体的身份认同,强调对中华民族文化、宗教、习俗、信仰等的认同,也包括对共同血统、神话起源和心理上的历史记忆等的认同;中华民族认同可通过祖辈的口传心授、亲身体验来熏陶、感染民族成员,使其真切地感受到成为该民族一员在心灵上的愉悦感与自豪感。但中华民族作为"国家层面"的民族,具有与国家相关联的政治属性。正如莫迪默曾经指出,民族认同既可以产生于文化和族裔因素,也可以源自公民因素。中华民族认同虽以中华文化和民族精神为依托,但无时无刻不体现着政治诉求,凝聚着中华民族最广泛的政治力量以实现中国特色社会主义现代化建设和中华民族伟大复兴。

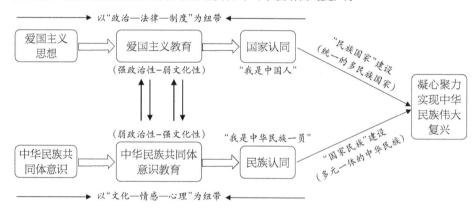

图4-2 爱国主义教育与中华民族共同体意识教育的关系示意图

就爱国主义教育与铸牢中华民族共同体意识教育的关系而言,有学者认为,中华民族共同体意识培养的核心是爱国主义教育,是爱国主义教育向纵深发展的表现,这呈现出一种"深化递进"的关系。也有学者认为,爱国主义教育是铸牢中华民族共同体意识教育的组成部分,铸牢中华民族共同体意识教育所包含的范围要广于爱国主义教育,这呈现出一种"整体部分"的关系。还有学者认为,铸

---

[1] 宋盼盼,周传斌.中华民族概念内涵的三次转换论析[J].北方民族大学学报,2022(05):41-46.

牢中华民族共同体教育是以加强中华民族共同体认同为目的专项主题教育,在教育内容和教育目标上与爱国主义教育共同构成了广义上的学校德育体系,并在铸牢中华民族共同体意识的工作中发挥着基础性、关键性作用,这呈现出一种"偏正共存"的关系。事实上,爱国主义教育和铸牢中华民族共同体意识教育在学理依据、育人指向、教学侧重等方面均有着明显的区别,二者有不同的逻辑理路和价值属性,却拥有一个共同目标,即实现中华民族伟大复兴的共同目标。在此过程中,爱国主义教育表现出明显的政治倾向和意识,它以"政治—法律—制度"为纽带实现了爱祖国、爱中国共产党和爱中国特色社会主义的统一。需要说明的是,爱国主义教育虽然强调政治性,但并未完全忽略中华民族千百年积淀下来的传统文化、风俗习性以及精神风貌,经历了商周之际、秦汉之际、唐宋之际、古今之际几个历史时期,展现出了愈加浓厚、愈加稳固的且具有文化属性的爱国主义。正如麦金太尔所言,如果爱国主义能使文化、历史认同与共同纽带持续下去,那么忠诚于我们的国家就是理性的。铸牢中华民族共同体意识教育则表现出明显的文化倾向与底蕴,它以"文化—情感—心理"为纽带实现了爱中华民族、爱中华文化和爱中华民族精神的统一,"四个共同""四个与共"等纲领性内容正是中华民族共同体意识文化属性的集中体现。所以,铸牢中华民族共同体意识教育的最终指向是"一体层次"或"国家层次"的民族认同,即对中华民族的认同,而非"多元层次"或"次国家层次"的民族或族群(ethnic group)认同,即56个民族中某一民族的认同,[1]前者具有与国家关联的政治属性,也彰显出铸牢中华民族共同体意识教育的政治意味。概言之,新时代的爱国主义教育和铸牢中华民族共同体意识教育虽有诸多不同,但已然在教育的内容、过程及结果等方面形成了"你中有我、我中有你"的配合默契,从而塑造出一种"耦合互促"的协同关系,在互释互构、共进互补的动态过程中追寻中华民族伟大复兴。

---

① 叶江.中华民族伟大复兴进程中的"国家民族"建构研究[M].上海:格致出版社,2020:57.

第五章

铸牢中华民族共同意识教育课程探索

当前，"两个一百年"奋斗目标历史交汇以及世界百年未有之大变局和实现中华民族伟大复兴战略全局相互叠加，习近平总书记审时度势，指出"实现中华民族伟大复兴进入了不可逆转的历史进程"①。这样的历史进程，不仅要求我们将铸牢中华民族共同体意识作为新时代党的民族工作的主线，所有工作都要向此聚焦，更要求我们探索如何培养担当中华民族伟大复兴历史重任的时代新人。培养这样的时代新人，不仅需要中华民族特色教育理论的支撑，更需要广泛深入地探索中华民族特色教育理论指导下铸牢中华民族共同体意识教育的课程教学体系，让中华民族共同体意识植根各族师生心灵深处，使其入脑、入心，这也是新时代和未来较长时期教育事业发展的历史使命与责任担当。

一、培育时代新人的铸牢中华民族共同体意识教育课程目标

在中华民族特色教育理论指导下，铸牢中华民族共同体意识教育课程目标应以立德树人为根本任务，从"认知—情感—意志—行动"等方面深化学生中华民族共同体认识、加强学生中华民族共同体情感认同、坚定学生中华民族伟大复兴历史使命、强化学生中华民族共同体责任担当，使之成为能够担当民族复兴大任的时代新人。这不仅是全面落实有理想、有本领、有担当的时代新人培养的要求，也是推进重大主题进课程的特殊价值之所在。

---

① 丁晋清.实现中华民族伟大复兴进入了不可逆转的历史进程[N].人民日报,2021-08-11(11).

（一）涵养认知，深化中华民族共同体认识

认知作为情感的基础、行为的先导，是人们获得知识与应用知识的过程，依赖于知觉、注意、记忆、理解、掌握等心理活动，在经验感知中发生和发展，对情感、意志以及行为的生成具有奠基性作用。从知、情、意、行的辩证关系来看，人总是在特定认知的支配下，不断塑造并形成具有一定社会特性的情感、意志，并开展其社会行动，而社会行动的现实化及结果又会反作用于个体认知、情感、意志的建构发展，在螺旋式上升中，人的认知水平、情感意志与社会行动能力得以逐步提升。故而，认知作为社会个体心理活动的首要环节，为个体情感、意志以及行为的培育奠定了重要基础。何为"认知"？概言之，"认知"就是对某事物或代表某事物重要符号的体认，以及对这些文化符号的象征意义所达成的一致共识，是从个体层面的离散性认识到集体层面的共识性认识的认识发展过程。这一过程具体表现为个体在参与社会共同体内部生活的历程中，通过交互性的社会实践活动逐步形成该共同体所普遍遵守的道德观念、价值体系、生活习俗与文化传统，以及为了得到其他社会成员的接纳与认可而不断对自身现有的社会认知、行动不断进行调适，进而能够以符合共同体物质生活与精神生活要求的方式来展现和完善自我。①

对此，铸牢中华民族共同体意识教育课程的首要目标是培养学生对"中华民族共同体"的理性认知。在漫长的历史进程中，中华大地上的各民族逐步形成了一个"你中有我、我中有你、你离不开我、我离不开你"的历史共同体和命运共同体。②"中华民族共同体"就是由56个民族组成的中华民族。56个民族休戚与共、荣辱与共、生死与共、命运与共，而"中华民族"就是56个民族最根本的依靠和后盾，其把各族人民牢固团结在大家庭之中，屹立于世界民族之林。早在1989年，费孝通先生就"中华民族多元一体"发表了重要学术观点。费先生认为，中华民族应当指代中国疆域内所有民族，国内各民族和中华民族的层次不同，各民族是

---

① 王稳东.铸牢中华民族共同体意识的教育机理及其实现[J].西北师大学报（社会科学版），2021，58（05）：68.

② 王延中.扎实推进中华民族共同体建设[J].民族研究，2022（01）：4.

多元的,中华民族是一体的,共同组成了中华民族多元一体格局,且在现代化的过程中将通过发挥各民族团结互助的精神来达到共同繁荣的目的,继续在多元一体的格局中发展到更高的层次。①这也正如习近平总书记在全国民族团结进步表彰大会上所强调的,"我们辽阔的疆域是各民族共同开拓的""我们悠久的历史是各民族共同书写的""我们灿烂的文化是各民族共同创造的""我们伟大的精神是各民族共同培育的"。②习近平总书记提出的"四个共同"不仅是对各民族共创中华的高度概括,也是对中华民族多元一体格局的历史演变与现实发展的准确认识,更是学生深刻认识"中华民族共同体",以及牢固树立正确的国家观、历史观、民族观、文化观、宗教观的基本前提与核心要义。

(二)陶冶情感,加强中华民族共同体情感认同

情感是个体对客观事物是否满足自身的精神需求和人生价值而产生的一种态度体验、自我感受、情境评价、移情共鸣和价值选择,是个体内在精神生命的主体力量。其中,需要满足和价值体现是个体情感经验的重要前提和基本对象;态度体验、自我感受、情境评价、移情共鸣和价值选择是个体情感活动的内在机制;语言、行为、表情反应形式是情感的态度体现。③情感认同作为铸牢中华民族共同体意识教育的必要环节,是帮助学生形成对伟大祖国、中华民族、中华文化、中国共产党以及中国特色社会主义认同的关键内容。在实际教育过程中,学生虽比较容易理解并熟知"中华民族多元一体""五十六个民族一个中华""中华民族和各民族是一个大家庭和家庭成员的关系"以及"各民族休戚与共、荣辱与共、生死与共、命运与共"等基本常识,但往往由于缺乏亲身的情感体验而无法深刻、全面、系统地进行认知。而这种情感体验主要基于个体现有的直观经验或生活经历,个体通过亲临场景、实时体验以获得情感认同或价值满足。在情感认同中,学生通过直观感知进一步深化"中华民族共同体"认知基础,强化"中华民族共同

① 费孝通.中华民族的多元一体格局[J].北京大学学报(哲学社会科学版),1989(04):19.
② 习近平.在全国民族团结进步表彰大会上的讲话[N].人民日报,2019-09-28(2).
③ 青觉,王敏.认知、情感与人格:高校铸牢中华民族共同体意识教育的政治心理建构[J].民族教育研究,2021,32(06):30.

体"心理体验,外化"中华民族共同体"行为担当,从而促使个体将中华民族共同体意识内化于心、外化于行,为推动建设凝聚力更高的中华民族共同体奠定良好的心理基础。

为此,铸牢中华民族共同体意识教育课程既需加强理性认知统一,也需增强情感体验归一。这种由亲身体验所激发的情景性、真实性、移情性能够帮助学生将中华民族共同体从认知前的"想象的共同体"转化为情感体验后的"具象的共同体",①增进其对"中华民族共同体"认知的深刻性与活态性。这主要是因为情感认同的"催化剂"更多地来源于个体的直观或间接体验,学生借助自身直观感知,在理性思考的基础上升华出内心情感体验,进而赋予自身作为主体在推进中华民族共同体建设中的重要情感价值。故而,铸牢中华民族共同体意识教育课程在向学生讲授"中华民族共同体"相关认知的基础上,还应为学生提供一个心理和行动亲身体验的场域,从情感视角在学生心灵深处根植中华民族是多元一体的命运共同体意识,引导学生情感的积极走向,实现学生"心与物、情与景"的融合,进而使学生产生对中华民族大家庭的深厚情感和对各民族成员的同胞关怀。情感纬度的积极培养,不仅有利于学生对"中华民族共同体"产生心理归属、情感依恋等正向情感,更有利于促使学生成为勇担民族复兴大任的时代新人。

(三)坚定意志,激发中华民族伟大复兴的历史使命

人们认识客观世界的主观意识过程通常可以分为三个阶段,一是认知阶段,目的在于解决"是什么"或"什么事实"的问题,人只有在了解事物的外在特性与内在属性的基础上,才能对它进行其他方面的深入了解;二是情感阶段,目的在于解决"有何用"或"有什么价值"的问题;三是意志阶段,目的在于解决"怎么办"或"实施什么行为"的问题。这三个阶段的主观心理活动分别反映了三种基本的客观事物(事实关系、价值关系、行为关系)。人为了生存和发展,首先,感知和了解各种事物的事实关系;其次,要掌握这些事物与人的价值关系;最后,要掌握每

---

① 青觉,王敏.认知、情感与人格:高校铸牢中华民族共同体意识教育的政治心理建构[J].民族教育研究,2021,32(06):30.

个行为的价值关系且判断、选择、组织和实施一个最佳的行动方案。因此,从认知到情感,再从情感到意志,是一条基本的、不可分割的人类自控行为的流水线。总而言之,意志作为情感的升华,是意识观念和价值理性的表现,并以一种潜意识的、随意的、能动的形式出现,它能够将认知、情感与行为联系起来。这种建立在理性认知与情感体验之上的价值理性,是个体在不断反思和躬行实践的基础上形成的内在自觉意志,是价值主体对主流道德价值观的自觉认同,体现了个体深层心理结构的价值规范与精神信念。诚然,践行中华民族共同体意识,需要结合学生对"中华民族共同体"的认知、情感,将学生的国家认同、中华民族认同上升为长效稳定的爱国、爱中华民族的坚定信念,并驱动学生把这一坚定信念转变为自觉实现中华民族伟大复兴的实践行为。

因此,铸牢中华民族共同体意识教育课程目标还应从意志维度出发,以"铸牢中华民族共同体意识"为基础与核心,以"中华民族一家亲、同心共筑中国梦"为目标引领,将社会个体对"中华民族共同体"的理性认知和积极情感内在升华至意志层面,培养个体为实现中华民族伟大复兴中国梦共同奋斗的自觉态度和坚定决心,从而驱动个体把坚定信念转化成行为的动力。总之,铸牢中华民族共同体意识教育课程需引导学生将国家利益、民族利益始终放在最高位置,时刻自重自警自励,在重温初心中厚植家国情怀,在品味苦难中坚定铸牢中华民族共同体意志;以强化爱国主义意志为导向,使学生将爱国主义、中华民族归属感的情绪、情感升华为坚定意志和信念,维护好中华民族共同体整体利益,加强学生对伟大祖国、中华民族、中华文化、中国共产党、中国特色社会主义的认同,勇担中华民族伟大复兴的历史使命。

(四)矢志践行,强化中华民族共同体责任担当

个体对中华民族共同体意识的建构是在知、情、意、行的交互作用中逐步实现的,在四者的辩证关系中不断增强其行动的意义和价值。这四者的辩证关系关涉教育的可塑性接受原则与主动性要求原则。赫尔巴特提出了"教育可塑性"这个基本概念,它打破了天赋论带给人的宿命感,赋予了人通过自己的行动获得

主体成长的可能。也正因如此,教育的可塑性为教育者通过有目的、有计划的实践活动实现自身发展提供了现实依据与合法性基础。然而,值得注意的是,人的可塑性尽管为教育者对受教育者施加教育影响提供了基本前提,但在现实生活中存在和发展的个人总是带着某种立场或观点来接受教育的,其已有的社会认知水平、思维方式、生活经验与文化资本以一种主动要求的方式影响受教育者的认知、情感与行为。这就要求教育者在开展教育实践活动的过程中,促使受教育者的思维活动(知、情、意)和实践活动(行)持续发起并以二者的交互作用来化解可塑性接受(受教育者)与主动性要求(教育者)之间的矛盾,达成个体的社会化和社会的个性化之间的平衡。①基于此,德国教育学家底特利希·本纳进一步阐述了教育实践两大重要原则(即可塑性接受原则、主动性要求原则)之间的关系。在本纳看来,可塑性接受原则以社会对个体的期望为基本前提,而主动性要求原则以个体的能动性实践反作用于社会发展为目的,强调了受教育者行为的重要性。换言之,对个体发展有价值的教育,"只有在受教育者需要他人要求其主动性时才允许对他采取教育行动;并总是在主动性的外来的教育要求能转化为他自己的要求时,教育才到达了其终点"②。

据此教育实践逻辑,意味着铸牢中华民族共同体意识教育课程需注重学生实践行为的发展。一方面,教育者需充分利用好人的可塑性这一基本前提,在教育实践活动中有意识、有计划地对受教育者进行中华民族共同体意识教育,以"四个共同""四个与共"为主要抓手,加强学生理性认知、厚植学生爱国情怀以及坚定学生中华民族伟大复兴信念,促进其中华民族自我意识及身份的建构。另一方面,教育者需要深刻认识到,中华民族共同体意识的培养在受教育者个体社会认知结构中的建构不可能仅仅依靠纯粹认知、情感、意志的培养就能达成,它需要依据受教育主体行动的发起并在其真实的社会行动中方能逐步实现知情意行的有机统一,进而以知的引领、情的体验、意的调节来理性地开展社会行动,最终在行的不断改善中提升知、情、意的水平。③故此,铸牢中华民族共同体意识教

① 王稳东.铸牢中华民族共同体意识的教育机理及其实现[J].西北师大学报(社会科学版),2021,58(05):69.
② 底特利希·本纳.普通教育学[M].彭正梅,徐小青,张可创,译.上海:华东师范大学出版社,2005:68.
③ 王稳东.铸牢中华民族共同体意识的教育机理及其实现[J].西北师大学报(社会科学版),2021,58(05):69.

育课程不能只简单地通过"说教式"或"灌输式"的方式铸牢受教育者有关"中华民族多元一体"的历史格局,还需要充分激发其行动的欲望,让其在活动践行过程中,不断增强对中华民族共同体意识的理解与认同,从而能够将教育者外在的规范要求转变为自身行动的内在需求,从以他者引导为主的教育转变为以自我实现为主的主动教育。

总之,铸牢中华民族共同体意识教育课程重在以"四个共同""四个与共"共同体理念为抓手,从认知、情感、意志和行为等维度共同发力,培养学生对伟大祖国、中华民族、中华文化、中国共产党、中国特色社会主义的高度认同。其中,知、情、意是社会个体心理活动的三个环节和步骤,行则是对知、情、意的实施和结果。在认知维度上,铸牢中华民族共同体意识教育课程需深化学生对"中华民族共同体"的理性认知;在情感维度上,应侧重培育学生对"中华民族共同体"的心理归属、情感依恋等正向情感;在意志维度上,主要坚定学生为实现中华民族伟大复兴中国梦共同奋斗的自觉态度和决心;在行为维度上,旨在让学生自觉践行维护祖国统一、民族团结以及实现中华民族伟大复兴的外显行为。

二、构建立体化的铸牢中华民族共同体意识教育课程结构

课程结构作为课程目标转化为教育成果的纽带,是课程活动顺利开展的重要根据。我们要依循知、情、意、行的课程目标维度,探索形成以"思政课程"为主体、"课程思政"为补充、"隐性课程"为特色的多层次、全方位的课程结构,为培养时代新人提供系统化、结构化的铸牢中华民族共同体意识教育课程集(群)。

(一)建设小中大学螺旋上升的思政课程体系

2022年,教育部发布了《义务教育课程方案(2022年版)》,提出要全面落实有理想、有本领、有担当的时代新人培养要求。因此,在一体化"大思政"格局之下,因时而进、因势而新地将铸牢中华民族共同体意识教育融入思政课程体系之中既符合时代要求,也具有重要的现实意义。

1.课程目标一体化

习近平总书记多次强调,课程教材要发挥培根铸魂、启智增慧的作用,必须坚持马克思主义的指导地位,体现马克思主义中国化最新成果,体现中国和中华民族风格,体现党和国家对教育的基本要求,体现国家和民族基本价值观,体现人类文化知识积累和创新成果。《义务教育课程方案(2022年版)》进一步明确了"培养什么人、怎么培养人、为谁培养人"的问题,完善了关于培养担当民族复兴大任的时代新人的目标要求。而培养目标的实现主要是通过学校所设置的课程来达成的。但培育有理想、有本领、有担当的时代新人不涉及具体的学习领域,就显得过于笼统概括了。对此,为了确保课程设计有效落实,我们必须使培养目标具体化,即明确规定课程目标。事实上,课程本身就可以理解为使学生成为培养目标所期望的那样的一种方式手段。确定课程目标,不仅有助于明确课程与培养目标的衔接关系,明晰课程编制的工作方向,而且还有助于课程内容的选择和组织,可作为课程实施的依据和课程评价的准则。

依据"知事—明理—行道"的一体化目标体系,铸牢中华民族共同体意识教育融入思政课程既要注意衔接不同学龄阶段,又要重视不同学龄阶段其侧重点有所区别,如此才能实现课程目标的螺旋式上升。在小学阶段,重在强调启蒙学生道德情感,以培育爱国主义为核心的民族精神为主要目标。学生通过"认知—理解"阶段思政课程的学习,初步形成"休戚与共""荣辱与共""生死与共""命运与共"的共同体情感基础,激发对中华民族的同一性感受。在中学阶段,重在强调认知情感的培养,以深化学生理性认知、涵养学生情感意志为主要目标。学生通过"具体—抽象"阶段的思政课程的学习,增强对伟大祖国、中华民族、中华文化、中国共产党、中国特色社会主义的认同感。在大学阶段,重在强调主体行为的外化,以增强学生社会实践能力为主要目标。学生通过"内外—外化"阶段的思政课程的学习,学会以思辨、批判的视角看待国际国内形势,在实际生活中勇担中华民族伟大复兴的历史使命。

2.课程内容一体化

一般来说,课程目标对课程建设起着统领性作用,在一定程度上为课程内容提供了一个基本方向。但同时,课程目标的实现需要具体内容的承载,如若不以课程内容为起始,课程目标也就无法实现。课程内容主要是指各门学科中特定的事实观点、基本原理、主要问题以及处理它们的方式,是教学的主要对象,需要加以系统地选择与组织。课程内容的编制作为一项基础性工程,需要涉及方方面面。但在课程内容编制过程中,往往容易顾此失彼,这也是大多课程的问题症结所在。虽说课程内容是实现课程目标的必要手段,但由于内容直接指向"应该教什么"的问题,一些课程专家与一线教师认为内容编制是要解决的首要问题。有些人甚至是在没有注意到课程目标是什么或为什么要教的情况下,便对课程内容发表议论,这样做难免有偏颇。①在选择和组织课程内容时,除了要考虑到其与目标的相关性之外,还要考虑到内容的科学性和价值性,即它们对学生个体发展和社会发展的实际意义,它们能否被学生接受,以及是否与学校教育落实立德树人根本任务相符合等问题。

综上所述,铸牢中华民族共同体意识教育融入思政课程,其内容不仅要与不同学龄阶段的课程目标相符合,关键还在于如何依据学科逻辑、学生认知规律以及社会发展等影响因素组织"中华民族共同体意识教育"相关内容,从而在渐进深广的知识体系中培养学生成为担当民族复兴大任的时代新人。具体而言,小学阶段的课程内容以"经验—分析类"为主,通过《道德与法治》课程中"中华民族一家亲""民族觉醒""抗日战争"等章节,引导学生领会文化符号所象征的深刻意义,启蒙学生"中华民族共同体"意识。中学阶段的课程内容以"知识—解释类"为主,系统讲授我国历史演变、经济发展、政治改革、文化传承以及社会结构等,奠定经济、政治、文化、社会共同发展的同一性基础,加强学生关于中华民族多元一体格局的理性认知和情感认同。大学阶段的课程内容以"理论—实践类"为主,依托《中国近现代史纲要》《民族理论与民族政策》等思政课程,强化意识形态维度下的民族凝聚,引导学生自觉践行中华民族伟大复兴的责任担当,使其将

---

① 施良方.课程理论:课程的基础、原理与问题[M].北京:教育科学出版社,1996:106.

"中华民族共同体意识"内化于心、外化于行。

3.课程实施一体化

课程内容对课程目标的承载需要通过具体的实践活动过程来实现,即课程实施。课程实施是课程领域常用的一个术语,是达到预期的课程目标的基本途径。许多学者把"课程实施"与"课程采用"作为同义词替换使用。然而,这两者并不完全等同。20世纪六七十年代,许多西方国家的教育家一致认为,课程一旦被采用便大功告成了,结果发现事实并非如此。因为课程采用可以用多种方式,有的可能严格按照课程计划执行;有的可能表面上采用,实际上自行其是;有的甚至可能完全不予理会。例如,美国20世纪60年代编制了大量新课程,试图解决当时教育中所存在的一些问题。尽管当时这些课程在教育界被普遍看好,但实际上大多数课程并没有被真正采用,或者在采用时与预期完全不符。[①]后来,美国学者在对课程概念框架的研究中,划分出了五种不同层次的课程概念,即理想的课程、正式的课程、领悟的课程、运作的课程以及经验的课程。[②]其中,运作的课程是指教师在课堂上付诸实践的具体课程,即每时每刻、日复一日地在学校和课堂上所实际教授的,也就是所谓的课程实施。

就一般而言,课程实施的本质就是要使原有的课程要求转向新的课程设计要求。而新的课程计划方案通常蕴含对原有课程的一种改革,实际上暗示了课程实施与课程改革之间的密切关系[③],换言之,课程实施就是力图在实践中引入这种改革。因此可以说,铸牢中华民族共同体意识教育课程实施就是在思政课程具体实践活动之中有机融入中华民族共同体意识教育相关元素。这要求课程实施者要作出一系列调整,不仅要依照课程目标螺旋式上升的要求,同时也要依循课程内容结构化的编制,在具体课程教学实践活动中遵循学生身心发展规律,打破传统教学模式,综合利用多种教学组织形式,使学生知行合一、学思结合。具体而言,小学阶段主要利用活动化、游戏化以及生活化等方式组织教学活动,

---

① 施良方.课程理论:课程的基础、原理与问题[M].北京:教育科学出版社,1996:129.

② 李朝阳.五个层次:古德拉德的课程概念分析[J].外国中小学教育,2010(01):48.

③ 靳玉乐.课程论[M].2版.北京:人民教育出版社,2015:319.

在儿童心中播撒"中华民族一家亲""中华民族多元一体"的情感种子,为中华民族共同体意识奠定感情基础。中学阶段主要通过积极开展主题化项目式学习、合作学习、意义体验等综合性教学活动,加强知识体系之间的内在关联性,促进学生共同体认知系统化、情感丰富化,使学生牢固树立正确的国家观、历史观、民族观、文化观、宗教观。大学阶段则重在采取综合探究、专题研讨等方式,加强学生理论知识学习与个体经验、现实生活以及社会发展之间的有机联系,提升学生社会责任担当能力。

4.课程评价一体化

评价可以被简单地定义为决定某一事物的价值。课程评价是指依据一定的科学标准判断课程目标、课程内容、课程实施是否达到了预期效果以及实现的程度如何,并据此作出后续课程改进的相关决策。虽说课程评价的最终目的是在事实描述的基础上进行价值判断,但是它仍可以起到诸多作用。如,首先,课程评价的导向规范功能,主要是避免课程实施完全偏离预定的方向;其次,课程评价的诊断鉴定功能,旨在实时调控课程实施过程;再次,课程评价的激励改进功能,在一定程度上能够强化和激发课程变革参与者的积极性,如此等等。评价在教育中的作用早已为人所知。我国古代的科举制度就是一种比较官方的教育评价活动。然而,教育评价,尤其是课程评价,作为一个独立的研究领域得到系统研究,则是20世纪以后的事情。美国进步教育协会在1934年至1942年进行的"八年研究",标志着课程评价领域逐渐成熟。[1]在这之后的几十年里,课程评价领域发展迅速,评价理念、评价手段以及评价方式发生了重大改革,评价在课程中的作用也日益凸显出来。

中共中央、国务院印发的《深化新时代教育评价改革总体方案》明确指出:"坚持立德树人""坚持问题导向""坚持科学有效""坚持统筹兼顾""坚持中国特色"。[2]这既是新时代改革教育评价的主要原则,也是铸牢中华民族共同体意识教育融入思政课程的科学评价导向。基于此,铸牢中华民族共同体意识教育思

---

① 施良方.课程理论:课程的基础、原理与问题[M].北京:教育科学出版社,1996:149.
② 中共中央 国务院印发《深化新时代教育评价改革总体方案》[N].人民日报,2020-10-14(1).

政课程评价应注意以下几点：一是要坚持发展性评价理念。在课程评价中，我们不仅应关注学生的最终学习成果，同时更要以发展的眼光看待学生有关"中华民族共同体"认知、情感、态度以及行为等方面的进步过程，充分发挥铸牢中华民族共同体意识教育思政课程评价的过程导向、价值导向与实践导向作用。二是要注意多维评价主体。通过结合教师评价、同伴评价与自我评价等，形成立体多维的铸牢中华民族共同体意识教育思政课程评价主体，对教育教学实践效果进行全方位、多层次评价。三是要构建一套科学、有效的铸牢中华民族共同体意识教育思政课程评价指标体系。围绕"五个认同""正确五观"构建科学、准确、有效的测评指标体系，为着力培养担当中华民族伟大复兴大任的时代新人提供切实可操作的评价方案与具体操作细则。

（二）统筹推进横向融合的课程思政体系

2014年，习近平总书记在第二十三次全国高等学校党的建设工作会议上强调："办好中国特色社会主义大学，要坚持立德树人，把培育和践行社会主义核心价值观融入教书育人全过程。"[1]2016年，习近平总书记在全国高校思想政治工作会议上再次强调："要用好课堂教学这个主渠道，思想政治理论课要坚持在改进中加强，提升思想政治教育亲和力和针对性，满足学生成长发展需求和期待，其他各门课都要守好一段渠、种好责任田，使各类课程与思想政治理论课同向同行，形成协同效应。"[2]2017年12月，中共教育部党组在关于印发《高校思想政治工作质量提升工程实施纲要》的通知中明确指出，要构建课程育人质量提升体系，大力推动以"课程思政"为目标的课堂教学改革，优化课程设置，修订专业教材，完善教学设计，加强教学管理，梳理各门专业课程所蕴含的思想政治教育元素和所承载的思想政治教育功能，融入课堂教学各环节，实现思想政治教育与知识体系教育的有机统一。对此，"课程思政"作为"思政课程"的有力补充，在各类

① 董洪亮.习近平就高校党建工作作出重要指示强调 坚持立德树人思想引领 加强改进高校党建工作[N].人民日报，2014-12-30(1).
② 张烁，鞠鹏.习近平在全国高校思想政治工作会议上强调 把思想政治工作贯穿教育教学全过程 开创我国高等教育事业发展新局面[N].人民日报，2016-12-09(1).

课程中植入"铸牢中华民族共同体意识"教育元素,既是实现"全员、全程、全课程育人"大格局的必然要求,也是着力培养担当中华民族伟大复兴大任的时代新人的现实诉求。

1.目标协同实现合力育人

"课程思政"实质上是一种课程观,不是指增开一门课程,也不是指增设一项活动,[①]而是指将思想政治教育理念融入日常教育教学之中,落实立德树人根本任务,实现"润物细无声"的育人目的。换言之,"课程思政"是一种教育理念的创新,旨在通过深入挖掘不同学科专业所蕴含的思想政治教育理论知识、价值理念、精神追求等,寻求不同学科专业知识与思想政治教育内容之间的关联性,促进显性教育与隐性教育的有机融合,从而将思想政治教育的相关内容融入学科教学之中,以此达到"传技"与"传道"的教育目的。在大思政工作体系和新时代教育发展背景下,"思政课程"与"课程思政"是紧密相连的,"思政课程"发挥着主渠道、主课堂的显性功能,重在增强社会主流意识形态认同,严守意识形态阵地;"课程思政"旨在进一步丰富和拓宽思想政治理论课的内涵,实现"其他各门课都要守好一段渠、种好责任田,使各类课程与思想政治理论课同向同行,形成协同效应"的目标。"课程思政"通过将思政教育之"盐"有机溶入专业教育之"汤"[②],能够有效破解"思政课程"与专业课程之间长期存在的顽瘴痼疾,在一定意义上补充了"思政课程"的缺陷。

为此,铸牢中华民族共同体意识教育课程思政应遵循协同育人的核心理念,与思政课程保持政治方向的一致性、育人方向的一致性以及文化认同的统一性,[③]进一步拓宽铸牢中华民族共同体意识教育的深度与广度。首先,铸牢中华民族共同体意识教育课程思政应增强时代新人中华民族身份认同。通过"课程思政"教育活动不断唤醒学生民族意识、培养民族品性、增强身份认同,帮助学生

---

① 高德毅,宗爱东.课程思政:有效发挥课堂育人主渠道作用的必然选择[J].思想理论教育导刊,2017(01):33.

② 陈磊,沈扬,黄波.课程思政建设的价值方向、现实困境及其实践超越[J].学校党建与思想教育,2020(14):51-52.

③ 邱仁富."课程思政"与"思政课程"同向同行的理论阐释[J]思想教育研究,2018(04):110.

深度理解、正确把握中华民族共同体这一历史实体形成发展的内在逻辑,使学生在具体的民族差异性之上生成普遍的共同体意识,增强中华民族多元一体的民族身份认同。其次,铸牢中华民族共同体意识教育课程思政应提升时代新人中华民族文化自信。通过"课程思政"教育活动传承历史文化、缔造民族共识、实现文化教化,帮助学生正确把握中华民族与各民族文化之间的关系,继承各民族共享的中华文化符号和中华民族形象,发展社会主义先进文化、弘扬革命文化、传承中华优秀传统文化,从而为推动中华民族共同体建设凝心聚力。最后,铸牢中华民族共同体意识教育课程思政应强化时代新人中华民族复兴责任担当。通过"课程思政"教育活动不断促使学生心理认知活动和实践活动的持续发起,并以二者的交互来不断强化学生的认知情感与责任担当,承担起以中国式现代化推进中华民族伟大复兴的责任担当,[1]不断推动建设认同度更高、凝聚力更强的中华民族共同体,为人类发展作出新的贡献。综上所述,铸牢中华民族共同体意识教育课程思政的培养目标应与"思政课程"同向同行,彼此相互补充、相互促进,发挥协同育人效应,合力培养学生对伟大祖国、中华民族、中华文化、中国共产党、中国特色社会主义的高度认同。

2.内容融入助推落地实施

"课程思政"理念的核心就是抓住课程改革的核心环节,挖掘所有课程的思政育人功能,通过巧妙和科学的内容设计,引导学生坚定正确的政治方向、树立远大的理想抱负、确立科学的价值观念、增强自身的综合素养。而课程内容建设质量是影响教学质量的关键,关系到学生素养养成的高度和发展的向度。对此,铸牢中华民族共同体意识教育融入思政课程,应注意提升课程内容建设质量,注重整体规划,以增强文化内容育人的系统性,丰富思政课程内容建构的多样性,提高思政课程内容诠释的整合性,完善思政课程内容表征的专业性。具体而言,从中华民族的历史命运共同体、中华民族的多元一体格局、中华民族的中华文化特质、中华民族的政治属性等四个方面,将中华民族共同体意识教育相关内容注

---

① 张学敏,胡雪涵.中华民族共同体意识教育进课程:特殊价值、嵌入逻辑与实施路向[J].课程·教材·教法.2023,43(01):16.

入学科课程之中,充分发挥各学科的思想政治教育功能。

第一,将中华民族共同体的历史演变相关内容融入课程思政。在马克思理论体系中,"民族有自己的历史,有自己的始末","'没有历史的民族'的例子是任何地方都找不到的(除非在乌托邦),要找,只能到历史的民族之中去找"。①因此,在各学科课程中融入铸牢中华民族共同体意识教育的核心内容主要包括中华民族概念、中华民族共同体的历史演变,挖掘、研究和传播中华各民族文化的交往交流交融史,为推动建设中华民族共同体筑牢思想根基。第二,将中华民族共同体的现实发展等相关内容融入课程思政。回望历史征程,中华民族共同体历经了自在、自觉又到现如今的自强阶段。当下,中华民族共同体的现实发展不仅体现在政治、经济等方面,同时也体现在社会情感、生态底线等方面。在政治上,各民族坚定了中国共产党的领导和坚持完善民族区域自治制度;在经济上,各民族实现了社会主义市场经济互惠共赢;在社会情感上,各民族形成了共居共学共事共乐的美好氛围;在生态底线上,各民族铸牢了人与自然交响协奏的生命共同体。第三,将中华优秀传统文化、革命文化、社会主义先进文化融入课程思政。其中,中华优秀传统文化包括以人为本的民本思想、孝老爱亲的道德规范、以和为贵的和平理念、天下为公的大同理想等;革命文化包含了党在革命战争时期所形成的奋斗精神,如五四精神、红船精神、井冈山精神、长征精神、抗战精神等;社会主义先进文化主要是面向现代化、面向世界、面向未来的,民族的、科学的、大众的具有社会主义特色的文化。第四,将以中国式现代化推进中华民族伟大复兴的使命任务融入课程思政。引导学生坚定理想信念,心怀"国之大者",与祖国同频共振,在为人民谋幸福、为民族谋复兴、为世界谋大同中升华人生境界、彰显人生价值。

3.逐步推进课程思政实施

究其本质,"课程思政"作为一种教育理念,更多的是让学科课程承担起思想政治教育的任务,在日常教学中加强对学生思想政治的教育培养。故而,铸牢中华民族共同体意识教育课程思政的实施应注意依据不同学科特点,将与"铸牢中

① 王希恩.马克思、恩格斯、列宁、斯大林论民族[M].北京:中国社会科学出版社,2013:14.

华民族共同体意识"相关的理论观点和实践探索注入学科课程,充分发挥各学科的思想政治教育功能。对此,在实际教育活动中,找准学科课程中所蕴含的铸牢中华民族共同体意识教育元素和资源显得尤为重要。在此基础上,我们要以教育元素为抓手,牢牢把握课堂教学这一主线,从课程设置、课程参与主体(教师、学生)两方面入手,逐步形成全程育人、相互支撑的铸牢中华民族共同体意识教育课程思政实施体系。概言之,践行铸牢中华民族共同体意识教育课程思政的实践步骤可以概括为点(专业课中的思想政治教育元素和资源)、线(课堂教学主线)、面(全学科育人的课程思政体系)的有机结合和统一。

第一,聚焦提炼铸牢中华民族共同体意识教育元素和资源。在具体学科课程实践活动中若想践行好"课程思政"理念,其关键和核心在于找准思想政治教育的元素和资源,以无缝对接和有机互融的方式建立专业知识与思想政治教育目标的内在契合关系。[①]对此,在铸牢中华民族共同体意识教育课程思政实施过程中,应根据不同学科的特色优势,挖掘提炼与中华民族共同体意识教育内容密切相关的学科知识体系,提高学科教学与课程思政教学的契合度。第二,借助学科课程平台,讲好铸牢中华民族共同体意识教育相关内容。围绕课堂教学这一主线,从课程设置、课程参与主体(教师、学生)两方面入手,不断探索课程思政的教育对象和有效路径。教师需要不断提升自身的教育素养,敏锐挖掘学科专业课程所蕴含的铸牢中华民族共同体意识教育元素和资源,并在课程实施中自然而然地融入"中华民族共同体"等相关内容,实现新时代育人目标与专业知识的精准对接。教师应积极引导学生在专业知识的学习中不断牢固树立"中华民族多元一体"共同体理念,潜移默化地厚植学生爱国主义情怀、树立学生共同体意识、加强学生"五个认同"、强化学生责任担当。第三,推进全学科覆盖、全学段衔接的铸牢中华民族共同体意识教育课程思政落地实施。在横向上做到学科课程全覆盖。譬如,人文社会科学类课程通过讲授历史共同体、政治共同体、经济共同体、文化共同体等相关内容,深化学生"中华民族多元一体"共同体认知;理工科类课程通过融入核心价值、爱国情怀等教育内容,坚定学生"实现中华民族伟

---

① 陈华栋,等.课程思政:从理念到实践[M].上海:上海交通大学出版社,2020:149.

大复兴"的理想信念。此外,在纵向实施上做到目标衔接、内容递进、形式多样,以期在螺旋式上升的知识结构体系中增强学生对伟大祖国、中华民族、中华文化、中国共产党、中国特色社会主义的高度认同,进而使学生形成正确的国家观、民族观、历史观、文化观和宗教观。

4.构建系统课程思政评价体系

课程评价作为课程研究与课程建设的重要有机组成部分,在整个课程系统中占有十分重要的地位。因为它既是课程设计与实施的终点,又是课程设计与实施继续向前、持续发展的不竭动力。"课程思政"作为实现"三全育人"大格局的必要手段,其目的是达成价值塑造、知识传授和能力培养,实际上这也是教育的本质。为此,我们不能仅简单地针对几个思想政治教育元素进行铸牢中华民族共同体意识教育课程思政评价,而是需要从学生认知理性、实践行为等维度进行全方位评价。但由于铸牢中华民族共同体意识教育思政课程体系的复合性,在实际评价过程中很难将学生"中华民族共同体"相关素养的发展归因于某个单一方面的教育结果。换言之,思想政治理论课教师、专业课教师、学生工作队伍(辅导员、班主任等)和其他管理服务岗位教师的工作往往会产生叠加效应,我们很难区分哪些变化是由什么方面带来的。[①]但这并不意味着不可以进行评价,课程思政的评价应利用多维评价主体(教师、学生、家长等),借助多元评价方法,针对不同评价内容,建立健全多维度的铸牢中华民族共同体意识教育课程思政实施成效考核评价体系和监督检查机制。

第一,注重评价方式的多元化。"课程思政"的考核不应拘泥于"思政课程"的传统考评方式,而是应与课程思政的改革精神和育人目标相匹配,以"隐性考核"为主体思路,将对课程思政的育人成效考核以"溶盐入汤"式的方法,细腻无形地融于专业课程的过程性评价与结果性评价之中。[②]譬如,在课堂讨论或课后作业中通过巧妙设计铸牢中华民族共同体意识教育相关元素,考查学生理性认知程度;又如,在期中、期末笔试考试中,将铸牢中华民族共同体意识教育元素融入开

---

① 陈华栋,等.课程思政:从理念到实践[M].上海:上海交通大学出版社,2020:155.
② 杜震宇,张美玲,乔芳.理工科课程思政的教学评价原则、标准与操作策略[J].思想理论教育,2020(07):73.

放性考题中,如此等等。第二,注重评价内容的多样化。任何一个评价体系的内在结构都应包含课程目标是否具体明确、课程内容结构是否合理准确、课程实施成效是否显著等多种要素,而这些要素的构成都带有一定程度的复合性、多元性。因此,铸牢中华民族共同体意识教育课程思政的评价对象应该具有丰富的层次感和评价维度,需考虑不同学科、不同学段、不同类别之间的共同性与差异性,对思政课程教学活动进行全面而客观的分析,以此作出科学、合理的评价判断。第三,注重评价逻辑的导向性。课程思政教学是以引导、形塑学生的个人道德品性为主要目的,因此,课程评价不应仅重视学生的学习结果,还应该重视学生学习过程中所表现出的学习态度、学习习惯、学习体验。故而,应充分发挥思政课程评价的导向性,营造一种欣赏、尊重、宽容的教学环境和氛围,让学生自觉自愿而又轻松愉悦地去接受、去体会,从而在心中牢固树立中华民族共同体意识。

(三)开发蕴含中华民族共同体意识的潜在课程

潜在课程又称"非正规课程"、隐蔽课程或隐性课程,等等。英国课程论专家巴罗曾指出,隐性课程从柏拉图时期开始就有记载。而我国古代教育家孔子的教育思想中也有丰富的隐性课程思想。[①]一般认为,隐性课程是指学生在学校(包括校园环境、教育理念、师风学风、学校制度)中所收获的关于非计划性、组织性的知识技能、过程方法以及情感态度等。显性课程与潜在课程共同构成学校课程的全貌——实际课程。自20世纪60年代以来,国外已有不少学者开始思考和研究学校的潜在课程问题,其目的是想寻求教育改革的新出路,为实现人的全面发展与社会进步创造和奠定牢固的教育基础。对此,学校可利用潜在课程的渗透性、灵活性,构建不同类型的潜在课程,使铸牢中华民族共同体意识教育无处不在、无时不有,在全体师生心灵深处根植中华民族共同体意识。

1.关于物质—空间类潜在课程

罗兰恩特·梅根曾指出,"课堂是一个幽灵萦绕的地方或场所",而其中的幽

---

① 陈忠勇,陈欢.论新建本科院校隐性课程的开发[J].中国成人教育,2009(22):123.

灵之一则是"建筑师的幽灵"。这就好比,学校如同一个被搭建的"舞台",教育教学活动恰如正上演着的"好戏",但影响这出"戏"的不光有总导演、演员、台词与动作等,还有"舞台"本身的建构、设计等。人生活在特定的自然环境中,会不自觉地对自身周围客观环境的空间设计符号作出无意识的反应,进而受到客观环境潜移默化的影响,亦即所谓的环境知觉。在不同的环境空间下,个体所感知的环境知觉各有不同,这主要是因为空间设计符号所蕴含的价值导向的差异。因此,在不同环境空间下成长的个体,耳濡目染所形成的世界观和价值体系也大相径庭。校园环境作为环境空间设计的特殊产物,更是集中体现了育人价值性。学生通过与校园环境的"交往对话",从中获得意蕴深厚的教育意义,以此不断塑造自身的价值体系和行为准则。

学校环境可以分为认知环境、物质与社会环境两类。前者与正规课程相关,后者与潜在课程有关。采取此定义的学者有很多,例如,鲍尔斯和金蒂斯,他们发现教育系统的社会关系和工厂的社会关系互相符应。教育系统的社会关系结构,不仅使学生自觉习得工作场所的行为规范与纪律准则,同时也使学生形成符合社会结构的个人举止、话语体系、阶级认同以及主观意识,这种关系结构被学界称为符应理论。德里本称潜在课程为未记载的课程,主要是指产生学校教育的社会环境以及此环境所蕴含的教育意义、价值体系等,而这些内含学校结构特性的教育内容是正规课程不曾涉及的。杰克逊也同样指出,在学校所提供的稳定社会环境中,潜在课程能够教给学生在正规课程学不到的东西。[1]对此,在环境知觉理论的指导下,学校应积极打造蕴含"铸牢中华民族共同体意识"的物理空间,如通过优化校园景观、设计文化长廊以及布置宿舍公共区域等方式,使各类教育教学活动与空间设计符号建立直接或间接的联系,最大限度地实现校园空间设计符号的活化利用,在一定程度上帮助学生在其分化的环境空间中潜移默化地获得有关"中华民族共同体"的经验知识和理性认知,最终达到内化于心、外化于行的教育效果。

---

① 靳玉乐.潜在课程论[M].南昌:江西教育出版社,1996:28.

2.关于组织—制度类潜在课程

一所学校,往往有成百上千的教师和学生,有各种各样的教育教学活动和围绕教育教学活动的其他行政事务,这就要求有一系列组织管理活动。正如道格拉斯·诺思将"制度"视为"规则、惯例、习俗和行为信念的复杂混合物,它们一起构成了我们日常的行为选择方式,并决定了我们达到预期目标的路径"[①]。这些"制度"的作用就是为了减少不确定的行为以及"机会主义"的发生,因此,学校领导在日常教育教学活动中应利用好制度这把"利器",协调好各级部门、全体教职员工以及学生之间的关系,充分发挥领导组织的作用。规章制度作为学校开展教育教学活动的重要前提和保障,是我们个体乃至群体或组织行动的共享价值规范、约束框架与文化共识,给我们提供了可备选行为的集合。[②]合理的规章制度不仅可以提高学生的规则意识、纪律意识,还有利于帮助学生塑造健全的人格。相反,不合理的规章制度一方面压制了学生的身心发展,不利于培养学生的批判意识、探究意识以及创新意识;另一方面限制了教师教学方式的改变,使教师局限于传统的教学方式,课堂氛围沉闷、死板。

对此,学校的管理者,尤其是决策者,理应认识到规章制度作为重要的潜在教育资源,其自身所具有的价值导向、目标激励,以及界定个体行为边界等既定功能与效用。但是,由于当下功利主义的盛行,许多学校的规章制度往往以一种"不可侵犯"的姿态凌驾于学生之上,缺乏人文关怀与情感共鸣。这种规范化的学校制度虽大大提高了学校的效率,减少了"机会主义"的产生,却束缚了学生的人文主义思想,不利于学生家国情怀、民族情怀、历史情怀、人文情怀的孕育与培养。因此,要想发挥好制度性隐性课程对时代新人的涵养培育作用,须注意处理好制度的刚性化与人性化、制度的约束性与激励性、制度的稳定性与发展性、制度的规范性与个性发展的差异性等几对关系。[③]故而,建构蕴含铸牢中华民族共同体意识教育的制度性潜在课程,应以"四个共同""四个与共"为指导思想,利用

---

① 梅纳尔.制度、契约与组织:从新制度经济学角度的透视[M].刘刚,等译.北京:经济科学出版社,2003:15.

② 康永久.制度世界及其教育学[J].教育研究与实验,2013(01):3.

③ 李忆华,马洁.基于隐性课程落实立德树人的路径探析[J].教学与管理,2019(12):87.

制度重构,形塑学校教育体系,形成一套蕴含铸牢中华民族共同体意识教育的、强制性、规范性以及文化—认知性等相互嵌套的,多种因素紧密结合的完备制度体系,①最终使铸牢中华民族共同体意识教育演变为常态化的教育教学实践活动。此外,学校还应积极鼓励创建铸牢中华民族共同体意识教育相关社团组织。学校社团组织作为一种"自治性"非正式群体,没有明确的行政隶属关系,与学校行政机构、党团组织、学生会是一种关心、指导、帮助的关系,在管理方式上具有更大的自由性与民主性空间。学校可以学生社团组织为载体,在活动开展、队伍建设、人员管理等方面渗透铸牢中华民族共同体教育,并通过营造团结、友爱、民主、和谐的社团氛围和具体情境对社员思想观念、行为方式、道德修养等进行潜移默化的熏陶,从而推进中华民族共同体建设。

3.关于文化—心理类潜在课程

作为文化层面的潜在课程,其心理学基础主要体现为无意识心理活动的原理,人在特定的心理氛围中,通过暗示、感召、移情、认同、模仿、熏陶等形式逐步使心理品质发生变化,这种潜在课程在特定情境控制下还能超水平地调动人的心理潜能,达到常规教育、教学情境所无法达到的效果。②鲍尔斯和金蒂斯曾提出,潜在课程就是指学校和班级的社会关系结构以隐含的、潜藏的方式向学生灌输社会道德价值观、规则体系、法治观念等。这些暗含的特殊信息呈现出"高阶知识"与"低阶知识"相互影响、"高层次"个体与"低层次"个体互动塑造的特征。显然,渗透于学校、班级社会关系之中的文化交流反映了社会主流意识形态的"绝对力量",且这些力量通过有意识或无意识的经验而渗透于学生的行为之中,从而影响着学生主体性的建构。③在学校教育教学实践活动中,常见的文化—心理类潜在课程主要包括师生关系、校园文化、校风班风等,旨在通过感染、模仿、认同等心理方式作用于学生,潜移默化地传递社会主流道德价值观,从而对学生的心理认知、行为活动等产生积极影响。

---

① 魏燕,孙颖.中华民族共同体意识教育制度的实践逻辑及优化路径——基于新制度主义社会学视角[J].西北民族大学学报(哲学社会科学版),2022(05):43.

② 王桂林.潜在课程:一种不容忽视的教育资源[J].教育探索,2003(06):28.

③ 张华.经验课程论[M].2版.上海:上海教育出版社,2001:182.

为此,学校首先应巧妙利用师生人际交往,倡导和谐共处的平等师生关系,使学生在日常学习生活中潜移默化地加强"五个认同"与"正确五观"的学习。宋晔、刘光彩在《师生共同体的伦理审视》中指出,"师生共同体可以看作是校园师生关系的一种理想表现形式,它是具有共同愿景的师生在不同层次的人际交往中形成的教育活动组织和伦理实体,旨在让教师和学生在平等、和谐、民主的原则下互相交流沟通,共同学习成长"①。这表明一种良好的师生关系,不仅有助于学生在平等友爱、温馨和谐的学习氛围中积极进取,更能够帮助学生形成爱他人、爱集体、爱祖国的心理品质,从而促进学生的全面发展。这也正如《学记》所指出的"亲其师,信其道"。只有建立了和谐友好的师生关系,学生才能深信教师所传之道。此外,学校还可通过加强班风校风建设,大力宣传中华民族共同体思想,从而加强中华民族共同体意识教育的文化渗透性与导向性,帮助学生认清境内外民族分裂势力在意识形态领域的歪曲捏造,牢固树立中华民族多元一体的历史格局。教学实践表明,严谨、求实、团结、进取的班风或校风一经形成,就会产生巨大的心理感染气氛,使学生产生积极的情感体验,激发他们强烈的学习动机。②美国教育心理学家班尼也指出:"如果一个集体的气氛是友好的,相互理解的,相互支持的,那么集体对于动机、工作表现和成就的影响就会是积极的。"③总的来说,积极的班风校风可以对学生产生"久熏幽兰人自香"的强化效应,对学生的个体行为、心理认知、生活习惯具有意义深远的重要影响。

随着对潜在课程的探讨不断增多、研究逐步深入,潜在课程作为一种特殊的教育现象,在学生个体发展中所发挥的巨大作用日益为人们所重视。近来有不少学者肯定了潜在课程对学生个性品质形成的影响,且国内也已有不少学校把潜在课程建设作为一项重要的内容来抓,试图通过构建整个学校的物质文化心理环境来促进学生个体的身心发展,改变以往学校"有知识无文化"的状况,全面

---

① 宋晔,刘光彩.师生共同体的伦理审视[J].东北师大学报(哲学社会科学版),2020(02):175.

② 靳玉乐.潜在课程论[M].南昌:江西教育出版社,1996:109-110.

③ 班尼,约翰逊.教育社会心理学[M].邵瑞珍,孙名之,张世富,等译.昆明:云南教育出版社,1986:235.

提高教育质量。①可见,构建蕴含铸牢中华民族共同体意识教育的潜在课程体系,不仅有利于落实立德树人根本任务,促进学生的全面发展,全方位提高学生的素养,同时也有利于补充正规课程的不足,深入推动我国教育改革实践发展。

三、探索全方位的铸牢中华民族共同体意识教育教学实施路向

要想全面推进落实铸牢中华民族共同体意识教育,除了构建多层次、立体化的课程结构,还需探索以国家统编教材为载体、以教学为中心、以教育实验为引领的铸牢中华民族共同体意识教育教学实施路向。

(一)以统编教材为载体,充分挖掘铸牢中华民族共同体意识教育资源

《深化新时代学校民族团结进步教育指导纲要》明确提出,"全面推进国家统编道德与法治(思想政治)、语文、历史三科教材使用工作"②。统编教材作为人才培养的核心部分,不仅体现了党和国家对未来建设者和接班人的要求的国家意志,还承载着中华优秀传统文化与民族理想信念,是铸牢中华民族共同体意识的来源和支撑。

1.国家统编教材的历史沿革

(1)旧中国统编教材的历程

自春秋战国时期以来,诗、书、礼、乐、易、春秋作为我国古代社会的主要教学内容,在官学中占据着相当重要的位置。后经南宋理学家朱熹统一集注为"四书五经",随后则一直是我国古代社会的官方科考统一书籍。1897年,上海南洋公学外院效仿西洋,编撰了国文、算术、历史、舆地、格致等课本,至此打破了"四书

五经"的统治,开始对不同知识进行分门别类,并系统编制教科书。随着教科书的兴起,"国定制"和"审定制"的不同呼声也随之而来——一派认为教科书应由国家统制,开设译局,由官方统一撰写并编制为本,供学堂统一使用;另一派则主张教科书宜采官民共协,兼有民间自行编撰,交由学部审定颁行,只要符合国家所定科目者,各省皆可行用。1904年,清王朝在所颁布的"癸卯学制"中规定:须用官设编译局编纂,经学务大臣奏定之本;若自编教科书,须呈学务大臣审定,始准通用。[①]民国期间,一方面实行教科书审定制,即教育部公布中小学各科课程标准,各出版机构遵照标准自编课本,呈教育部审查通过后发行全国供学校选用;另一方面官方也不断推行统一的"国定教科书"或"部编教科书",但实际效果不佳,过程蜿蜒曲折,愿望基本落空。归纳起来,自清末至新中国成立前,旧中国推行统编教材政策主要有四次。[②]

第一次是在1909年(宣统元年),清廷学部把编译图书局所编著的初小国文、修身教科书各二册招商承印,这便是我国部编教科书的开始。1910年,学部已编完初等小学完全科修身教科教授书十二册,简易科修身教科教授书六册,完全科国文教科教授书十二册,算学教授书教授细则十册,珠算教科教授书八册,手工、图画、体操三种教科书共三十七册,共成书九十三册,[③]并计划继续编撰高小教科书。但没等全国发行使用,清王朝便覆灭了。第二次是在1915年,北洋政府教育部设立教科书编纂处,旨在编辑国定教科书,编纂员熊崇煦、陈润霖、李步青(李廉方)、黎锦熙等编订了初小国文读本纲要和国民学校修身教科书(三册)。但由于当时国内局势混乱,军阀割据,又遭遇袁世凯复辟,故此教科书仅昙花一现。[④]第三次是在1933年,南京国民政府行政会议决定由教育部自编统一教科书,教育部组建教科书编委会,特约专家编审教材,[⑤]如小学国语、算术、自然等教科书。但此时,市面上各大出版机构都在竞相发行推广自家的课本,对部编教材采取不

① 代钦.清末中学数学教科书发展及其特点[J].课程·教材·教法,2015,35(01):115.
② 郭戈.我国统编教材的历史沿革和基本经验[J].课程·教材·教法,2019,39(05):5.
③ 李桂林,戚名琇,钱曼倩.普通教育[M].2版.上海:上海教育出版社,2007:55.
④ 郭戈.我国统编教材的历史沿革和基本经验[J].课程·教材·教法,2019,39(05):5.
⑤ 姜玉婷.教材改革百年路:育人为主,公平先行[J].留学,2021(18):69.

合作态度,故而这版教材也不了了之。第四次是在全面抗战时期,国民政府利用时局动乱之机颁布推行"四科教材统一"政策,规定"中小学及师范学校所用之公民、国文、历史、地理教科书,应由国家编辑,颁发应用"[①]。蒋介石建议,"以后凡中小学教科书应一律限期由部自编,并禁止各书局自由编订"[②]。于是在1943年,教育部将部编教科书以及经国立编译馆审定的教科书的发行权,正式交给后方由正中书局、商务印书馆、中华书局、世界书局、大东书局、开明书局、文通书局联合组成的"国定中小学教科书七家联合委员会"(简称"七联处")[③],同时也规定了各书局编印之版本一律停止发行,以收统一之效,其他各科教材须依照课程标准编辑,送教育部审定后自由选用。实际上,真正使用国定统编教科书的学校很有限,且出版发行的部编教科书也为数不多。

(2)新中国统编教材的历程

新中国的成立,开创了中国历史新纪元,也掀开了统编教材发展的新篇章。1949年以后,国家在解放区教材制度的基础上,通过社会主义改造和建设将全国教材的编写、审定、出版以及发行权全部统归中央管辖。多年以来,我国中小学使用的教材基本上是由教育部组织教材专家编写,由人民教育出版社(简称"人教社")负责编辑出版。新中国成立以来统编教材的发展历程,大致可以归纳为以下几个阶段。第一阶段主要是在中华人民共和国成立初期(1949—1957),为改造旧社会、建设新中国而提出并编写全国统一的中小学教科书。这一阶段先后编辑出版了三套通用教材:第一套主要是供1949年和1950年秋季入学使用,先后由华北人民政府教育部教科书编审委员会和出版总署编审局改编和审定,并由新华书店出版的教材。但这套教材只编纂了部分学科,没有推行至全国。第二套是1951—1953年秋季入学使用的,由中央教育行政部门责成新成立的人教社重编或修订的十二年制中小学教材。这套教材(人教版第一套教材)作为过渡性的统编教材,主要是基于解放区和国统区的中小学课本,同时也编译了苏联的部分课本。这虽然不是严格意义上的重新编写,但更加明确了"教科书的'国

---

① 郭戈.我国统编教材的历史沿革和基本经验[J].课程·教材·教法,2019,39(05):5.

② 吴小鸥.文化拯救:近现代名人与教科书[M].北京:商务印书馆,2015:447.

③ 贺金林."七联处"与1940年代的教科书发行[J].广东社会科学,2011(03):138.

定化'由思潮逐渐演变为一种政府主导下的强制行为"①。第三套是在毛主席的指示下,由教育部责成人教社代教育部拟订中小学教学大纲,于1954年至1956年根据新形势要求编写的十二年制中小学教材(人教版第二套教材)。其中包括教学大纲三十种三十册,课本四十一种九十七册,教学参考书二十三种六十九册。较之前的教材,这套教材是汇集了全国之力重新编成的优质统编教材,更具思想性、科学性、系统性,为教学实践提供了更多的教导指示。

第二阶段是在社会主义建设调整时期(1961—1965)。随着"大跃进"活动的不断开展,各地自编教材开始脱离社会实际,如"程度偏高,内容偏深,在结合实际和政治方面有片面性"②。为此,经中共中央文教小组批准,根据中共中央转发教育部党组《关于编写普通中小学和师范学校教材的意见》,由教育部责成人教社组织编写了新的全国统一的中小学教科书。这一阶段先后编写出版了两套通用教材:第一套是1960年开始编写,1961年秋季开始在全国少数试行十年制学校试用的中小学实验教材(人教版第三套教材)。第二套是1962年开始编写,1963年秋季正式供应的十二年制中小学教材(人教版第四套教材),但这套教材只出版了一部分,后来根据要求进行过两次修改和精简,因遭遇"文化大革命"而中途夭折。

第三阶段是改革开放初期(1978—1988)。1978年以后,邓小平同志要求尽快编写全国统一的中小学教材。至此,在"一纲多本"乃至"多纲多本"的教材多样化政策背景下,共编写了三套统编教材。第一套是在拨乱反正时期,从全国抽调专家和教师组成编写委员会,以全国中小学教材编写工作会议的形式开始编写,于1978年秋季在全国范围使用的中小学各科教材(人教版第五套教材)。第二套是根据教育部发布的《六年制中学教学计划(试行草案)》和《六年制小学教学计划(草案)》,编写的新的十二年制中小学通用教材(人教版第六套教材),于1982年秋季开始向全国供应发行。第三套是1986年国家教委委托人教社等单位对全日制中小学各科教学大纲进行全面修订,人教社据此全面修订、改编的教

---

① 张文,石鸥.国定教科书:时代价值及其局限——从南京国民政府的国定教科书说起[J].河北师范大学学报(教育科学版),2016(6):50.

② 曹飞羽,李润泉.四十年来小学数学通用教材的改革[J].课程·教材·教法.1989(10):3.

材(人教版第七套教材),于1987年秋季陆续出版发行。

第四阶段是目前正在进行的中小学三科教材国家统编统用政策。党的十八大以来,以习近平同志为核心的党中央对统编教材工作极其重视,并作了一系列重要指示,明确提出教材建设是国家事权,要把教材建设作为国家基础性战略性工程,并重点强调要编好中小学三科教材,实行国家统编、统审、统用。2012年,教育部开始统一组织编写义务教育道德与法治、语文和历史三科教材;2017年秋季学期开始,义务教育阶段的三科统编教材正式在全国中小学投入使用;2019年秋季,三科教材实现了义务教育阶段所有年级的全覆盖,普通高中阶段的三科教材也在部分省市的起始年级开始使用。截至目前,普通高中阶段的三科教材已在全国所有省份使用,至2025年将实现高中所有年级的全覆盖。综上所述,可见清末至新中国成立之前的历届政府,都有统一"国定教科书"或"部编教科书"的意愿和行动,但由于旧中国持续的内忧外患和国民党政府的贪污腐败、离心离德以及钩心斗角,加上教材质量不佳等原因,均以失败而告终。反观新中国成立以来,国家在统编教材方面发展稳扎稳打,不仅成功组织编写了多套全国通用教科书和教学参考书,实现义务教育阶段全覆盖,而且在统编教材发展过程中还能依据自身国情做到特色发展。

2.国家统编教材的价值意蕴

第一,充分体现国家事权。教育乃国之大计、党之大计。早在新中国成立之初,党中央就明确提出,"教科书对国计民生,影响特别巨大,所以非国营不可"。之后,党和国家领导人多次对教材建设作出了重要指示,始终把教材建设作为一项重要的政治任务和国家事权。[1]1953年5月,毛泽东同志坚决指出:"宁可把别的摊子缩小点,必须抽调大批干部编写教材。"[2]1978年2月,邓小平同志批示,"编好教材是提高教学的关键,要有足够的合格人力加以保障"。[3]2016年,

---

① 李化侠.从教材建设作为国家事权的高度推进三科统编教材使用[J].课程·教材·教法,2021,41(06):73.

② 骆乾.必须抓好后继人这个根本大计——读习近平总书记《培养德智体美劳全面发展的社会主义建设者和接班人》[N].学习时报,2022-08-10(5).

③ 郭戈.编好教材是提高教学质量的关键——邓小平同志关于中小学教材的论述[N].中国教育报,2018-12-26(9).

习近平同志在全国高校思想政治工作会议上明确指出，"教材建设是育人育才的重要依托。建设什么样的教材体系，核心教材传授什么内容、倡导什么价值，体现国家意志，是国家事权"①。同年，中共中央办公厅、国务院办公厅联合印发了《关于加强和改进新形势下大中小学教材建设的意见》，从治国理政的战略高度明确教材建设是国家事权的核心体现，标志着党和国家对教材工作的认识提升到了历史新高度。根据中央要求，从2012年开始，教育部统一组织编写义务教育道德与法治、语文和历史三科教材，历时5年，到2017年上半年，经国家教材委员会审查通过，三科教材于当年秋季学期开始在全国中小学起始年级投入使用，2018年覆盖小学初中一、二年级，2019年所有年级全部使用统编教材。此外，2019年普通高中思想政治、语文、历史三科统编教材编审工作完成，于当年秋季部分省市的高一年级开始使用新教材。与以往任何教材相比，新时代统编教材最鲜明的特点就是它由国家统一组织编写、审查和管理，有力落实了国家事权，妥善处理了教材统一性与多样性的关系，清晰展现了统编教材作为国家事权的权力走向。②近些年来，香港地区一些青少年在境外分裂势力的煽动下参与非法活动，尽管其中有非常复杂的历史因素和社会根源，但仍不免存在教育和教材建设失之偏颇等问题，导致青少年对于主流意识形态认同模糊，影响了国家的政治安全和社会稳定。这无不表明，教材作为国家事权、国家意志的核心体现，必须由国家进行统编、统审、统用，特别是涉及国家意识形态和政治立场的课程教材，更应仔细审视、严格把关其中蕴含的知识体系、价值取向以及方法原则等，切实把好培根铸魂的重要关口。

第二，传承弘扬灿烂辉煌的中华文化。文化是一个民族的灵魂，孕育着整个民族的生命力、凝聚力以及创造力。归根结底，所谓"民族"是指共享特定文化的群体。从社会性品格角度来看，"民族"要想得以生存发展，采取政治强制手段不是长久之计，而是要依靠社会文化包括现代政治文化的涵养功能。正如安东尼·史密斯所认为的，"血缘族裔的"和"文化的"因素是构成现代"民族"及其认同不

---

① 米博华，王梓.国家事权视域下的教材建设[N].光明日报，2021-11-19(11).
② 罗生全.统编教材：国家事权的核心体现[J].课程·教材·教法，2021，41(06)：61.

可或缺的组成部分，"民族"的成员分享共同的文化传统，与国家公民间存在的纯粹法律和科层纽带是完全不同的。从某种程度上讲，"民族"被视为文化共同体，其成员即便不具备同一性，也是被共同的神话传说以及传统文化所联结在一起的。中华民族正是依靠"天下观""大一统"等传统文化思想而不断凝聚巩固形成的。概言之，中华民族实则是中华传统文明及其内在关系结构的自觉承接实体，其演化发展离不开历史积淀后的文化滋养。各民族之所以互鉴融通、守望相助、和睦团结，一个重要原因就在于独具特色、兼收并蓄、博大精深的中华文化为之提供了深层次的认同基础。[①] 习近平总书记也曾多次强调"文化认同"的重要性，指出"加强中华民族大团结，长远和根本的是增强文化认同，建设各民族共有精神家园，积极培养中华民族共同体意识"[②]。中华文化古老而又灿烂，如果我们缺乏高度的文化自信、文化认同，"中华民族伟大复兴号"这艘巨轮则缺失乘风破浪、扬帆远航的航行动力。可见，灿烂辉煌的中华文化是中华民族各族儿女心手相牵、同舟共济，共筑中国精神、传递中国力量的根本所在。一直以来，教材建设特别是国家统编教材建设，始终肩负着传承灿烂辉煌的中华文化这一重要的历史使命及时代责任。实际上，国家统编教材目标确定、内容选择、审定使用的过程就是文化选择与文化创造的实践过程。教材编写专家们从浩瀚如烟的知识范畴中精挑细选出优秀传统文化并加以深度挖掘和系统阐释，并以兼容并包的立场主动吸纳世界人民创造的灿烂文化，在多元、开放的文化图景中有力彰显中国独有的文化价值和精神内涵，[③] 从而积极引导学生传承中华文化，坚定文化自信。

第三，落实立德树人的根本保证。统编教材不仅体现国家事权、传承中华文化，更是为党育人、为国育才，落实立德树人的根本保证。课程教材要发挥培根铸魂、启智增慧的作用，始终坚持马克思主义的指导地位，体现马克思主义中国化最新成果，体现中国和中华民族风格，体现党和国家对教育的基本要求，体现国家和民族基本价值观，体现人类文化知识积累和创新成果。为此，教材建设的核心指向是全面落实有理想、有本领、有担当的时代新人培养要求，尤其是国家

① 青觉.以文化认同巩固发展中华民族大团结[J].红旗文稿,2022(07):46.

② 徐德莉.中华优秀传统文化与中华民族共同体意识[N].光明日报,2017-04-10(15).

③ 罗生全.统编教材:国家事权的核心体现[J].课程·教材·教法.2021,41(06):61-62.

级、高水准、权威性的统编教材,必须以习近平新时代中国特色社会主义思想为指导,落实立德树人根本任务。这是事关我国全面建设社会主义现代化国家的基础性工程,是使我国从教育大国迈向教育强国的重要战略支撑,更是解决"培养什么人、怎样培养人、为谁培养人"这一根本问题的关键性举措。当前,世界正进入不稳定和不确定加剧的新时期,一方面大国之间的战略不稳定正在加剧,如美国与中国、俄罗斯之间的地缘政治竞争进一步加剧,且大西洋关系也因为在诸如伊朗核协议、北约军费分担、全球气候变化等议题上龃龉不断而备受冲击。另一方面基于多边主义的全球治理正遭遇"失能和失势"的危机,以规则、协商和平等原则为基础的多边主义及全球治理运行机制正遭遇前所未有的挑战。此外,认同政治浪潮也扑面而来,许多发达国家和发展中国家中重新勃兴的民粹主义、保护主义和本土主义思潮和运动都带有不同程度的反全球化和反全球主义的认同意识。①与此同时,中国也正处于"实现中华民族伟大复兴战略全局"的关键之际,但马克思主义指导地位面临多样化社会思潮的冲击,社会主义核心价值观面临市场经济这个社会存在的挑战,培养担当民族复兴大任的时代新人面临国内外敌对势力的渗透威胁,新时代人才培养工作面临严峻挑战,而战胜风险挑战的关键在于教育,教育的依托却是教材。可见,教材是基础的基础、关键的关键,是落实立德树人根本任务的基底所在,具有无可替代的重要作用。因此,在国内国际两个大局相互叠加下,教材无可厚非地承担着培根铸魂、启智增慧的正向功能,为培养国际视野与本土情怀统一、创新精神与实践能力兼具的时代新人提供有机养分的精神食粮。

3.充分发挥国家统编教材对铸牢中华民族共同体意识教育的育人作用

进入新时代以来,我们党和国家高度重视教材统编工作,习近平总书记也多次发表重要讲话、作出重要指示批示,明确指出教材建设是国家事权和铸魂工程。②回顾历史发展沿革,统编教材不仅承载着政治、经济、文化的缩影,也形塑着国家、民族、社会的未来,利用好国家统编教材是铸牢中华民族共同体意识的

---

① 叶江.中华民族伟大复兴进程中的"国家民族"建构研究[M].上海:格致出版社,2020:1-3.
② 余宏亮.用好统编教材 筑牢精神国防[J].课程·教材·教法,2021,41(06):68.

基础工程。对此,推进铸牢中华民族共同体意识教育需以统编教材为载体,肩负起培养时代新人的历史使命。

其一,全面落实大中小学思政课教材一体化建设。"思政课程"是落实铸牢中华民族共同体意识教育的主渠道,我们要实施好"思政课程",整体上加强思政课教材体系的系统化、逻辑化、梯度化,才能更好地铸精魂、育新人。[1]对此,要全力推进大中小学思政课教材一体化高质量建设,把握好学生个体发展、学科规律与育时代新人培养目的的辩证统一关系,充分利用"认知—情感—意志—行为"心理发展机制探索组织螺旋上升的一体化教材内容,打破学段壁垒、避免交叉重复,为铸牢中华民族共同体意识教育提供实施载体,以此有效提升教育教学实施效果。其二,充分发挥各科统编教材、各学科核心素养的育人功能,合力铸牢中华民族共同体意识。在实际教学中,应依据不同学科课程标准培育时代新人理应具备的核心素养,使学生形成"你中有我、我中有你、谁也离不开谁"的中华民族多元一体格局,深化"五个认同"、树立"正确五观",加强中华民族命运共同体建设。例如,在道德与法治(思想政治)教材中侧重培育学生的政治认同、责任意识、道德修养以及法治观念,促进学生对伟大祖国、中国共产党、中国特色社会主义的认同;在语文教材中注重增强学生的文化自信,弘扬中华优秀传统文化;在历史教材中强调培养学生的家国情怀,厘清中华民族发展脉络与历史演变。其三,充分挖掘统编教材铸牢中华民族共同体意识教育相关内容,强化学生中华民族共同体认知。在铸牢中华民族共同体意识教育教学实践中,做到既尊重教材,又不拘泥于教材,科学灵活地用好教材,实现教材的再创造与二次开发,以此激活课堂教学,提高课堂教学效果。教材如同深井,只有不断挖掘,才能得到涓涓活水。为此,在对统编教材进行系统分析的基础上,我们要充分挖掘与"中华民族共同体意识"相关的内容,并结合社会现实与生活实际,对教材内容重新进行调整、组织和设计,促进文本价值的教育效用最大化,提升铸牢中华民族共同体意识教育教学成效,帮助学生深化"五个认同"、树立"正确五观"。

---

[1] 许家烨.大中小学思想政治理论课教材一体化建设:逻辑、问题与对策[J].思想教育研究,2022(2):114.

（二）以教学为中心，全面推进铸牢中华民族共同体意识教育落地生根

在当下多元化、融合化趋势不断增强的时代进程中，传统单一的教学方式已经无法有效应对社会实际需求。为此，较之寻求一种十全十美的放之四海而皆准的教学模式，探索多元化的教育教学方式更符合现实发展需要。

1.多种教学模式类型概述

教学模式是现代教育理论研究中的一个重要课题，它既不同于脱离实际、高高在上的抽象理论，也不满足于"甲乙丙丁"式的经验描述，它以具体鲜活的表现形式游走于教育理论与教学实践之间，充当理论与实践相互转化的桥梁，推动理论与实践双向发展。为此，在课程教学改革深化中，作为基础教育课程改革的核心——教学模式创新逐渐受到教育研究者们的重点关注，并成为影响教育教学质量的重要因素之一。接下来，我们将简要阐述一些当代较为主流的教学模式。

探究式教学：探究式教学正日益成为中小学课堂教学改革的重要方式，对改变广大教师的日常行为和学生的学习方式起到了不可估量的作用。实行探究式教学的目的在于改变学生单纯接受知识的学习行为，为学生构建一种开放、包容的学习环境，提供多渠道获取知识、运用知识的机会，促使他们形成积极的学习态度和良好的探究方法，培养他们的创新精神和实践能力。所谓探究式学习，是指学生在学科领域或现实生活的情境中通过发现问题、调查研究、动手操作、表达与交流等探究性活动，获得知识、技能和情感态度的学习方式。研究者普遍认为，经历探究过程、获得理智与情感体验、积累知识与方法，是探究式学习所关注的三个目标。与传统的接受式学习相比，探究式学习具有更强的问题性、实践性和开放性。在这种学习中学生不是面对设计好的问题思路，而是需要自己发现问题和解决问题。[1]

合作式教学：20世纪90年代初，中国教育理论工作者以高涨的热情关注世界教育思潮的发展，适时地将国外"合作学习""合作授课""合作的教育学"等教

---

[1] 张守群，李彦军.多元化教学模式[M].济南：山东教育出版社，2008：24.

学理念引入国内,并结合我国国情进行研究开发,创建了"合作教学论"。合作式教学就是由学生来构筑知识、发现知识、转移知识和扩展知识,教师创造情境的教学方式。在这些教学情境中,通过系统利用教学动态因素之间的互动关系帮助学生主动建构或拓展自己的认知结构,从而促进学生批判性思维的发展以及积极思考的学习习惯的养成。合作式教学的主要特征是以学习小组研讨的方式寻求问题的解决方案。学生在讨论中可收获以下几方面的成长:一是促进学生认知发展。学生通过交流分享彼此的思考、观念和知识,激活、拓展自身认知结构。二是提升学生的人际交往能力。通过合作学习,学生能够意识到个体不是被埋没在众人之中而是在与他人的合作中得到发展的。三是丰富学生的情感。每个成员会因为为集体贡献了智慧和力量,为帮助他人获得成功而感到自豪,这有利于增强其自信和自尊。[1]总而言之,合作式教学可以汇聚集体智慧,有利于问题的解决和学生团队精神的培养。

　　情境式教学:在《现代汉语词典》中,"情境"一词被解释为:情景;境地。[2]具体可感知性就是情境的特质。心理学认为,情境是对人有直接刺激作用、有一定的生物学意义和社会学意义的具体环境。因此,可以说"情境"是指引起人情感变化的具体的自然环境或具体的社会环境。而情境式教学作为一种新的教学模式,是在现代先进的教育思想、教学理念和学习理论指导下,基于学习资源和协作学习,建构在创设的与教学目标需求有关并促其实现的教学情境之上的由教师、学生、教材内容和媒体组成的教学活动进程的稳定结构形式,从而作用于学生而引起积极学习情感反应。[3]究其本质,情境式教学的核心是以"情"为中介,在于激发学生的情感,引起学生对知识、科学以及人生的兴趣,从而使学生的心理技能得到充分发展。它的特点在于把知识的传授和学生的个性发展统一在教学过程之中,也就是把情感活动同认知活动结合起来,主要强调学生个体主观能动性的充分体现,使学生在"乐"学中掌握知识、培养能力,促进学生身心的全面发展,这正是它区别于其他教学模式的主要标志。

---

① 索桂芳,任学印.新课程体系下合作学习教学模式的构建[J].课程·教材·教法,2006(08):19.
② 中国社会科学院语言研究所词典编辑室.现代汉语词典[M].7版.北京:商务印书馆,2016:1068.
③ 赵玉.基于情境创设之教学模式的探究[J].中国电化教育,2001(06):17.

主题式教学:主题式教学实践发端于19世纪末20世纪初的新教育运动,1931年芝加哥大学教授亨利·克林顿·莫里逊在《中学教学实践》一书中,首次提倡通过单元教学方式,让学生在一段时间内学习一本教材或解决一个问题,以促进其人格发展的单元教学法,即莫里逊单元教学法。1955年,拉瓦尼·汉纳等人正式提出"单元教学"概念,他们将横断于各学科且基于儿童个体需求的意义整体称为课题,将单元教学理解为聚焦于某项具有社会意义而展开的、有目的的学习体验。[1]此后,学者鲁斯·甘伯格等人继续深化并阐释了主题式教学的内涵,认为这是一种以学生为中心,以教学主题为枢纽,强调通过广泛的主题探究,而非拘囿于某一学科领域来运作的教学模式。进入新时代,我国基础教育领域正发生着深刻的重大变化,教育教学改革势在必行,学科逐渐从静态分化转向动态开放;教学思维从教师本位与学生本位的两极化教学取向逐渐转为主体间互动交往的有效性教学取向。在这种时代背景下,主题式教学实践活动逐渐被认识为教师与学生在系统论、建构主义理论与多元智能理论指导下,围绕特定教学主题并沿着主题统摄下的一系列有逻辑的子问题而逐渐展开的,通过整合学习资源,深化知识内容,帮助学生深度体验学习过程,从而获得全面发展的实践活动。

项目式教学:项目式教学的概念最早是由杜威的学生克伯屈于1918年在《项目(设计)教学法:在教育过程中有目的活动的应用》一文中提出来的。他肯定了项目式教学对教育实践活动的价值,认为学生只有通过实践活动才能获得真知。目前,国内外对项目式教学的定义多倾向于从过程性的角度去阐述。如,克拉耶克认为"基于项目"的教学是指在动态的过程中,学生通过探究和与他人合作,来寻求现实世界中各种问题的答案。学生运用技术来进行探究、开展合作,[2]并能够运用所习得的知识技能探究疑难问题,进而开发和呈现表征问题解决的成果。国内学者徐锦生等人认为,项目式教学是指在教师的指导下,学生对真实生活问题进行探究的教学活动,即在真实世界中能让学生借助多种资源开展探究活动,

---

[1] 高嵩.论小学主题式教学实践的当代价值、困厄及其应对[J].中国教育学刊,2018(07):62.

[2] 克拉耶克,查尔内克,巴杰.中小学科学教学:基于项目的方法与策略[M].王磊,等译.北京:高等教育出版社,2004:32.

并在一定时间内解决一系列相互关联着的问题的一种新型的探究性的学习。[①]在项目探究过程中,强调以学科核心概念和基本原理为中心,以制作项目作品为最终目的,从而使学生在活动过程中不断提升其动手操作能力和创新实践能力。综上所述,所谓项目式教学,就是在教师引领指导下,学生通过项目小组合作的形式以解决现实生活问题的探究活动。在实践活动过程中,学生借助教师所提供的辅助文本或制作材料,运用所掌握的知识技能完成项目作品,最终实现知识的建构与自身素养的提高。

2.探索多元化的铸牢中华民族共同体意识教育教学模式

铸牢中华民族共同体意识的本质是以民族认同建构国家认同,是全球化时代应对多民族国家合法性挑战的中国特色方案,是从国家政治稳定和社会长远发展的高度着眼的政治文化建设,意义重大而深远。"千里之行始于足下",在中小学学校教育中培育中华民族共同体意识是这项伟大事业的起点和基石。[②]究其本质,学校教育教学是师生在培养目标规定下共同对教育内容的认知方式和实现策略进行建构的过程,是发生在小型互动场域中的文化传承与德行教化,从而最终实现人与文化的双重赓续发展。对此,全面推进铸牢中华民族共同体意识教育教学需以学校教育为主阵地,利用多种教学方式打好"组合拳",充分发挥学生主体性,增强学生获得感,促进受教者共同体意识的形成与社会践行能力的提升,守正创新培育担当民族复兴大任的时代新人。

一是促进跨学科主题化教学,实现中华民族共同体意识教育现实意义与社会意义的结合。在主题式教学中,通过统整不同学科知识,拓展学生学习空间,突破理论知识与现实生活的空间壁垒,以此在不同学习场域的交互过程中达致认知深化。皮埃尔·布迪厄指出,场域是一个关系性概念,场域可以被定义为在各种位置之间存在的客观关系的一个网络或一个构型。在中华民族共同体意识教育主题化教学中,以"物理场域"为起点、"文化场域"为核心导向、"制度场域"

① 徐锦生.项目学习——探索综合化教学模式[M].杭州:浙江大学出版社,2012:6.
② 袁同凯,冯朝亮.铸牢中华民族共同体意识的中小学教育路径[J].中南民族大学学报(人文社会科学版),2022,42(03):47.

为保障,寻找不同学科之间的关联性,探索适切的教学起点,从而加强学生文化认同、民族认同以及国家认同,推动建设中华民族命运共同体。二是借助新媒体技术,打造铸牢中华民族共同体意识教育新空间。特定的学习范式往往与特有的学习空间有关,当旧的范式表现出局限性以后,实践者就会思考如何克服这些缺陷,于是,就自然伴随着对学习空间的改造与优化。①在课程学习中,若受制于特定的学习空间,无益于学生系统把握中华民族共同体的辽阔疆域、地理风俗、精神面貌等。因此,在课程教学中应充分发挥智能时代的信息技术优势,在人机交互的过程中实现教育直观资源的操作体验、模拟情境的认知应用、真实场景的问题解决,②变革课堂教学形式,从而助力课堂教学从单一表征到多态表征再到置身参与,全面提升铸牢中华民族共同体意识教育教学实效。三是搭建多渠道教学平台,开展铸牢中华民族共同体意识教育教学活动。中华民族共同体意识教育不应只局限于学校"场内"教育,更应开展形式多样的"场外"教育,让学生在具身体验中深刻体认识到中华民族"休戚与共、荣辱与共、生死与共、命运与共"的历史事实,加强"五个认同"、树立"正确五观"。如,通过组织与中华民族共同体意识教育相关的实地调研、名胜古迹与博物馆观光等活动,积极调动学生学习积极性,让学生在实践活动中亲身回溯中华民族多元一体格局的历史演变,深刻洞悉中华民族共同体意识的生成与彰显。

(三)以教育实验为引领,推进铸牢中华民族共同体意识教育改革发展

如今,在第四次工业革命方兴未艾的数字时代,技术与教育深度赋能,对铸牢中华民族共同体意识教育活动产生了颠覆性影响。面对新一轮技术变革,人工智能、大数据、互联网等智能技术的发展为铸牢中华民族共同体意识教育实验的设计与开展提供了更多的可能性。对此,推进铸牢中华民族共同体意识教育发展应以前沿性教育实验为引领,利用技术手段重构铸牢中华民族共同体意识

---

① 沈书生.学习空间的变迁与学习范式的转型[J].电化教育研究,2018,39(08):61.
② 胡翰林,刘革平.从多态表征到置身参与:虚拟现实技术助力学科教学的价值路径[J].电化教育研究,2022,43(01):79.

教育课程体系、组织形态、学习机制等,科学把握人才培养规律和青少年成长规律,从而增强学生的理想信念、文化自信以及责任担当。

1.教育实验的产生与发展

教育实验作为一种与教育思潮相伴相生的教育实践活动,其生成演化大致经历了三个阶段,即教育实践理论启蒙与初步探索的"前认识阶段"、教育实验形成与规范化的"前研究阶段",以及从关注教育实践到关注教育社会实验的"后研究阶段"。

第一,前认识阶段:教育实践理论启蒙与初步探索。马克思在其所开创的社会实践理论中指出,"理论的对立本身的解决,只有通过实践方式,只有借助人的实践力量,才是可能的"①。与此同时,马克思在其所著的《关于费尔巴哈的提纲》中,指出了实践理论与实证主义的不同,明确地把实践视为一种对象性活动,即人所特有的能动地改造现实世界的对象化活动。②马克思对社会实践理论的认识,深深影响了众多学者。以布迪厄为例,他在马克思社会实践理论的基础上,创立了自己的"实践理论"。在布迪厄看来,社会实践构成了社会理论理解和把握社会现实的逻辑起点,并且他还力图在自己的理论中赋予实践以基础性的地位。③布迪厄对当下教育改革思考的重要意义在于提出了进行研究时应坚守实践的根本性和关系论的思维方式。基于这一认识,教育实践都是在教育活动的社会关系中展开的。在对教育改革的把握中,需要引入社会实践这一根本性参考量值,超越传统实践认识论中的主观主义与客观主义的二元对立偏见,将二者有机整合到教育实践理论框架之中。真正能够指导教育实践的理论,往往都是多层次的、基于社会关系而非简单对立的。从认识教育实践的大体过程来看,教育实践可以分为宏观实践、中观实践与微观实践。因此,以教育实践为核心参数的教育理论生产顺其自然地也包含了宏观理论、中观理论与微观理论。

① 赵敦华.马克思哲学要义[M].南京:江苏人民出版社,2018:228.

② 周树智.马克思的新世界观:马克思《关于费尔巴哈的提纲》研究文集[M].北京:社会科学文献出版社,2012:126.

③ 庞立生.布迪厄与马克思:社会实践理论的契合与分野[J].东北师大学报(哲学社会科学版),2010(04):153.

对教育实践理论的认识建构并不总是无往不利的。在探索初期，大部分理论对教育实践的指导经常会出现"不相符"的尴尬窘境。事实证明，大多数教育理论并不适用于教育实践的指导与验证，而造成这一现象的根本原因是对教育实践认识的局限性，教育理论过度依托实体论，忽略了真实社会结构中的网络关系。但是，初期的教育实践理论构建往往根植于"松散的实践、混沌的认知"，具有强烈的整体经验属性，且抽象度很高，特点是不关心黑箱内部机制、不区分相邻层次问题、不掌握多层次教育理论模型。[①]因此，这样的理论建构容易导致理论过于混沌，与实践相脱节，且难以真正有效指导教育实践。如果一个理论是正确的，它就能有效指导教育实践并取得成功，反过来却未必，即一个科学理论在教育实践中成功与否并不是验证其正确性的充分条件。列宁在《唯物主义和经验批判主义》中指出，"实践标准实质上决不能完全地证实或驳倒人类的任何表象。这个标准也是这样的'不确定'，以便不让人的知识变成'绝对'，同时它又是这样的确定，以便同唯心主义和不可知论的一切变种进行无情的斗争"。因此，在对教育实践理论的探讨中，人们开始尝试对教育实践进行剖析，通过"干预—观测—验证"等一系列方式，验证教育实践理论的有效性。教育实验研究开始步入前研究阶段。

第二，前研究阶段：教育实验的形成与规范化。17世纪上半叶，捷克著名教育家夸美纽斯《大教学论》的发表，标志着教育学开始成为一门独立的学科，对教育的认识历经了从"后验"到"先验"的过渡阶段，即从肤浅的经验中拾来的经验认识逐步到基于教育实践的经验性认识。从具体的教育经验上升为具有普适性意义的教育理论，是教育学奠基者最为关心的认识论问题。然而，仅仅是认识的提升，并不能从根源上建构教育实践理论。为此，康德提出了"理性"与"实验"并举的教育发展之路。他指出："虽然人们似乎总以为实验对教育来说并无必要，因为从理性出发就已经能够判断什么会是好的或是不好的。但是，人们在这一点上产生的误会是极大的；而且经验表明，我们的实验经常出现与预期截然相反

---

① 逯行,黄荣怀.智能时代的教育改革:教育社会实验的演化及其价值回应[J].清华大学教育研究,2022,43(01):47.

的效果。"①因而,教育过程的"实验"特征与"理性"特征应当得到同等重视。康德在夸美纽斯的认识基础上进一步指出,教育实践理论的建构不仅仅是从"后验性"到"先验性"的认识提升,还需要重视科学性,必要时应通过教育实验去验证经验判断的正确与否。但因受制于所处时代的局限性,康德对教育实践及其理论构建的认识仍有不足,尚未上升到科学经验论的认识范畴。人们假定,在教育经验、哲学或形而上学的规范与教育理论之间,必定存在着联系。需要深入探究的是:这是一种怎样的关系?如何处理这种关系?如何将对一种经验活动的认识上升到"形而上"的哲学范畴同时又注重它的"经验性"特征?

随着教育实践专业化与教育理论发展局限之间的矛盾愈演愈烈,人们迫切需要一种哲学思想来指导人们开展对实践与理论之间的关系的探索。此时,赫尔巴特的教育思想为这一时期的矛盾提供了切实可行的解决方案。他提出从"经验"到"理论"的策略,肯定了教育是一种基于实践的经验活动,教育理论的构建需要以实践经验为基础。与此同时,他还试图调和经验主义与唯理论的矛盾,把两者统一起来,指出只接受两者中的任何一种而忽视另一种就不能真正认识事物。②因此,他提出了三种类型的理论——规范的哲学理论、实用的技术理论、描述与解释的科学理论。至此,对教育实践的认识论开始从经验向实验过渡。20世纪初,学界推动教育科学进入基于"实验"建构教育理论的阶段,认定系统的观察、统计及教育实验具有比旧教育学更为可靠的评量常态以及评量学生个性的优势,③认为教育实验完全可行,教育理论的获得与验证只有在教育实验的基础上才成为可能。同时,确立了"教育经验"上升到"科学教育学"的可靠路径,即观察与实验;坚持教育实验科学的独特性,科学教育学的认识论规范并不完全是自然科学认识论规范的复制;将"实验"与"量"并举,使量成为衡量教育理论科学与否的重要指标。此后,有"教育科学之父"之称的桑代克基于一系列的实验探索,把实验和量化的方法引入教育心理学,推动了教育的科学化进程。④教育心

---

① 康德.康德论教育[M].李其龙,彭正梅,译.北京:人民教育出版社,2017:14.
② 赫尔巴特.普通教育学·教育学讲授纲要[M].李其龙,译.北京:人民教育出版社,1989:12.
③ 时益之,侯怀银.德国实验教育学在中国的传播及其影响[J].教育理论与实践,2017,37(01):9.
④ 叶浩生,杨文登.教育心理学:历史、分歧与超越[J].教育研究,2012,33(06):106.

理学发展的规范性、方法论、结果评价方式、应用与推广规范等为近代教育实验生产教育理论奠定了坚实的基础。虽然实验教学在教育理论上是机械主义的，但它推动了教育科学从哲学探讨向科学实验的转向，并不断推动定性与定量研究的结合。教育实验作为教育实践的重要组成部分，具有生产教育理论、验证经验规律准确性等功能，能够超越感性直观经验的局限去探索和发现客观事物的内部规律和有机联系，对教育实践理论的发展具有不可估量的作用。

第三，后研究阶段：从关注教育实践到关注教育实验。20世纪50年代后期开始的现代教育实践，最大的特点是与新技术革命、复杂的国际竞争环境、多元的教育改革运动等相联系。而教育实验作为教育实践理论的生产主体之一，已引起众多学者的广泛关注。相比"经验型研究"的泛化性，教育实验是在实验积累的经验材料基础之上进行定量和定性分析，深入剖析事物表象之下的变量关系，并通过构建函数表达、因果联系，达到事物本质理解的目的，从而获得基于经验性的规律以及用经验事实证明的规律。区别于基于知识体系加以推演所得出的理论性高级规律，教育实验中所获的规律是基于教育实践而得出的，这种"经验性"规律具有鲜活性，且离真实经验很近。掌握经验性的规律，意味着在科学认识的道路上已经完成了经验研究的阶段。与此同时，这也是现象的理论研究的开始阶段。譬如，用经验性规律构建理论模型。诚然，教育实验绝不仅仅从属于经验研究，它还是用来检验理论建构的准确性与适用性的标准。故而，教育实验对教育实践理论的探索不单只停留于对经验性规律的探寻上，更是包含了对教育活动过程的优化实践。通过对教育实验的分析，人们发现其具备以下三个基本属性：一是研究性与教育性的统一，即对问题和任务有所探索、解决、发现、创造，是"实证"和"理论"的结合；二是实证研究、经验研究与理论研究的统一体；三是实现现象类型的多样性与方法实质的共同性，即多样统一性。[①]

那么，"教育实验"仅仅是实证主义下的教育实践理论生产主体吗？孔德、涂尔干等人发起的"实证主义"包含两个基本要素：一是自然科学都是实证阶段的

① 逯行,黄荣怀.智能时代的教育改革:教育社会实验的演化及其价值回应[J].清华大学教育研究,2022,43(01):52.

知识,但是它们的实证程度有高低的差别;①二是研究社会现象的最佳模式是以自然科学为范式。根据希钦科克提出的"实证主义HD科学模式"(假设-演绎模式),实证主义强调客观性、因果性、演绎性、可证伪性、定量化、普遍性,其特征是依赖假设、线性序列,通过实验建立因果关系和离析关键变量,假设揭示规律。区别于实证主义的一系列特征,教育实验除了揭示经验性规律外,还应揭示规律性的内在机制,即"隐性进程",如制约系统或系统要素发挥作用的内部结构、程序和机理等,最终以"系统化模型"的方式描述联系之间的必然性及其隐含的逻辑与规律。以教育实验为主体,基于理论思维、辩证论思维、哲学方法论,可以获得超越经验性规律和假设逻辑的整体性教育实践理论。可以看出,教育实验具备科学实验的基本特征,并且已然突破了经验主义和实证主义范式的局限性。

2. 探索"铸牢"的前沿性教育实验

当前,新一轮技术变革已助推人类社会迈入第四次工业革命,这场革命将数字技术、物理技术、生物技术三者有机融合,相较于前三次工业革命,它的发展速度更快、渗透范围更广。面对新一轮技术变革,教育系统也将置身于巨大的改革之中,这意味着教育领域核心过程的算法化,尤其是智能技术与教育的相互赋能、深度融合。在这一时代背景下,铸牢中华民族共同体意识教育也必将作出适应性和引领性变革以培养时代新人。然而,受功利主义思想影响,铸牢中华民族共同体意识教育研究较多关注学生对科学文化理论知识的学习与记忆,缺乏对教育教学活动自身规律和特殊性的研究,更没有针对教育教学对象的情感、信念和行为等进行科学实验与探索,这显然不利于"两个大局"下人才培养的时代诉求和中华民族特色教育理论下教育价值目标的实现。因此,在当前教育技术智能化研究广泛深入和应用水平不断提升的情况下,我们完全可以依托元宇宙认知、现实虚拟、区块链技术等来探索中华民族特色教育理论观照下的铸牢中华民族共同体意识教育实践创新,探究教育情境的多元样态与共同体意识的渗透方式。细而言之,通过智能化教育实验,探究学生在不同情境体验中所产生的对共同体理念的认知特点、情感表达、信念升华和行为方式等,为铸牢中华民族共同

---

① 邢立军,马妮.科学与人类幸福——孔德实证主义幸福观浅析[J].道德与文明,2013(04):71.

体意识教育教学的纵深发展提供科学依据和技术支持。

第一,支持有条件的学校建设教育智能化实验室,探索铸牢中华民族共同体意识教育实施中的特点和规律。通过营造沉浸式的智慧空间来开展共同体理念教育,引导学生深度参与到沉浸式教育情境中,探析其对共同体理念的内心体认、情感认同等方面的特殊规律,从总体上为中华民族特色教育理论指导下的铸牢中华民族共同体意识教育实践改革提供科学依据和技术支撑。第二,搭建教育教学实验资源共享平台,加速中华民族特色教育理论观照下的共同体意识教育资源数据化和共享化。此项工作要以教育智能化实验室建设和运行为基础,建设和生成原创性数字资源库,引入成熟的第三方数据资源嵌入实验室平台,向全国共享资源成果,引导和指导中小学和大学开展个性化实验,以此丰富教育智能化实验资源。第三,广泛地、有针对性地设置专项课题和开放课题,鼓励开展基于共同体理念的铸牢中华民族共同体意识教育理论和实践研究。此项活动仍然要以教育智能化实验室建设和运行为基础,积极提供教育实验经费、物质保障和技术支持,调动更多科研单位和学校联动合作,以期让更多科研和实验成果可以推广运用于各级各类学校的教育教学实践。由此,加强共同体理念教育和培养时代新人的教育改革创新,才可以在中华民族特色教育理论指导下以更加科学的、有技术支持的和有条件保障的方式实施。

教师先行——铸牢中华民族共同体意识融入教师教育

实现中华民族伟大复兴是中华民族近代以来最伟大的梦想,中华民族是多元一体、和合共生的大家庭,铸牢中华民族共同体意识是新时代巩固社会主义民族关系、维护各族人民的根本利益、实现中华民族伟大复兴的应然要求。教育作为铸牢中华民族共同体意识的重要途径,其实施成效在很大程度上取决于教师队伍的素质和能力,这就要求我们将铸牢中华民族共同体意识融入教师教育,以"四个共同"为主要内容引导各族教师增进"五个认同"、树立"正确五观",以自身的理想信念和政治理论素养确保中华民族特色教育理论指导下铸牢中华民族共同体意识教育的正确方向及践行成效。

一、铸牢中华民族共同体意识与提升教师素养的内在关系

铸牢中华民族共同体意识与提升教师素养之间存在着高度的耦合关系。一方面,教师群体既是中华民族实现伟大复兴的参与者,更是为实现中华民族伟大复兴积蓄源源不断磅礴力量的贡献者,因此,将铸牢中华民族共同体意识融入教师教育,能够引导教师逐步增强"五个认同",提升铸牢中华民族共同体意识教育实施成效,更好地落实立德树人根本任务。另一方面,我们将铸牢中华民族共同体意识融入教师教育可以获得优质的研究力量和关键的传承群体,使其得到系统、深入的研究,有利于铸牢中华民族共同体意识的传播与根植。

（一）铸牢中华民族共同体意识对教师教育的价值与功能

站在实现中华民族伟大复兴战略全局和世界百年未有之大变局的重要历史关口，铸牢中华民族共同体意识教育已成为当下我国学校教育的重要指向，而落实这一指向的关键在于教师。因此，将铸牢中华民族共同体意识融入教师教育，加强教师队伍建设是落实中华民族共同体意识教育进课程的必要保障。

1.铸牢中华民族共同体意识融入教师教育有助于提升教师对中华民族的政治信仰与职业道德水平

从教学工作角度来讲，铸牢中华民族共同体意识教育的开展就是指以课堂教学为主渠道或者主阵地，以专题教育或重大主题教育的形式进入课堂，以科学渗透、启发、引领等教学方式干预学生的心理认知活动，以中华民族多元一体历史格局的演变逻辑与现实发展为核心内容，使学生内心深处产生情感共鸣，最终促成学生对中华民族共同体的高度认同。其中，固然学生需要通过自我学习认知、自发活动体认来内化中华民族共同体意识、外化自觉实践行为，但学生主体的认知、行为发展离不开教师主体的多方引导与多层助力。因此，提升教师素养是推进铸牢中华民族共同体意识教育实施的智力基础和重要前提条件。这意味着教师需要具有坚定的政治信仰和纯洁的职业灵魂，切实提升铸牢中华民族共同体意识教育的时效性，既助力学生的价值导向，又强化学生的自觉行为。

第一，指向教师的政治信仰。铸牢中华民族共同体意识作为顶层设计与宏观指引，必然存在一定的政治基础。中华民族共同体意识的政治属性表现为对国家的认同、对族际关系的认同和对民族社会发展道路的认同。[①]承接中华民族共同体意识的政治属性需要教师政治认知、政治信仰以及政治行为的支撑，其中以政治信仰联结认知与行为。教师的政治信仰是教师个体在一定的政治环境的影响下，在对政治认知对象的了解和深度认知的基础上所产生的情感共鸣和与其认知相一致的行为倾向的综合的认同体系，它不是由单一的认知构成，它是一个复杂的、多元的心理体系。具体来说，它由政治认知、政治情感和政治行为倾

---

① 赵刚,王丽丽.中华民族共同体意识的政治属性解读[J].湖湘论坛,2017,30(01):106.

向构成。①教师的政治信仰培育是对中华民族共同体意识政治属性的核心回应。教师通过深化政治认知,践行政治行为,指向中华民族共同体意识的政治属性,以充实的内容加强学生共同体理念教育。同时,教师通过政治信仰的渗透、滋养,以理念传递与学生产生共情共鸣,力求在学生理性认知的基础上,增强学生对伟大祖国、中华民族、中华文化、中国共产党以及中国特色社会主义的高度认同。总之,自觉拥护中国共产党、坚定不移走中国特色社会主义学术道路、回应中华民族共同体意识的政治属性是教师在以铸牢中华民族共同体意识为主线的政策背景下,实现素质提升的基本遵循,同时也是坚定政治信仰的基本指向。

　　第二,指向教师的道德深化。学校是公民道德建设的重要阵地,通过教育加强公民道德建设是铸牢中华民族共同体意识的关键一环。学校开展铸牢中华民族共同体意识教育,须充分发挥公民道德建设的重要推动力量,而教师的师德建设之于公民道德建设尤为必要。高校教师职业道德建设是我国公民道德建设和社会主义文化道德建设的重要组成部分,教师的思想政治素质状况和职业道德水平直接关系到学生思想政治教育的效果,②并以道德的力量影响到中华民族共同体意识培育的效果。教师的师德建设是激活铸牢中华民族共同体意识道德力量的重要因子。习近平总书记在同北京师范大学师生代表座谈时的讲话中指出:"好老师首先应该是以德施教、以德立身的楷模。师者为师亦为范,学高为师,德高为范。"教师应该具备良好的立德树人观念,并不断提高道德修养,给学生传授正确的道德观念。一方面,教师以榜样示范作用促进学生的道德发展与个人修养,帮助学生围绕中华民族共同体意识的道德基因实现知情意行的统一,以道德力量不断巩固学生的中华民族共同体意识;另一方面,教师要以寓教于乐的方式提升教学内容的艺术性与道德性,促进教育教学围绕中华民族共同体意识的道德因子逐步实现浸润无声的滋养,以道德力量促进中华民族共同体意识的深度根植。

　　总之,在师德建设方面,作为新时代社会主义事业建设者和接班人的培育

---

① 李蓉蓉.试论政治信仰[J].理论探索,2004(04):78.

② 陈潮光.构建高校师德建设长效机制的理论与实践[J].高教探索,2007(02):123.

者,教师只有自己具备良好的立德树人观念和较高的道德素养,才能牢固树立中华民族共同体意识,正确认识中国和世界发展大势,把握中国特色社会主义发展历史进程;正确认识时代责任和历史使命,做大局大势的明白人。

2.铸牢中华民族共同体意识融入教师教育有助于丰富教师的教育资源,增强教师的教学能力

2021年,习近平总书记在中央民族工作会议提出,要构建铸牢中华民族共同体意识宣传教育常态化机制,纳入干部教育、党员教育、国民教育体系,搞好社会宣传教育。其中,国民教育既关系到当代,更关系到未来,是为国家与社会培根铸魂的基础工作,其重要性不言而喻。要把铸牢中华民族共同体意识贯穿各级各类教育全过程,贯穿马克思主义世界观、人生观、价值观教育全领域,融入德智体美劳各方面。我国是一个历史悠久的统一的多民族国家。一部中国史,就是一部各民族交融汇聚成多元一体中华民族的历史,就是各民族共同缔造、发展、巩固统一的伟大祖国的历史。各民族之所以团结融合,多元之所以聚为一体,源自各民族文化上的兼收并蓄、经济上的相互依存、情感上的相互亲近,源自中华民族追求团结统一的内生动力。因此,将铸牢中华民族共同体意识融入立德树人全过程,能够在一定程度上创新各级各类教育教师的教育内容,成为教师们崭新的教育资源。与此同时,这也对教师的教学能力提出了新的挑战,要求教师强化其自身教学能力。总的来说,其一,强化教学能力有助于中华民族共同体意识融入教学内容的灵活化,反映在教学内容设计方面应是系统、全面而又活灵活现的,以此推动学生的"主动学""乐于学""系列学"。其二,强化教学能力有助于中华民族共同体意识潜入学生的头脑,反映在教学方法方面则是既互相交流而又组织有序,以此推动学生"深入学""渗透学""观念学"。其三,强化教学能力有助于中华民族共同体意识转变为学生的自主行为,反映在教学实施方面则是知行结合而又相得益彰,以此推动学生"自觉学""转换学""实践学"。

与此同时,教师必须遵循教学目标与教学内容的逻辑递进原则。教师需将铸牢中华民族共同体意识融入立德树人根本任务中,贯穿教育教学和改革发展全过程;坚持把铸牢中华民族共同体意识贯穿学校教育的全过程和各环节,针对各民族青少年的认知差异,遵循青少年的认知特点和规律,精心设计和开展思政课程和课程思政协同的教育教学。在明确教育目标的基础上,按照不同阶段螺旋式开展教学工作,着力提高教学实效,实现铸牢中华民族共同体意识教育全过程相互衔接。坚持政治性和学理性相统一,以透彻的学理分析回应学生;坚持主导性和主体性、价值性和知识性、理论性和实践性、建设性和批判性、统一性和多样性、灌输性和启发性、显性教育和隐性教育相统一。在实际教学中,做到既充分挖掘各学科中蕴含的铸牢中华民族共同体意识教育资源,又充分发挥教师主导作用和学生主体作用,寓价值观引导于知识传授之中,用科学理论培养人,确保实现铸牢中华民族共同体意识教育全过程的闭环育人。总之,在新时代发展背景下,我们要通过教师的教学优化实现铸牢中华民族共同体意识教育"进头脑""进心灵""进行为",而教师的教学能力则是教学优化的支撑。

3.铸牢中华民族共同体意识融入教师教育是促进教师全面发展的重要手段

新发展阶段下,学校教育是铸牢中华民族共同体意识的基础性工程,而这项工程的建设者主要是教师。教师通过教育教学引导学生将中华民族共同体意识认知内化为情感,并促成其外化为学生的自觉行为。为此,需要教师形塑对中华民族共同体的整体认知,交互"四个共同"的情感体验,培养厘清"个人梦"与"中国梦"关系的行动能力,从而促进自身的全方位发展。

第一,形塑教师对中华民族共同体的整体认知。认知是开展铸牢中华民族共同体意识教育的基础,教师若想优化铸牢中华民族共同体意识教育,首先要确立对中华民族共同体的正确观点、根本看法和基本立场,这种认知是教师情感态度与价值信念建立的理性基础。中华民族共同体观与国家观、民族观、政治观、文化观等紧密相连,只有形成对中华民族共同体的基本内涵、形成过程、发展规律等方面的正确认知,并不断纠正错误认知、深化正确认知,才能真正理解民族团结的重要意义,深化"五个认同";在积累了一定量的正确认知后,才有可能促成质的飞跃,深化对中华民族共同体的情感,最终达到铸牢中华民族共同体意识的目的。因此,有必要将铸牢中华民族共同体意识融入教师教育的各个环节,促进教师理性认知的发展。例如,目前我国基本形成了教育部研修基地示范培训、各省教育行政部门集中培训和学校分批培养培训等比较完善的国家、省级和高校三级培训体系与机制。各级培训要把铸牢中华民族共同体意识作为重要专题纳入培训计划,同时鼓励教师积极探索课程思政与思政课程协同育人的教育方法,构建起大思政格局,实现全员、全过程、全方位育人。

第二,交互教师"四个共同"的情感体验。情感基于认知产生,是价值观形成和发展的"催化剂",是"通过长期或强烈体验形成的人类社会性高级情感"[1],如道德感、价值观、荣誉感等都属于情感。在情感层面,中华民族共同体意识可以理解为主体对共同体的热爱、自豪等情绪体验。中华民族共同体意识中蕴藏丰厚的情感元素,这种情感既源于五千年的历史文化积淀,也源于近现代中华民族的命运相连。中华优秀传统文化是中华民族在五千年历史长河中凝结而成的,是中华民族特色文化、特有思维与价值观念的精华,正是这种同源同根的历史文化将中华民族共同体中的成员凝聚在一起,引起成员之间的情感共鸣。放眼当代,中国共产党在长期的革命、建设和改革的伟大实践中,在马克思主义科学真理的指引下,紧密团结各族人民,使中国发生了翻天覆地的变化,人民生活不断改善,中国特色社会主义进入新时代。五十六个民族紧密团结,共同助力国家发展。在此过程中,中华民族共同体意识的内涵不断丰富,国家荣誉感、民族自豪感等不断深化,厚植中华民族共同体情感的要求也不断增加。从心理学来看,认同是主体确认自身身份的依据,在心理层面都包含了对所属群体的归属、依恋,以及对"非我族类"的区分、疏离等情感。[2]"四个共同"是中华民族共同体意识的核心内容,是凝聚共同体意识的最大公约数,是统领性要素。将"四个共同"作为铸牢中华民族共同体意识的主要内容纳入教师教育,有助于帮助教师厚植对伟大祖国、中华民族、中华文化、中国共产党、中国特色社会主义的积极情感,从而筑牢教师共有精神家园的认同基础,同时为铸牢中华民族共同体意识教育的顺利开展夯实思想基石。

---

① 王珺颖.社会主义核心价值观情感认同的培育路径[J].思想教育研究,2019(12):125.

② 江玲丽.民族院校大学生中华民族共同体意识教育研究——基于空间理论视角[D].南宁:广西民族大学,2022.

第三，培养教师厘清"个人梦"与中国梦关系的行动能力。坚定意志是正确认知与正向情感的内在升华，认知和情感可以为铸牢中华民族共同体意识提供内部动力，但如若认知和情感没有升华为坚强意志、形成价值观念并指导实践，那铸牢中华民族共同体意识的目的就未必能实现，认知教育与情感教育的效果则会大打折扣。教师身份的特殊性决定了教师必须正确认识到自己与民族、国家同呼吸、共命运，只有对民族和国家满怀热情，才能产生坚定的理想信念与意志，自觉投身实现中国梦的时代大任之中。在价值取向上，中国梦理念结合了国家、民族的"大梦"与个人的"小梦"，体现了共同理想对个人价值的关照。中国梦的基本内涵是实现国家富强、民族振兴、人民幸福。这一理念将国家利益、民族利益与个人利益紧密联系在一起，中国梦既包括国家的繁荣振兴、民族的兴旺发展，又包括个人的幸福美满。中国梦具有深刻的内涵、宽广的外延，个人的梦想千差万别，但在这些"个人梦"实现的过程中，都会因共同的中国梦而凝聚在一起。个人梦和中国梦联系密切、相辅相成，使个人的理想信念与中国梦的紧密结合成为可能。一方面，个人成长与理想实现离不开中国梦的支撑。国家的兴旺发达与民族的繁荣发展，能为教师个人理想的实现提供更宽广的舞台、为个体的全面发展提供强有力的社会支持。另一方面，个人理想的实现是中国梦实现的重要组成部分。个人理想是中国梦在个体信念中的反映，个人为实现梦想而努力、奋斗，是实现中国梦的动力源泉。个人梦因中国梦而凝聚，每个中国人民都肩负着实现中国梦的重任，当个人梦不断实现、积少成多，就可促使质变发生，最终实现中华民族的伟大复兴。这就体现出铸牢中华民族共同体意识融入教师教育的必要性和紧迫性。我们要通过关于教师教育的各项实践活动传递社会主流的道德精神与价值体系，提升教师群体的集体感与家国情怀，引导教师将内心的知识积淀、情感流露与自身经历结合起来，自发产生对中华民族共同体的认同感、归属感、自豪感，正确把握"个人梦"与中国梦的关系，以此规范自身行为准则，最终铸牢中华民族共同体意识。

总之，加强铸牢中华民族共同体意识教育需要教师进行认知层面的自我思考、情感层面的自我认同以及行为层面的自我落实。在"知情意行"多重心理机制的共同作用下,教师的全面发展才能获取源源不竭的动力,才能进一步助力学生实现中华民族共同体意识由内化向践行的转变。

(二)融入教师教育对铸牢中华民族共同体意识的重要意义

第一,融入教师教育有利于铸牢中华民族共同体意识的科研发展。要使铸牢中华民族共同体意识研究为新时代教育高质量发展所用,为实现中华民族伟大复兴中国梦服务,就必须深刻理解和准确把握理论与实践之间的辩证统一关系。任何实践若缺少理论的指导,就会导致盲目的行动;同样,任何理论若脱离实践基础,就会变成空洞的说教。自党的十九大将"铸牢中华民族共同体意识"写入党章,成为党开展工作的重要主线后,便出现了诸多关于铸牢中华民族共同体意识的研究成果,但是在其具体内涵、内容结构、逻辑关系等方面明显缺乏理论性、系统性研究,使铸牢中华民族共同体意识相关研究呈现出碎片化、局部性等特征,缺乏必要的逻辑梳理和学理论证,也缺乏有效的时代转换,最终遭遇认同危机。这些归根结底还是对铸牢中华民族共同体意识的现实问题和具体问题把握不够深刻。在中华民族共同体研究中,微观研究和实践研究恰恰是研究的重点和价值所在。理论研究最终是为了指导实践,只有同时做深做细做实,中华民族共同体的理论研究和实践研究才能真正实现其政治性、思想性、理论性和现实性的统一,不断推进中华民族共同体建设。在铸牢中华民族共同体意识教育活动中,教师是活动开展的主体,以经验升华与问题转换助力中华民族共同体意识话语建构,以科研发展助力中华民族共同体意识的高度提升、深度发展与广度贯彻。教师是铸牢中华民族共同体意识教育的教学者和研究者,鼓励教师开展相关研究具有以下双重优势。其一,聚焦教学实践,围绕铸牢中华民族共同体意识教学内容的具体实施进行问题转化与观点提炼,揭示教学特点和教学规律,为提高教学效果提供理论参考与实践遵循;其二,聚焦学生主体,围绕学生中华民族共同体意识的内化与践行进行研究设计与路径探索,遵循学生的学习特点与思维特性,为增强教育之"效"提供经验参考与具体考量。

第二,融入教师教育有助于强化铸牢中华民族共同体意识的传播。铸牢中华民族共同体意识是人们增强认同、凝聚共识、共担使命的心理基础,只有在各族师生心灵深处根植中华民族共同体意识,才能凝心聚力共建美好家园。然而,在当今时代,中华民族共同体意识的培育不断经受着来自内外部的挑战。从国内视域看,社会经济发展不平衡、不充分带来的部分民族群体的心理落差在一定程度上消解了其中华民族共同体意识;从外部视域看,西方敌对势力及其传播的多元文化或多元主义价值观念成为中华民族共同体意识培育的掣肘。基于此,我们要将铸牢中华民族共同体意识全方位融入教师教育,使教师成为有信仰、有知识的传播者,利用优质的传承群体使铸牢中华民族共同体意识在不偏离正确方向的基础上扩大传播力和影响力,帮助学生了解中华民族悠久绵长的发展历史、兼收并蓄的灿烂文化、交错杂居的分布格局、守望相助的民族感情、相互依存的经济联系,并深刻地认识到中华民族共同体是关乎每个中国人的命运共同体,自觉维护国家统一和民族团结是各民族的最高利益,引导各族学生学会互相包容、互相尊重与互相关爱,促进各族学生交往交流交融。

(三)铸牢中华民族共同体意识与教师教育的内在统一

首先,将铸牢中华民族共同体意识作为教师教育的重要目标。习近平总书记在2018年全国教育大会上指出,"教师是人类灵魂的工程师,是人类文明的传承者,承载着传播知识、传播思想、传播真理,塑造灵魂、塑造生命、塑造新人的时代重任"[①]。师者,人之模范也。教师的言谈举止将会给学生带来难以磨灭的影响。因此,新发展格局时代背景下,教师立好自身德行,方能树好时代新人。而要立好自身德行需要以铸牢中华民族共同体意识为主线,增强自身民族身份认同,勇担民族复兴大任。在实际教育过程中,教师要善于将铸牢中华民族共同体意识贯穿教育教学全过程,充分挖掘课程和教学方式中蕴含的民族团结教育和思想政治教育资源,尤其需要提升自身育德意识与育德能力,在课程教学中主动自觉且积极有效地隐性植入中华民族共同体的立场和观点,从而不断提高各民

---

① 习近平在全国教育大会上强调 坚持中国特色社会主义教育发展道路 培养德智体美劳全面发展的社会主义建设者和接班人[J].党建,2018(10):4.

族学生的思想水平、政治觉悟、道德品质以及文化素养。其一,要增强教师的育德意识。教师是意识形态的传承主体,必须引导学生完成对课程本身的理解与意义认知。开展铸牢中华民族共同体意识教育的教师应该具备较强的育德意识,主动将中华民族共同体理念融入课程内容,增强教育的时代性和感召力。其二,要提高教师的育德能力。教师言传身教是开展铸牢中华民族共同体意识教育的重要环节和鲜活案例,是提升各民族学生对中华民族共同体认可度和接受度的重要途径。因此,教师应该加强学习,不断提升自身挖掘铸牢中华民族共同体意识教育要素的能力,发现映射点和辐射面,在专业教育中有机融入思想政治教育和民族团结进步教育内容,提升教学过程和教学效果的思想性、人文性和感染性。

其次,将铸牢中华民族共同体意识作为教师教育内容的重要补充。教师队伍建设是开展铸牢中华民族共同体意识教育的关键要素和基础保障,应按照"有理想信念、有道德情操、有扎实知识、有仁爱之心"的"四有好教师"标准,建立一支政治素质过硬、业务能力精湛、育人水平高超、作风素质过硬的师资教育队伍。把师德师风建设作为评价教师队伍素质的第一标准,完善教师教育体系,引导广大教师努力做到习近平总书记在2016年全国高校思想政治工作会议上所强调的,"坚持教书和育人相统一,坚持言传和身教相统一,坚持潜心问道和关注社会相统一,坚持学术自由和学术规范相统一""努力成为先进思想文化的传播者、党执政的坚定支持者,更好担起学生健康成长指导者和引路人的责任"。[1]因此,教师教育的内容要把"明辨大是大非的立场特别清醒、维护民族团结的行动特别坚定、热爱各族群众的感情特别真诚"[2]的培养贯穿于立德树人全过程,着力提高教师服务国家人民的社会责任感、维护中华民族大团结的历史使命感,将"四个共同"作为教师教育内容的重要补充,充分讲清楚内含于其中的各民族共同开拓的疆域整体性、各民族共同形成的历史互动性、各民族共同创造的文化包容性以及

① 吴晶,胡浩.习近平在全国高校思想政治工作会议上强调 把思想政治工作贯穿教育教学全过程 开创我国高等教育事业发展新局面[N].光明日报,2016-12-09(1).
② 中央民族工作会议暨国务院第六次全国民族团结进步表彰大会在北京举行[N].光明日报,2014-09-30(1).

各民族共同培育的精神凝聚力,引导受教育者增强对伟大祖国、中华民族、中华文化、中国共产党、中国特色社会主义的认同。其中,应以中华优秀传统文化传承发展为核心内容,从历史文化连续性理解古代中国、现代中国以及未来中国,坚定各族师生文化自信,守正创新,以赓续历史文脉、担当文化使命的精神面貌更有力地推动中国特色社会主义文化建设,为建设中华民族现代文明作出应有贡献。综上,要将铸牢中华民族共同体意识作为教师教育内容的重要拓展。

二、教师专业发展取向对铸牢中华民族共同体意识融入教师教育的意蕴

教育要发展,教师是关键。教师专业发展已成为当代教育改革的核心主题之一。然而,目前关于教师专业发展的研究鲜少关注环境、文化等外部因素对教师专业发展的影响。教师专业发展的生态取向,在教师专业发展促进方式的问题上不仅是对理智取向、技术取向、实践反思取向的一种发展,同时也是一种有力补充。教师专业发展的生态取向即在强调教师成长和环境之间关联与关系的生态学内涵和意蕴下,超越非此即彼的思维习惯和二元对立思维模式的影响,在反思取向倡导的同伴互助交流、群体协商,以及重视反思过程、体验和发展反思技术、方法等基础上,重视"环境""氛围"对教师的个人影响,以此促进教师群体的专业发展。在当前以铸牢中华民族共同体意识为主线,深化民族团结进步教育的时代背景下,必须准确把握教师专业发展的生态取向,不断巩固教师对中华民族共同体的思想基础,使教师深刻认识和真正体会到铸牢中华民族共同体意识是维护各民族根本利益的必然要求,是实现中华民族伟大复兴的必要途径,是巩固和发展平等团结互助和谐社会主义民族关系的重要手段,是党的民族工作开创新局面的重要根基。

(一)教师专业发展的四种取向

自20世纪80年代以来,关于教师专业发展的价值取向,由"理智取向""技术取向""实践反思取向"逐步转向"生态取向"。这既是人们对教师专业发展的价

值的理性思考的结果,也是对教师专业发展现实境遇进行反思与探究的结果。教师专业发展的价值取向影响着教师专业发展的路径选择和教师教育培养模式的建构,影响着教师专业发展的速度与水平。

1."理智取向"的教师专业发展

"理智取向"的教师专业发展理论出现时间最早、持续时间最长、影响相对最大,其核心观点认为教师的专业发展是教师知识的增长与能力的提升,教师应不断习得教师教学必备知识并逐步提升教师教育教学能力。对专业知识和专业能力的密切关注和高度重视是理智取向的共同特点。由此,理智取向的重心转向对专业知识和专业能力的内涵界定以及教师获得相应知识与能力的过程把控。事实上,理智取向的教师专业发展能最早被关注,并被无意识地践行具有多方面的复杂原因,其中既包括人类对专业及专业性的习惯性认知,也包括理智取向本身所展示出的可测量、易操作等特征。理智取向的教师专业发展观将抽象的教师专业发展具象化为直观的专业知识获得与专业能力提升,由此为复杂多样的教师培训与学习奠定了理论根基。基于对专业知识和专业能力强调的共识,倾向于教师专业发展理智取向的学者提出了详略不等的多样知识分类体系,其中以1987年美国学者舒尔曼提出的教师专业知识基础七个范畴影响最大,其突出强调学科教学法知识,该分析框架迅速被众多教师教育机构所接受和采纳,并作为确立教师教育课程体系的理论基础。同时,诸多学者延续舒尔曼的研究逻辑,对教师专业的知识基础展开了丰富深入的探讨。虽然关于教师专业的知识基础研究呈现出多样化的特点,但仍旧存在阶段性的共识。与专业知识一同受到重视的是教师的专业能力,相比于专业知识的客观性、稳定性与基础性,专业能力更多呈现出主观性、情境性、生成性等特点,可简单地理解为在具体的教学过程中灵活运用专业知识以达成预期教学目标的能力,是教师必须具备的从事教育教学工作的基本技能。简而言之,理智取向的教师专业发展理论强调教师的专业发展应是不断习得学科专业知识,提升教学专业能力的过程。然而,理智取向的教师专业发展理论自身存在较大缺陷,一方面,理智取向的教师专业发展理论所强调的专业知识习得和专业能力提升并不能完全等同于教师的专业发展,后者的内涵要远远丰富于知识的获得。另一方面,将教师视为一个整体概念而忽视教师群体内部的个体差异同样有悖于教育实际。

2."技术取向"的教师专业发展

"技术取向"的教师专业发展理论主张教师必须掌握和学会运用教育教学中的技术,这促进了技术取向的教师专业发展理论和实践的发展。最早提出技术取向的是美国斯坦福大学的爱伦博士。20世纪50年代末,美国在"回到基础去"的口号下,开始了以课程改革为主要内容的教育改革。这次改革,引发了教育其他领域的改革,教师教育也不例外。爱伦博士认为,科学化师资培训、现代化师范教育的中心任务不应该仅仅是传授学科知识,还应包括传授教学技能和教学艺术。为此,他和他的同事们提出了用微格教学训练教师教学技能的主张。教学技能训练就是训练一些规范化、定型化的行为方式,使教师能在类似的教学情境中,作出及时的、规范的反应。

为此,我国师范教育的职前培养体系开始从三级师范向两级师范过渡,这标志着我国中小学教师从业要求在不断提高,它将带来我国教师文化科学素质的整体提升。在职后,以小学教师为主要对象,以"三字(粉笔字、钢笔字、毛笔字)一话(普通话)一画(教学简笔画)"为主要内容的"基本功"训练,以及以"组织教育活动""教具制作与使用""教学技能"为主要内容的教育教学实际技能训练不仅拉开了我国中小学教师继续教育的序幕,而且改变了教师在课堂中的教学形象,实实在在地提高了一些教师的教育教学能力。正因如此,再加上教学技能的训练操作相对比较简单,许多基层培训机构对教学技能的训练乐此不疲。"技术取向"存在的问题也是无法忽视的,主要包含两个方面。一方面,教师面对的是活生生的人,需要在教育活动中进行情感交流,而情感问题是无法从技术训练的角度得到解决的;另一方面,活生生的人也必将在活动中生发出丰富多彩、不可预料的教育情境,技术训练试图给教师以解决问题的操作范型,然而,如果仅立足于基本的方法,则可能就是不具体的,如果是具体的方法,又可能是受局限的,因为越具体越不可能穷尽,技术训练很容易陷入一种两难的处境。

3."实践反思取向"的教师专业发展

"实践反思取向"的教师专业发展注重学科专业知识与教育学科知识的掌握,同时强调合格的教师还必须具备一定的实践性知识,即从事教师职业所具有的内隐性知识,并且认为这一部分知识不是通过培养、培训获得,因为教育教学情境是复杂性的、生成性的、独特性的和有价值冲突性的,所以在教师教育的过程中是无法预测与创设的。教师职业内隐性的知识是教师通过个人的实践与反思获得的,是在日常的教育教学实践中获得的。因此,"实践反思取向"教师专业发展注重教师个人的实践、反思与理解,关注教师的主体性,重视通过教师行为的改变,来促进教师个体专业的发展。但是,"实践反思取向"的教师专业发展忽视了教师专业发展是一个互利共生、动态平衡的专业发展生态系统。[①]

从教师成长的动因分析,理智取向和技术取向下的教师被动地接受社会的角色期待来发展相应的职业特质,实践反思取向下的教师"并不是简单地应用所学的专业理论知识,而是以一种'在行动中反思'的方式发现问题,形成假设,采取对策。教师的行动与反思不断互动,教师的心与身、理智与情感在互动中密不可分"[②]。然而,上述三种价值取向理论指导下的教师专业发展仍然相对缓慢,究其原因,一方面是在教师教育职前培养与职后培训中,采用封闭式的学校教育和科学范式的培养方式,导致教师个体生态失调以及教师生态系统失衡,产生"花盆效应";另一方面是在教师教育过程中,缺少外部环境的支持,孤立与封闭导致了教师群体生态失序,阻碍了教师专业发展。为此,关于教师专业发展的研究与实践需要转向新的研究范式,在关注教师个体学习、实践与反思的同时,也关注将教师的成长植根于生态文化环境中,运用生态学的理论开展研究与探索,逐步形成生态取向教师专业发展理念。

4."生态取向"的教师专业发展

教师专业发展的生态研究转向源于1976年美国哥伦比亚师范学院前院长劳伦斯·克雷明提出的"教育生态学"概念,他认为教育生态学依据生态学原理,特

---

① 靳玉乐,殷世东.生态取向教师专业发展的理念与策略[J].教师教育学报,2014,1(01):23.

② 陈向明.实践性知识:教师专业发展的知识基础[J].北京大学教育评论,2003,(01):105.

别是生态系统、生态平衡和协同进化等原理与机制,研究各种教育现象及其成因,进而掌握教育发展规律,揭示教育的发展趋势和方向。[①]20世纪70年代,教育生态学研究趋向纷呈,英国学者埃格尔斯顿的《学校生态学》以研究教育资源的分布为主旨;费恩的《公立学校生态学》、坦纳的《生态学、环境与教育》、沙利文的《未来、人类生态学与教育》则从教育与环境的关系入手来探讨教育问题。20世纪80至90年代,教育生态学的研究范围拓宽并向纵深发展。1987年,莱西和威廉斯合编了《教育、生态学与发展》;华盛顿大学的古德莱德侧重微观的学校生态学研究,首次提出学校是一个文化生态系统的概念;斯坦福大学的艾斯纳发表《教育改革与学校教育生态学》,关注对教育改革的生态学研究;波特兰州立大学的鲍尔斯连续出版三本专著,内容涉及微观课堂生态的研究和生态危机给文化、学校的教学、课程等带来的影响。[②]总之,人们更关注于对一些现实问题的生态学研究,而非构建一个教育生态学体系。因此,从生态学分支学科的发展历史可以看到,生态学众多分支学科的诞生恰恰意味着生态学视角在不同领域的出现,是一种因研究新思路的出现而导致的生态学取向的转向。

综上所述,生态取向更加强调主体和环境之间的关联与关系,更加注重文化氛围的营建,研究"环境""氛围"对个人的影响,可以说,如果我们超越非此即彼的思维方式和习惯的影响,那么,生态取向就是对实践反思取向的超越式发展。生态取向认为教师的专业成长是个体和环境互动的结果,以更广阔的视角观察教师专业成长,将教师置于时空架构中去看待教师的专业成长。事实上,教师专业成长不仅是教师知识技能的增强,还包括教师个体社会化的发展,即教师作为社会人的价值观、人生观、情感、意志等的发展和完善,而这些又是教师"育人"并对学生产生重大影响的个人专业成长要素,它们直接受到教师生存期间所形成的各种人际环境状况的影响。总而言之,生态取向特别重视教师发展赖以"坐落"的"场域"对教师专业成长的影响,强调"场域"中的"群体"作用,强调群体中的"价值观""文化""氛围"等对教师主体意识的影响和激发。这就使教师专业成

---

① 关文信.西方教育生态学理论对课堂教学监控的启示[J].外国教育研究,2003(11):1.

② 宋改敏,陈向明.教师专业成长研究的生态学转向[J].现代教育管理,2009(7):50-51.

长在超越理智、技术和实践反思取向的基础上,能够实现教师在开放系统下和外界的多路径信息流转中的更全面主动的发展,也预示了教师专业成长取向的转换和教师专业成长取向在发展中的转向。

(二)教师专业发展取向对铸牢中华民族共同体意识融入教师教育的启示作用

根据教师专业发展取向的演变路径,教师专业发展需要结合理智取向、技术取向、实践反思取向,最终落脚于生态取向这一较为宏观的视野之下,将铸牢中华民族共同体意识融入教师教育,以期为教师的专业成长寻求更广阔的空间和土壤。上述四种教师专业发展取向对如何将铸牢中华民族共同体意识融入教师教育之中具有一定的启示意义,具体作用如下表所示。

表6-1　铸牢中华民族共同体意识融入教师教育参照表

教师专业发展取向	铸牢中华民族共同体意识融入教师教育的重点
理智取向	深入了解国家意识形态、中华民族历史和中华各民族文化等相关知识,能够将国家意识形态准确传递给学生
技术取向	将中华民族历史发展与各民族历史通过信息技术和多媒体教学手段等,以生动形象的方式展现出来,引导学生深入理解相关知识
实践反思取向	教师对于中华民族共同体意识应具有理性反思、客观审视并能作出正确价值判断的能力,才能做好取舍与创造性转化的工作,更好地发挥以身示范的作用
生态取向	为教师专业发展营造良好的社会文化氛围,培育教师共有的文化心理、共同的心理归属,并在此基础上建立牢固的国家认同,铸牢中华民族共同体意识

首先,理智取向是铸牢中华民族共同体意识融入教师教育需要把握的前提。教师队伍是深化民族团结教育事业和开展铸牢中华民族共同体意识教育的一线主力军和直接施教者,育人者自己要先受教育,传道者自己要先明道。因此,要积极向教师开展党史、新中国史、改革开放史与社会主义发展史教育,阐明中华

民族命运共同体形成的历史脉络,帮助教师了解统一多民族国家是我国的基本国情,中华民族多元一体格局是历史演变的必然结果,中国、中华民族、中华文化、中华文明和我国各民族之间存在密切的内在联系。以事实为依据,强化其对中华民族命运共同体历史必然性的理解与认同。同时,要发挥教师的主动性和创造性,向其大力宣传中国特色社会主义制度的优越性以及国家和民族的感人故事,做到以情化人;使其深刻理解和准确掌握马克思主义精髓和中国共产党的科学理论,做到以理育人;使其时刻把握党和人民的伟大生动实践,发挥中华民族共同体意识培育的主力军作用。总之,教师需要充分认识到作为代际传承活动的教育在中华民族共同历史记忆延续中所肩负的时代使命,自觉将铸牢中华民族命运共同体意识教育融入教育实践之中,加强受教育者中华民族共同体意识的建构,并通过此教育实践增强其对中华民族共同体的认同。

其次,技术取向是铸牢中华民族共同体意识融入教师教育需要把握的重要手段。教师只具备铸牢中华民族共同体意识的表层知识远远不够,如何利用合理的教学方式和手段实现表层知识的深层意义建构非常关键。为此,教师应灵活运用大数据时代"互联网+"教育的思路,强化铸牢中华民族共同体意识教育的"微课"设计制作与应用,研究信息技术与"思政课程"以及"课程思政"的整合路径,推进"讲好中国故事"的实践探索,加强多媒体素材处理及课件制作运用,从而确保教师素质提升的方法路径不落俗套、教师素质提升确实有效、能力拓展确实见效、教育教学效果确实高效。同时,教师应重视用好蕴藏在社会生活中丰富而鲜活的素材,引导各族青少年关注现实、走进社会、深入生活,自觉以火热的社会生活实践为"活素材",以社会生活为"大课堂",将学校教育与现实生活紧密结合起来,使学校教育与社会实践充分互动起来,实现与时代的同频共振,不断增强铸牢中华民族共同体意识教育的吸引力、亲和力、感染力和引领力,让各族青少年在共同的理想中,聚焦铁一般有信仰、信念、纪律、担当的育人目标,按照灵魂、本事、血性、品德兼具的育人要求,持续深入铸牢中华民族共同体意识,确保更好地满足各民族青少年学生成长成才的需求和期待。

再次,实践反思取向需要教师通过自觉践行提升铸牢中华民族共同体意识教育的水平。强化铸牢中华民族共同体意识教育不仅需要教师自身对中华民族共同体意识的内化以及具备高效开展教育教学的技术,更需要教师具有开展铸牢中华民族共同体意识教育的主动性和总结教育活动经验的自觉性。第一,自觉践行政治站位与理论指引,在实践中实现对铸牢中华民族共同体意识概念本土化的把握与理论中国化的理解,助力政治信仰的高度发展;第二,自觉践行道德修养与良性互动,在沟通中实现灵魂升华与道德共鸣,助力师德建设的深度发展;第三,自觉践行职业规范与专业期许,在交流中实现理性思维与情感认同的深化,助力专业认同的巩固发展;第四,自觉践行研究型教学与教学性反思,在实施中实现教学技能的提升与教学观念的转型,助力教学能力的创新发展;第五,自觉践行学术性思考与建构性提炼,在协作中实现教学问题的转化与教学经验的升华,助力科研水平的整体提升。

最后,生态取向决定了要为铸牢中华民族共同体意识融入教师教育营造良好的文化环境,从而培育教师的共有文化心理,增强其文化的心理归属感,并在此基础上建立稳固的国家认同,形成坚定的中华民族共同体意识。一个国家、一个民族文化的形成离不开自身的历史发展,文化认同是根植在历史中的基础性认同,基于对本国历史的认知与认同建立起来的文化认同一旦形成,便会成为一种强大的精神力量,使人民产生强烈的归属感和自豪感。我国是有着悠久历史的文明古国,多民族是一大特色也是重要优势。在漫长的历史进程中,多数民族与少数民族都曾扮演过重要角色,尽管和其他多民族国家一样也发生过分裂、纷争,但中国是其中唯一拥有悠久历史的稳定疆域的国家。①纵观历史,追求国家统一始终是历史的主流,中华各民族在漫长的历史变迁中,交往范围不断扩大,融合程度不断加深,形成了"你中有我、我中有你"的自在的中华民族实体,并日渐形成共同的文化与心理特征。近代以来,列强屡犯中华,在亡国灭种的危难之际,各族人民在同仇敌忾、共御外侮的过程中愈发深刻地认识到中华各民族是一个命运共同体,一荣俱荣、一损俱损,各民族只有紧密团结、守望相助才有前途和希望。中国共产党带领各族人民历经艰苦卓绝的反侵略、反分裂斗争,实现了国

---

① 葛剑雄.统一与分裂:中国历史的启示(增订版)[M].北京:中华书局,2008:2.

家的高度统一和各民族的空前团结,共同缔造了中华人民共和国,中华民族也在追求民族独立和解放的过程中成为一个自觉、自强、自新的民族实体,成为全国各民族人民的普遍认同与根本归属。中华文化就是植根于这样的历史生成、发展和演变的,各民族共同创造的历史孕育了中华民族共有的精神财富,是"多元一体"中华文化形成的根源。"多元"彰显了各民族的历史传统、文化习性的丰富与多样,它使得中华文化具有广博的内容和丰富的源泉。"一体"呈现的是各民族文化间不是互斥或排他的,而是在相互接触、相互借鉴、相互吸收中具有了共同的价值追求、共同的心理特征、共同的理想信念等同一性,即中华文化的共性。在中华民族历史上,从两千多年对"大一统"格局的执着追求,到近代以来对民族独立解放的集体渴望,从在党领导下获得新生后对国家繁荣富强的共同追求,到携手共绘中华民族伟大复兴的宏伟蓝图,各族同胞求同存异、和衷共济、同向同行,正是源于文化认同基础上形成的价值共识,这种认同与共识中蕴含着对伟大祖国、中华民族、中国共产党和中国特色社会主义的认同与自信。

当前,中国特色社会主义进入新时代,社会主要矛盾发生转变,在经济结构与利益格局的调整中,人们的思想观念、价值取向也在走向多元。与此同时,国家发展面临着错综复杂的国际形势,各种社会思潮风起云涌,不同文化、价值观之间相互激荡,意识形态的多样性和复杂性交织在一起。党和国家坚持中国特色社会主义解决民族问题的正确道路,积极扶持少数民族和民族地区发展,民族地区面貌发生了翻天覆地的变化,各族群众的思想意识和精神需求也在经济社会转型中发生着巨大变迁,但主流意识形态的内容在结合多民族地区实际、体现民族文化特色方面仍需积极探索。[①]教师是广大学生发展的重要依靠力量,他们的思想认识、政治观念直接影响民族复兴时代新人的培养,因此为教师专业发展营造良好的社会文化氛围,特别是对推动中华优秀传统文化与社会主义核心价值观建设具有重要的意义。正是这种文化环境为教师提供了意义、支持与身份认同感,帮助他们在领悟中华文化价值理念与精髓的基础上,深刻理解马克思主义、社会主义在当代中国的成功实践与价值追求,形成对党领导下当代中国发展

[①] 乔志龙,滕驰.文化认同视域下的民族团结与边疆稳固[J].新疆社会科学,2019(02):53.

成就、中华民族伟大复兴梦想的认同共识,荡涤不良思想言论的侵扰,建立起文化认同基础上的国家认同和政治认同,坚定对中国特色社会主义的道路自信、理论自信、制度自信和文化自信。

三、铸牢中华民族共同体意识融入教师教育的核心要点

教师队伍是开展铸牢中华民族共同体意识教育的关键要素和基础保障。"师者,所以传道授业解惑也。"师之为师的条件就是闻道在先,教育者只有先闻道、悟道、信道,才能更好地"传道授业解惑"。因此,只有教育者深刻把握铸牢中华民族共同体意识的本质内涵,并将其教育内容落实到实际教学活动中,才能增进学生对中华民族的自觉认同,推动中华民族成为认同度更高、凝聚力更强的命运共同体。"四个共同"是铸牢中华民族共同体意识教育的主要内容,我们要将"四个共同"融入教师教育,增强教师"五个认同",从而使教师自觉树立其"正确五观"。为此,只有将"四个共同"意识根植于教师心中,并秉承"以生为本""三全育人"的教育理念,最终才能有效增强铸牢中华民族共同体意识教育的创造力、感染力和影响力,进而使广大学生在潜移默化中得到熏陶,激发出同心共筑中国梦的理想。

(一)"四个共同"是铸牢中华民族共同体意识融入教师教育的主要内容

习近平总书记在2014年5月第二次中央新疆工作座谈会上首次提出"中华民族共同体意识",其后从"牢固树立"到"积极培育",最终在党的十九大报告中进一步表述为"铸牢中华民族共同体意识"。2021年8月召开的中央民族工作会议将"铸牢中华民族共同体意识"确定为新时代党的民族工作的"纲",指出要构建铸牢中华民族共同体意识宣传教育常态化机制。此次会议标志着铸牢中华民族共同体意识工作进入深入推进阶段。[①]从中华民族复兴伟业的视角出发,中华民族共同体意识是维护多民族国家统一的基础、维护中华各民族团结的根本、凝

---

① 郝亚明.从五个时间节点来深刻把握中央民族工作会议精神[J].西北民族研究,2021(04):20.

聚民族精神力量的灵魂依托。在2019年9月的全国民族团结进步表彰大会上，习近平总书记明确提出了铸牢中华民族共同体意识的"四个共同"理念，即"我们辽阔的疆域是各民族共同开拓的""我们悠久的历史是各民族共同书写的""我们灿烂的文化是各民族共同创造的""我们伟大的精神是各民族共同培育的"。[①]习近平总书记提出的"四个共同"理念，是在充分认识中华民族多元一体格局理论的基础上提炼升华而成的，其中蕴含着丰富而深厚的历史文化信息。因此，若要将铸牢中华民族共同体意识融入教师教育，就必须以"四个共同"为核心，总结提炼内含于其中的丰富历史文化信息，充分展现和讲清讲透中华民族共同体形成的整体性、中国各民族历史发展的不可分割性、中华文化各民族共同创造的一体性、中华民族伟大精神各民族共同培育熔铸的整体性，这也是铸牢中华民族共同体意识融入教师教育应有的四个基本维度。

首先，理解中华民族共同体形成的整体性。中国自秦统一天下开始，就是一个统一的多民族国家，光辉灿烂的历史就是中华各民族共同开创和共同书写的，每一个民族都为这个大家庭的发展作出了自己特有的贡献。正如方国瑜先生在《论中国历史发展的整体性》一文中指出："我国国土之内，自古以来居住着不同的民族，由于社会生活的共同要求，相互联系，相互影响，而且相互融合，发展了共同的社会经济文化，构成一个整体。"[②]中华民族共同体这个整体，正是在我国各民族共同开拓的辽阔疆域内多元发展、一体聚合而形成的。汉族和各少数民族数千年来交往交流交融不绝，共同开拓了我国辽阔的疆域、共同书写了光辉灿烂的中国历史。翦伯赞先生也曾撰文指出："过去以至现在的中国史著述，都不是中国史，而是大汉族史。但是大汉族史，不是中国史，而只是中国史的一个主要的构成部分；真正的中国史，是大汉族及其以外之中国境内其他诸种族的历史活动之总和。"[③]因此，今天认识和研究中国历史，不能仅仅把以汉族或者内地为主体的历史看作中国历史发展的唯一内容，各少数民族创造的历史也应当包含在中国历史的整体范围内，因为中国各民族自古以来就是一个历史发展整体。

---

① 习近平.在全国民族团结进步表彰大会上的讲话[N].人民日报,2019-09-28(2).

② 方国瑜.方国瑜文集(第1辑)[M].昆明:云南教育出版社,2001:17.

③ 翦伯赞.翦伯赞全集 第三卷[M].石家庄:河北教育出版社,2008:9.

中国的版图由边疆区域和中原腹地组成,是各民族在开创历史的过程中共同开拓的。"在中国历史发展的过程中,有过若干次的政治不统一,出现过几个政权同时存在、各自称国的情况,但是它们也还是在中国版图之内,同为中国历史的一部分。"①习近平总书记也指出,"各族先民胼手胝足、披荆斩棘,共同开发了祖国的锦绣河山"②。以往我们理解的"大一统",一般注重国家治理管控自上而下的一体性,实际上边疆与内地之间的整合发展并非只是中央到边疆的单向治理开发,其中也离不开边疆与内地间双向凝聚发展的历史进程。中华各民族从秦汉时期就开始形成多民族交往交流融合汇聚的共同体,更在相互交流的基础上形成了不可分割的经济和文化交流体系。因此,地方性民族政权的曾经分立,不应屏蔽也不能割裂交流发展中不断维系和发展的内在整体性。正如贾益所言,中国历史上各民族寻求"大一统"治理的连续性,地区性统一政权对地方经济的开发,与中原地区联系的加强,以及在主观和客观上对各民族各地区间经济文化交流的推动作用等,是不容忽视的,各政权之间长期、紧密的互动和联系,进一步巩固了多元一体的统一格局。③同时,历史上边疆区域的社会发展程度落后或滞后于中原腹地,资源开发利用和经济发展方式或许相异于中原腹地,这些都需要放在中华民族共同体历史形成进程中客观看待,不能孤立而单向地看待边疆区域历史发展的独特性。

其次,理解中国各民族历史发展的不可分割性。中国各民族是在统一多民族国家形成发展的历史进程中渐次发展成形的。秦汉以来,我国各民族共同缔造了统一的多民族国家。先秦的华夏民族在多民族国家形成的过程中,经过秦汉时期四百多年的蕃息和发展,吸收、融合周边各族,最终形成了一个统一的民族"汉族"。作为影响中国历史发展的主要民族之一的汉族,和中华疆域内东南西北各地民族一起,共同登上了缔造统一多民族国家的历史舞台。隋唐王朝结束了两晋南北朝时期的动乱,重新将各民族纳入统一的中央王朝体系之中,并且

---

① 方国瑜.方国瑜文集(第1辑)[M].昆明:云南教育出版社,2001:9.

② 习近平.在全国民族团结进步表彰大会上的讲话[N].人民日报,2019-09-28(2).

③ 周智生,李庚伦.以"四个共同"为核心:全面推进中华民族共同体意识教育[J].西南民族大学学报(人文社会科学版),2021,42(7):4.

施以平等、开明的民族政策,突厥、回纥、吐蕃、渤海等诸民族都得到了极大的发展,其文化和经济水平明显高于匈奴、吐谷浑、柔然等周边民族。元王朝和清王朝,开创了游牧民族统治的大一统王朝,奠定和巩固了中国的疆域,同时极大地促进了蒙古族和满族自身的发展。而我国西南边疆的各民族,基本也是在秦汉以来大一统国家治理和边疆开发的历史进程中渐次完成民族的聚合和演化的。近代以来的中华民族危机,促使各民族在救亡图存、舍身为国的斗争中进一步凝结成一个整体。"中国各民族在缔造伟大的统一祖国历史中,共创了伟大的中华民族,中华民族是统一的伟大祖国的伟大产物。"①交往交流交融和相互扶持帮助一直以来都是我国各民族维系生存和发展的基础。纵观中国五千多年的发展历史,在中央政权的统治上总是反复出现统一、分裂和再统一的过程,但总体上呈现出历史发展的整体性,并且每一次统一和分裂都进一步推动了各民族间的融合与发展。在政权统一的时代,或因中央政权政策开明,或因中原腹地的汉人移民实边,经济和文化上的相互交流大力推动了各民族的发展。在分裂割据的时代,如三国、两晋、南北朝时期,两宋、辽、金、夏时期,各民族先民因躲避战乱而大量迁徙,导致民族间彼此杂居、相互通婚,加速了民族的大混杂、大融合。"汉族和各少数民族的共性,是在长期的历史进程中,彼此互相往来,进行政治、经济、文化交流中自然地、逐渐地形成的,然而,也有些共性是通过民族的战争而相互促进的。这种交流当中,几种起作用最大的方式,当属各民族间经济贸易、迁徙造成的杂居共处和互通婚媾。"②因此,不管是政权统一时代,还是分裂割据时代,民族之间割不断离不开的相互支持和交流,始终是维系各民族生存发展的基础。历代边疆开发中汉族移民与土著民族之间形成了经济共生关系的良性互动,明清两代汉族移民之所以能扎根于西南边疆,其中一个关键原因就在于他们与其他民族一起共同形成了一个利益攸关、彼此依赖、共同发展的多民族共生格局。③在历史长河中,中华各民族的发展都离不开其他民族,都必须建立在与其

---

① 杨建新.再论各民族共创中华民族[J].中央民族大学学报(哲学社会科学版),2020,47(04):6.

② 王锺翰.中国民族史[M].北京:中国社会科学出版社,1994:26-27.

③ 周智生,李庚伦.以"四个共同"为核心:全面推进中华民族共同体意识教育[J].西南民族大学学报(人文社会科学版),2021,42(07):5.

他兄弟民族交往交流的基础之上。"任何一个民族都不能置身于社会之外而孤立地发展,必须同周围的民族发生这样或那样的联系。各民族间相互影响,有时对民族的发展起到巨大的推动作用。"①

再次,理解中华文化各民族共同创造的一体性。自古以来,我国各民族就在空间和时间的交错变幻中,共同创造了绚丽多彩、异彩纷呈的中华文化。中国历史上各民族文化交流互鉴的例子数不胜数,秦汉以来中原和边疆之间相互交流往来,推动了经济的发展和文化的互动。如中原的高粱来自西南边疆地区、葡萄来自西域,而中原的丝绸和瓷器也通过丝绸之路传到边疆地区;北魏孝文帝的汉化改革,极大地促进了北方各民族间的交流和融合。同时,中华各民族还形成了节日共庆、习俗共享、交流互鉴的现象。特别是在每一次民族大融合之后,便会迎来中华文化的空前发展,从而造就了宏阔豪迈的"秦汉雄风"、雍容大度的"盛唐气象"、强健有为的"康乾盛世",它们成为中华文明交流交融发展的辉煌时期。中华文化之所以如此绚丽多彩、精彩纷呈,就在于它兼容并包的开放性、多元性和包容性。习近平总书记特别强调:"各族文化交相辉映,中华文化历久弥新,这是今天我们强大文化自信的根源。"②"中华文化是中国各民族的文化,是'各民族文化的集大成'。""中国各民族的传统文化是中华文化的基石和根源,是宝贵的资源和资产。"③在正确认识新时代铸牢中华民族共同体意识的维度下,对少数民族文化与中华文化间"多与一"的关系,我们应该从中华民族多元一体格局中来加以认识和把握。中华文化认同包括各民族的自我认同、各民族之间的相互认同和中华民族的一体性认同三个层次。各民族对本民族文化的自我认同是中华文化生生不息的源泉;不同民族间对彼此文化的相互肯定与接纳、欣赏与交融是实现中华文化认同的重要基础;多民族文化在并存中增进共识、强化一体性认同是中华文化认同培育的核心。在这三个层次之中,中华文化的一体性认同事关中华民族存在的根本。强化文化一体性认同,并非消弭或者弱化某一具体民族文化的独特性,而是把握"和而不同"的精髓,积极宣传多民族文化内容中"和"的

---

① 江应梁.中国民族史(上)[M].北京:民族出版社,1990:13.

② 习近平.在全国民族团结进步表彰大会上的讲话[N].人民日报,2019-09-28(2).

③ 丹珠昂奔.建设各民族共有精神家园[J].求是,2015(15):44.

部分,深入挖掘那些超越各民族血缘、历史、语言、宗教、文化、习俗等方面的差异且能够体现中华民族整体性格和文化特质的元素,如各民族文化共同蕴含的以爱国主义为核心的民族精神,倡导各民族文化在交往交流交融中互相借鉴、兼容并包的发展方式,强化各族人民对文化共性的认知、理解和共鸣。通过文化一体性认同的培育,使中华民族共同体中的每个人作为中华民族一员的身份意识得以不断巩固,并因此获得尊严感和自信心,这是民族团结、民族和睦的基础,是铸牢中华民族共同体意识、构建各民族共有精神家园的前提。

最后,理解中华民族伟大精神各民族共同培育熔铸的整体性。汉族与少数民族以及各少数民族之间的民族精神是相互凝聚、不断融汇的,共同熔铸成为中华民族的伟大精神。以爱国主义为纽带的共同民族精神,是维系各民族团结发展、巩固统一多民族国家的精神动力。秦汉以来,我国各民族逐渐在发展中自觉地意识到自己是中华民族的一部分,从而自发书写了维护祖国统一的光辉历史。东汉年间哀牢王贤栗、柳貌高度认同中原王朝,相继要求内附并最终完成归附,进一步推动了西南各民族先民爱国情怀的萌生和中国西南疆域的底定;明朝时期壮族女将瓦氏以民族大义为己任,亲率壮族子弟兵赴江浙沿海地区,与明朝将领一同抗击倭寇;清朝乾隆年间,原镇守东北盛京的锡伯族官兵一千余人,带领家眷三千余人跟随满族官员奔赴新疆伊犁,离家万里为祖国守边疆。近代以来,在面临亡国灭种的危亡之际,中华各民族儿女共抗外敌入侵、同赴杀敌战场,共同造就了中华民族气吞山河、可歌可泣的伟大精神。"中华民族共同体意识之神,首先是爱国主义,它凝聚在我国56个民族的共同体意识中,属于高层次的精神引领,为中华民族的凝聚提供了巨大的势能和内生动力。"[1]各民族千百年来共同熔铸的维护祖国统一、反对民族分裂、共同抵御外敌的爱国主义精神,只有在不断共同传承和弘扬中,才能进一步促进人们对中华民族共同体的深刻理解和认同。这是我们进一步建设中华民族共同体的重要精神支柱和动力源泉。

---

① 纳日碧力戈,邹君.论铸牢中华民族共同体意识的形、气、神[J].中南民族大学学报(人文社会科学版),2021,41(04):15.

（二）"五个认同"是铸牢中华民族共同体意识融入教师教育的根本指向

2019年出台的《关于全面深入持久开展民族团结进步创建工作铸牢中华民族共同体意识的意见》(以下简称《意见》)高度概括了党的十八大以来,我国培育中华民族共同体意识、推进民族团结进步创建的成绩与薄弱环节,并以"国家统一之基、民族团结之本、精神力量之魂"①的表述突显中华民族共同体意识的重要性。《意见》要求各地区各部门加强中华民族共同体教育,构建课堂教学、社会实践、主题教育多位一体的教育平台,打造互联网新平台。同时,《意见》肯定了中华民族共同体意识教育对增强"五个认同"的积极作用,是推进中华民族共同体意识教育实践的重要指南,充分证明了中华民族共同体意识教育对民族团结进步创建工作的重要意义。2021年8月召开的中央民族工作会议强调必须以铸牢中华民族共同体意识为新时代党的民族工作的主线,推动各民族坚定对伟大祖国、中华民族、中华文化、中国共产党、中国特色社会主义的高度认同,不断推进中华民族共同体建设。②由于"五个认同"实质上是增强各族人民对统一多民族国家的民族责任意识、"交往交流交融"的民族团结意识、中华民族共同体生成演进的民族根脉意识以及基于中国特色社会主义的民族聚合意识,这与铸牢中华民族共同体意识时代背景下对教师教育的要求不谋而合,因此,要将"五个认同"作为铸牢中华民族共同体意识融入教师教育的最终指向。

第一,对伟大祖国的认同是增强教师"五个认同"的前提。对伟大祖国的认同包括两层含义:一是对中华人民共和国的认同,二是对"一个中国"的认同。③从从属关系来看,无论是"民族"还是"个人"都包含于"祖国",这也正是"祖国"的本义,即"自己国家"的体现。因此,要通过对伟大祖国的认同教育使教师认同团结统一是祖国的最高利益、祖国利益高于一切,只有在认同伟大祖国、树立正确

---

① 全面深入持久开展民族团结进步创建工作铸牢中华民族共同体意识[N].新华每日电讯,2019-10-24(1).
② 习近平在中央民族工作会议上强调 以铸牢中华民族共同体意识为主线 推动新时代党的民族工作高质量发展[J].中国民族,2021(08):5.
③ 彭英明.巩固祖国统一民族团结理论的深化发展——写在2014年中央民族工作会议一周年之际[J].中南民族大学学报(人文社会科学版),2015(05):2.

祖国观的前提下,才能正确处理好"三对关系"。第二,对中华民族的认同教育是增强教师"五个认同"的关键。对中华民族的认同就是对中华民族多元一体格局的认同,就是对各民族共拓辽阔疆域、共书悠久历史、共创灿烂文化、共育民族精神这一史实的认同。中华民族认同作为国内各民族认同的上位概念串联了对伟大祖国的认同,能够帮助教师牢固树立"中华人民共和国就是中华民族共同缔造的民族国家"这一理念①,化解民族、国家两个概念间潜在的矛盾,为中华文化认同的树立奠定基础。第三,对中华文化的认同是增强教师"五个认同"的核心。中华文化是各民族文化的集大成,中华文化并不等同于各民族文化的简单叠加,而是具有更深层的意蕴与内涵,两者是一体与多元的关系。中华文化包含中华优秀传统文化、革命文化和社会主义先进文化,它扎根于中华民族上下五千年的历史长河中,是中华民族的共有精神家园。中华文化认同是"铸牢中华民族共同体意识"的思想根基。加强教师中华文化认同,可以树立其文化自信,激发其正向情感,帮助他们在中华文化的丰富内涵中找到精神归属,为培养实现中华民族伟大复兴的坚实力量而不懈奋斗。第四,对中国共产党的认同是增强教师"五个认同"的保障。对中国共产党的认同的实质是对中国共产党的执政地位、执政理念、执政方式以及执政能力等方面的认同。对中国共产党的认同源于中国共产党带领中华民族从"站起来""富起来"到"强起来"的历史实践。在新时代发展背景下,中华民族的伟大复兴离不开中国共产党的坚强领导,离不开中国人民的团结奋斗。在完善教师教育方面,需要通过加强对中国共产党的认同教育,从而坚定教师理想信念,砥砺教师爱国情怀,最终落实为实践报国之行。第五,对中国特色社会主义的认同是增强教师"五个认同"的落脚点。对中国特色社会主义的认同就是对制度、道路的认同。中国特色社会主义是党和国家在长期的发展过程中不断学习、探索、创新所取得的成果。在全球化飞速发展与价值取向多元化的今天,增强教师的中国特色社会主义认同可确保"五个认同"的正确方向,有助于防止西方资本主义腐朽思想对青少年学生的危害。综上所述,伴随着中华民族共同体意识的发展过程从"树立""培养"到"培育"再到"铸牢",党和国家对中

---

① 赵超.中国民族国家构建与中华民族认同的形成[J].探索,2016(06):56.

华民族共同体意识的理解不断深入、把握愈发精准。随着党和国家对中华民族共同体意识重视程度的不断提升,铸牢中华民族共同体意识的目标也在不断丰富深化,逐渐演变成以伟大祖国认同为前提、以中华民族认同为基础、以中华文化认同为根本、以中国共产党认同为引领、以中国特色社会主义认同为方向引领的一个完整的逻辑体系。

"四个共同"与"五个认同"之间互构互联、互为条件。"四个共同"是中华民族共同体的历史根基,"五个认同"是中华民族共同体的时代内涵。没有"四个共同",就缺少了中华民族共同体历史传承的基本理据;没有"五个认同",就失去了中华民族共同体现实发展的情感支撑。因此,我们将"铸牢中华民族共同体意识"融入教师教育,就要将"四个共同"作为主要内容,引导教师自觉形成"五个认同"。具体措施就是,一方面,将"四个共同"作为干预项自变量"铸"的具体内容,以多元化措施实施教师教育干预;另一方面,将"五个认同"作为可测量的因变量,考察教师在"五个认同"的认知发展、情感认同、意志信念,以及行为操守等方面的程度和水平,以期获得对"牢"的程度的把握。最终目标不仅要使教师认识到中华民族是一个实现了从自在到自觉的转变的共同体,更要使其正确把握中华民族与其组成部分(56个民族)之间的相互关系以及教育工作创新发展的基本原则,引导学生将铸牢中华民族共同体意识融入精神血脉,化为自觉行动。

(三)铸牢中华民族共同体意识融入教师教育的工作理念

理念,即引导实践开展的思想认识,决定了人们对实践及其成效的理性认识,也直接决定了实践方式。[①]人们开展实践活动的成效,首先取决于正确的理念。所谓铸牢中华民族共同体意识融入教师教育的工作理念,是指教育者在实践过程中生成并具备"融入"工作的思想观念、基本认识以及态度方式。教育者利用学校这一载体,是否能够真正起到培育学生中华民族共同体意识的实效,直接取决于教育理念的先进与否。因此,铸牢中华民族共同体意识融入教师教育的工作理念为实践指明了方向,同时也为全力破解铸牢中华民族共同体意识教

---

① 骆郁廷.当代大学生思想政治教育[M].北京:中国人民大学出版社,2010:72-73.

育过程中可能出现的各种问题提供了前提要素。具体来说,铸牢中华民族共同体意识融入教师教育的工作理念主要包括"以生为本"和"三全育人"两种理念。

第一,"以生为本"工作理念。以人为本思想早已深入人心,其在教育领域的展现形式,即为以生为本理念。以人为本思想,凸显学生的主体性,一切工作都是以学生的综合发展为核心。以生为本理念,是铸牢中华民族共同体意识融入教师教育的核心理念,其根本就是在教育实践中坚持学生的主体地位,立足学生的发展需求,重视学生的个体差异,所有工作的基础和方向都以坚定学生"五个认同"为核心,进而促进学生的全面持续发展。首先,充分尊重学生的主体地位。在铸牢中华民族共同体意识教育过程中,教育者是主要的组织者和引导者,而学生是主要的实践主体。学生能否在教育实践中获得主体地位,直接影响到学生的主观能动性的发挥,事关学生中华民族共同体意识建构的成效。总之,尊重学生的主体地位,其前提是教育者与学生共同构建平等互助的关系。教育者尽量关照每个学生的兴趣爱好,以此为前提,为学生自主建构中华民族共同体意识提供良好的校园文化条件。与此同时,更为重要的是,教育者要引导学生培养辨别是非及自主选择的能力,最终使学生在面对客观多变的复杂形势时,可以主动积极地践行中华民族共同体意识。其次,重视学生的个体差异性。从心理学的角度出发,学生发展存在着巨大的个体差异,"同一个班级的学生可能来自不同的种族、地域或家庭背景,这些社会文化背景上的差异会影响学生的行为方式,以及学生之间、师生之间的沟通"[①]。因此,教育者应注重对各族学生的人文关怀,尊重各族学生的宗教信仰和风俗习惯。换言之,在统筹校园文化过程中,教育者首先要关照学生的个体差异,关注学生身心发展规律,密切关注学生实际需求。最后,引导学生回归生活。教育领域中"以生为本"的终极目标,是引导学生回归到生活,进而促进学生全面持续发展。这就需要教师秉承"以生为本"的理念,围绕"铸牢中华民族共同体意识"主题开展贴近学生实际生活的教育活动,为他们在自我认知世界和生活经验中探索真知灼见提供指引,推进落实铸牢中华民族共同体意识教育的育人作用。

---

① 陈琦,刘儒德.当代教育心理学[M].3版.北京:北京师范大学出版社,2019:59.

第二，"三全育人"工作理念。从广义上来说，"三全育人"理念是一种系统论的教育理念，强调在整个教育过程中要发挥全员、全方位和全过程的合力作用，对教育具有全面、系统的指导意义。2016年，中共中央、国务院印发的《关于加强和改进新形势下高校思想政治工作的意见》明确要求"坚持全员全过程全方位育人"。铸牢中华民族共同体意识融入教师教育的"三全育人"理念是指，"融入"力量的全员性、"融入"空间的全方位性和"融入"时间的全过程性，形成立体的、完整的融入格局。首先，确保铸牢中华民族共同体意识融入教师教育的全员性。铸牢中华民族共同体意识融入教师教育在对象的选取上不能仅应用于少数民族地区，局限于少数民族教师，而应面向全国、覆盖全体教师。各级各类学校要将开展铸牢中华民族共同体意识专题教育列入工作要点，结合实际制定专题教育方案，严格按时推进，从而将铸牢中华民族共同体意识教育覆盖全体教师。其次，确保铸牢中华民族共同体意识融入教师教育的全方位性。若要保障铸牢中华民族共同体意识教育的有效展开，就需要提升教师相关专业素养。一是严把政治审查关。建立健全科学的准入规范，在招聘录用、人才引进中加强对新教师铸牢中华民族共同体意识的考察，把理想信念和师德师风作为教师遴选和评聘的首要标准。二是加强新教师入职教育。通过老带新等机制，发挥传帮带作用，加强对新入职教师、青年教师有关铸牢中华民族共同体意识的指导。进一步完善包括新入职教师培训、教学基本功培训、系主任培训、优秀带头人培训、业务专题培训等在内的培训体系，把师德师风培训、民族团结进步教育摆在各类培训的首要位置，不断提高教师政治素质、心理素质和业务素质，提高教师的职业道德水平，增强教师政治责任感和社会责任感。三是持续开展爱国主义教育和民族团结进步创建。每年以重大节日纪念庆祝活动为载体，加强师德师风教育，激发广大教师的强烈爱国热情，引导广大教师在新时代树立"不忘初心、牢记使命，矢志为中华民族伟大复兴而教书"的追求。加强基层党组织建设，充分发挥党员教师在民族团结进步创建工作中的先锋模范作用，引领教师切实增强"四个共同"和"五个认同"，牢固树立"三个离不开"思想，争做新时代"四有好老师"。四是组织教师围绕铸牢中华民族共同体意识开展相关教研活动。基础教育学校需要有组织地开展教师文化教研活动,一方面需要从国家层面进行顶层设计,制定相关政策引导教师积极开展铸牢中华民族共同体意识的教研活动;另一方面需要鼓励教师自觉主动地进行会话交流,不断进行课后反思,逐步提升教师铸牢中华民族共同体意识教育水平。再次,确保铸牢中华民族共同体意识融入教师教育的全学科性。在教育方式上,教师应灵活运用显性教育和隐性教育,通过课程教育、校园氛围、社会实践等途径强化学生中华民族多元一体的历史格局。在显性教育上,一是要依托思政课程开展三观教育、理想信念教育、国家认同教育;二是要打破课程壁垒,将铸牢中华民族共同体意识融入各学科内容,形成"大思政"格局,让学生在课程学习中不断强化中华民族认同;三是要加强先进人物的示范作用,学校可邀请革命老兵、道德模范、知名校友、青年学者等先进人物进校园开展讲座,使学生在先进人物的精神感召下,自觉认同先进人物身上折射出的价值观,并将这些价值观作为自我行为的准绳,努力践行之。与显性教育相比,隐性教育可利用环境的熏陶和感染作用,潜移默化地塑造学生的思想观念。如为了打破民族间交往的藩篱,学校可以推行"三进两联一交友"活动,通过"进"建立共同体意识的整体性培育场域;通过"联"把学生和家长纳入培育过程中;通过"交"创立"一帮一""多帮一"的互助组,以此搭建培育平台,发挥朋辈互助力量,增强各民族学生的团结意识,不断促进学生间的交往交流交融。

四、铸牢中华民族共同体意识融入教师教育的双重路径

当前,中国全面开启了建设社会主义现代化强国的新征程。党的二十大报告明确指出,从现在起,中国共产党的中心任务就是团结带领全国各族人民全面建成社会主义现代化强国、实现第二个百年奋斗目标,以中国式现代化全面推进中华民族伟大复兴。在新时代发展背景下,作为教育主体之一的教师,肩负着为中国特色社会主义事业培养勇担民族复兴大任时代新人的历史使命。铸牢中华民族共同体意识是实现中华民族伟大复兴的精神基础,因此,我们必须将铸牢中华民族共同体意识融入教师教育,以确保教师队伍质量建设。在上文系统回答了铸牢中华民族共同体意识融入教师教育的价值基础上,我们接下来将会从"内

推"和"外源"两个方面对铸牢中华民族共同体意识融入教师教育的实践路径进行有效探索。

（一）学校系统以内推路径将铸牢中华民族共同体意识融入教师教育

学校作为开展铸牢中华民族共同体意识教育的主阵地,通过机制优化、活动开展、课堂教学、网络文化建设等路径铸牢学生中华民族共同体意识。但铸牢中华民族共同体意识教育的开展需要依靠高质量的教师队伍,因此需要借助学校系统教育体系,以内推手段完善师范教育内容、促进教师身份转型、加强专题研究、建立考评机制等,将铸牢中华民族共同体意识深度融入教师教育的各个环节之中。

1.以铸牢中华民族共同体意识探索师范生教育内容的创新点

习近平总书记在2021年8月的中央民族工作会议上强调,"要构建铸牢中华民族共同体意识宣传教育常态化机制,纳入干部教育、党员教育、国民教育体系,搞好社会宣传教育"[①]。可见,将铸牢中华民族共同体意识融入办学治校、教书育人全过程是教育事业发展的主要任务之一,打造素质过硬的教师队伍是实现这一任务的关键。师范生作为未来教师队伍的主力军,他们是否具备健全的铸牢中华民族共同体意识素养将直接影响其教育实施效果,进而影响下一代学生对中华民族共同体的认同。在2022年教育部印发的义务教育课程方案和语文等16个科目的课程标准中,新增了诸多与中华民族共同体相关的内容,涵盖多个学科,以多学科聚力的方式铸牢中华民族共同体意识,体现出"课程思政"与"思政课程"的有力结合。师范生是未来义务教育新课标的实践者,当前师范院校更应该严格遵循新课程标准的要求来培养师范生,增强师范生对中华民族共同体意识的认同。基于此,要将铸牢中华民族共同体意识的内容全面系统地融入师范生教育,切实推进师范生将中华民族共同体意识入脑入心,再通过实际教学行动

---

① 习近平在中央民族工作会议上强调 以铸牢中华民族共同体意识为主线 推动新时代党的民族工作高质量发展[J].中国民族,2021(8):6.

表现出来,自觉将中华民族共同体意识与教学内容相结合,以全面提升未来铸牢中华民族共同体意识教育的质量。铸牢中华民族共同体意识融入师范生教育的核心是融入师范教育的内容体系,主要包括教材体系、教学体系和实践教学环节。

一是融入教材体系。要将铸牢中华民族共同体意识的内容细化分解,纳入师范生的教材体系,加大改革创新力度,为铸牢师范生的中华民族共同体意识的教育提供依据和载体。以马克思主义民族观为指导,在教育内容上坚持与时俱进,把新时代党关于中华民族理论和政策的最新成果纳入课程内容;在教育方法上实行开放式、沉浸式、互动式教学,引导师范生在理论与实践相结合的基础上铸牢中华民族共同体意识。二是融入教学体系。开设师范专业的各大高校要根据各门课程知识体系和理论专题在教学过程中有机融入铸牢中华民族共同体意识相关内容。如思政课可以根据理想信念、爱国主义、道德法治等丰富内容有机融入铸牢中华民族共同体意识的相关内容;专业课可以针对课程内容的特殊性,结合当下时事热点,对民族团结相关问题进行讨论,以增强铸牢中华民族共同体意识教育的有效性。有条件的师范类院校还可以开设"中华民族共同体概论""铸牢中华民族共同体意识"等选修课程,助力师范生更好地掌握其科学内涵,坚定理想信念、自觉践行使命。三是融入实践教学环节。师范教育高校通过理论学习、模拟训练、教学实习、研习和见习等方式有目的、有计划地对师范生进行实践教学能力培养。其中,教育实习是提升师范生教学实践能力最为有效的方式之一,其主要内容包括课堂教学工作实习、班主任工作实习、课外活动组织与指导、教育研究和教育调查等。因此,各师范类院校应在师范生的实践教学活动中有意识地安排铸牢中华民族共同体意识的相关内容,从而增强师范生的情感体验和实践体悟。

2. 以铸牢中华民族共同体意识促进教师身份转型

教师承担着培根铸魂、增智启慧的使命责任,其素质与水平直接关系到铸牢中华民族共同体意识教育的教学质量和育人水平,关系到学校能否全面落实立德树人根本任务。目前,大多数教师在掌握马克思主义民族观、党的民族理论与政策、铸牢中华民族共同体意识的理论与实践等方面还存在薄弱环节,这就需要有针对性地加强专题培养培训。对此,各级各类学校应通过完善三级培训体系、加强集体备课、促进经验交流等途径,强化教师关于开展铸牢中华民族共同体意识教育的专题培训,增强其铸牢中华民族共同体意识教育教学的知识储备、主动意识和教学能力。

一是完善三级培训体系。目前我国基本形成了教育部研修基地示范培训、各省教育行政部门集中培训和学校分批培养培训等比较完善的国家、省级和高校三级培训体系与机制。各级培训要把铸牢中华民族共同体意识教育作为重要专题纳入培训计划,提出授课要求。二是加强集体备课。定期组织教师参加"同上一堂课""同城大课堂"等活动,以及举办集体备课会和公开示范课,使广大教师能够成为铸牢中华民族共同体意识的自觉认同者、真正实践者、称职教育者。"同上一堂课""同城大课堂"通过邀请铸牢中华民族共同体意识教育领域专家,采取线下与线上相结合的方式,开展专题教学观摩活动,增强现场授课活动效果,扩大线上受益覆盖面。与此同时,各校应积极鼓励教研室以集体备课的方式对铸牢中华民族共同体意识怎样融入课程、融入哪些内容、融入资源共享等进行广泛交流切磋,达到相互借鉴、共同提高的备课目的;各校还可以根据课程建设的总体规划,采取邀请校外专家进校宣讲、校内同行展示交流、到教学基地开展专题研修等形式,做到有目标追求、有计划推进、有效果评价。三是促进经验交流。各级教育主管部门、各类教学协会以及各校应把铸牢中华民族共同体意识融入教师教育作为主题或议题之一,通过交流探讨开阔视野、丰富思路、改进教学、提升成效,使铸牢中华民族共同体意识融入教师教育典型经验得到宣传、有效做法得到推广,促进教师教学能力的提升。

3.加强铸牢中华民族共同体意识融入教师教育的专题研究

铸牢中华民族共同体意识理念的提出经历了从"牢固树立""积极培养",到"铸牢"再到新时代党的民族工作的"纲"的变化过程。在新时代背景下,我们应充分重视将铸牢中华民族共同体意识融入教师教学的专题研究。铸牢中华民族共同体意识融入教师教学既是实践课题,也是理论课题,实践提出问题,理论指导实践。为此,铸牢中华民族共同体意识融入教师教学也必将经过实践探索、理论研究、理论指导实践、实践更加成熟的循环往复过程,而这需要高水平的理论研究与高质量的教学实践探索加以支撑。教师作为开展铸牢中华民族共同体意识教育活动的组织者、引导者、合作者,其所在学校应为教师开展教育教学提供科研教学支持。一是成立研究机构进行专题研究。采取校地结合的方式成立专门研究机构,依托高等院校学科、人才、技术、校友资源优势,组建科研队伍、开展专门研究、产出理论成果,致力于为铸牢中华民族共同体意识教育实践探索提供服务指导。二是设立专项课题,推进理论和实践研究。国家、省(市)民政、统战部门在科研项目选题申报方面可以设置铸牢中华民族共同体意识研究专项,以项目为抓手,以机制为保障,产出高质量科研成果,为铸牢中华民族共同体意识融入教师教学提供切实可行的意见建议。三是开展学术交流,深化研究。学术交流是学术进步的平台,也是成果应用的助推器。国家、省(市)相关职能部门、研究机构和协会以及各级各类学校定期举办以铸牢中华民族共同体意识教育为主题的学术交流研讨会,交流教学经验、探讨研究问题、共享科研成果,推广有效机制和成熟模式。

4.建立铸牢中华民族共同体意识融入教师教育的考评机制

学校加强铸牢中华民族共同体意识教育不仅需要构建中华民族共同体意识培育机制,以促进学生中华民族共同体意识的内化与践行,同时也需要建立铸牢中华民族共同体意识教育考评机制以保证教育教学成效的质量提升。而构建统一化、科学化、标准化的学校考评机制,一方面需统筹设置科学规范、符合实际、与时俱进、准确精练的测评指标体系,明确考评的标准、要求;另一方面需要创新考评方式方法,积极运用信息化技术优化测评方法,结合多种方式开展综合评估。总之,学校应针对整个铸牢中华民族共同体意识教育的全过程,全面系统地构建铸牢中华民族共同体意识教育评价考核机制,这对铸牢中华民族共同体意识教育工作的开展和持续深入有重要意义。首先,构建科学合理的评价机制。基于CIPP模式和知信行理论构建铸牢中华民族共同体意识教育评价指标体系,为改进和完善学校铸牢中华民族共同体意识教育工作提供科学评价依据和指导准则。^①其次,深入探索有效的激励机制。让教育者高度重视铸牢中华民族共同体意识教育的重要性,加强自身的责任感、使命感,不断改造自身的头脑,形成整体性与开放性的思维和眼界,为铸牢中华民族共同体意识教育提供源源不断的力量。最后,建立健全监督保障机制,强化督查指导,采取定期督查、不定期抽查等方式掌握情况,加强日常工作指导,确保铸牢中华民族共同体意识教育教学稳步有序推进。

（二）社会系统以外源路径将铸牢中华民族共同体意识融入教师教育

铸牢中华民族共同体意识的社会属性决定了其必然作用于社会环境与社会结构,而社会环境的丰厚土壤与多样的社会结构也必将反哺中华民族共同体意识的培育。因此,教师专业发展需要充分借助社会系统的外源力量,在蕴含中华民族共同体意识的社会氛围、社会资源和社会平台中实现教师教育的高素质发展。

1.营造铸牢中华民族共同体意识教育的社会氛围,培育教师教育情怀

铸牢中华民族共同体意识作为全民性的系统工程,在某种程度上表现出一定的社会性。在此背景下的教师教育必然与社会结构产生密切联系。在宏观层面,教师的专业发展需要社会浓厚氛围的支撑,充分调动教师的积极性和主动性,激活其中华民族共同体意识的情感因子,使其自觉践行中华民族共同体建设的个体行为。首先,营造中国特色社会主义道路、中国特色社会主义理论体系、中华优秀传统文化的社会情感生发氛围,以培育教师的政治素养;其次,营造自由发展、良好体验的社会情感认同氛围,以增强教师的师德建设;再次,营造全社会积极支持铸牢中华民族共同体意识教育的浓厚教学氛围,以提升教师的教学能力;最后,营造学术开放、方法创新、理念转型的社会自主研究氛围,以助力教师的科研发展。

---

① 任玉丹.铸牢中华民族共同体意识教育成效评价指标体系构建研究——基于CIPP模式和知信行理论[J].西南民族大学学报(人文社会科学版),2022,43(02):209.

2.挖掘铸牢中华民族共同体意识教育的社会资源,促进教师专业发展

各级各类学校教育作为有组织、有计划地培养人的实践活动,由教育者、受教育者、教育内容、教育活动方式以及教育影响等基本要素构成。教师作为教育活动的组织者,要想有效开展铸牢中华民族共同体意识教育,需要全面掌握中华民族共同体意识的概念属性、本质内涵与基本内容,以夯实自身的理性认知基础与教育教学能力。而教育是一个系统工程,单凭学校教育的有限资源是远远不够的,必须确立"万物皆备于我"的大教育观,跳出学校教育的小天地,整合一切可以利用的社会教育资源,以满足教师多元化认知发展需求,促进铸牢中华民族共同体意识教育的加速发展。因此,应积极整合与优化社会可利用的教育资源,多维度挖掘铸牢中华民族共同体意识教育的社会资源,拓展线上和线下的社会实践平台,开展形式多样且有吸引力的社会实践活动,充分调动教师开展铸牢中华民族共同体意识教育教学活动的主动性和积极性,从而促进教师专业的高质量发展。

3.搭建铸牢中华民族共同体意识教育的社会平台,推动教师校际交流

当前,铸牢中华民族共同体意识已成为全社会关注的焦点与热点,在此背景下,我们要合力打造铸牢中华民族共同体意识教育社会交流平台,实现广度、深度、高度的协同发展,助力教师专业发展。一方面,搭建社会学术平台能够为教师开展铸牢中华民族共同体意识教育提供助力,实现资源共建共享,促进教师教育教学水平提升;另一方面,教师借助社会学术平台参加会议、分享经验,实现铸牢中华民族共同体意识教育的校际交流,为学术平台的发展提供更多元的思想碰撞。首先,推动教师围绕最新国家政策与相关理论研究进行校际交流,促进政策理念化与理论本土化;其次,推动教师围绕理想道德与师德师风进行校际交流,拓宽立德树人的有效路径;再次,推动教师围绕认知共情与情感共情进行教学交流,利用共情共融优化教育教学;最后,推动教师围绕动态发展与多点实践进行经验交流,助推教师专业化成长。

参考文献

一、著作类

[1] 埃里克·霍布斯鲍姆.民族与民族主义[M].李金梅,译.上海:上海人民出版社,2006.

[2] 安东尼·吉登斯.全球时代的民族国家:吉登斯讲演录[M].郭忠华,编.南京:江苏人民出版社,2010.

[3] 班尼,约翰逊.教育社会心理学[M].邵瑞珍,孙名之,张世富,等译.昆明:云南教育出版社,1986.

[4] 布莱恩·阿瑟.技术的本质:技术是什么,它是如何进化的[M].曹东溟,王健,译.杭州:浙江人民出版社,2014.

[5] 陈博文.西洋十九世纪之教育家[M].上海:商务印书馆,1934.

[6] 陈华栋,等.课程思政:从理念到实践[M].上海:上海交通大学出版社,2020.

[7] 陈琦,刘儒德.当代教育心理学[M].3版.北京:北京师范大学出版社,2019.

[8] 国语[M].陈桐生,译注.北京:中华书局,2013.

[9] 陈旭麓.近代中国社会的新陈代谢[M].北京:生活·读书·新知三联书店,2017.

[10] 戴圣.礼记[M].张博,编译.沈阳:万卷出版公司,2019.

[11] 迪克·威尔逊.毛泽东传[M].中共中央文献研究室《国外研究毛泽东思想资料选辑》编辑组,译.2版.北京:国际文化出版公司,2011.

[12] 本纳.普通教育学[M].彭正梅,徐小青,张可创,译.上海:华东师范大学出版社,2005.

[13] 丁凤麟,王欣之.薛福成选集[M].上海:上海人民出版社,1987.

[14] 丁钢,李梅,孙玫璐,等.中国高等师范院校师范生培养状况调查与政策分析报告[M].上海:华东师范大学出版社,2014.

[15] 范晔.后汉书·四[M].北京:中华书局,2012.

[16] 方国瑜.方国瑜文集(第1辑)[M].昆明:云南教育出版社,2001.

[17] 房玄龄,等.晋书:第九册[M].北京:中华书局,1974.

[18] 斐迪南·滕尼斯.共同体与社会——纯粹社会学的基本概念[M].林荣远,译.北京:商务印书馆,1999.

[19] 费孝通.中华民族多元一体格局[M].北京:中央民族大学出版社,2018.

[20] 葛剑雄.统一与分裂:中国历史的启示(增订版)[M].北京:中华书局,2008.

[21] 公羊高.春秋公羊传[M].顾馨,徐明,校点.沈阳:辽宁教育出版社,1997.

[22] 顾颉刚.顾颉刚全集:宝树园文存(卷四)[M].北京:中华书局,2010.

[23] 顾明远.李吉林和情境教育学派研究[M].北京:教育科学出版社,2011.

[24] 郭圣铭,王晴佳.西方著名史学家评介[M].上海:华东师范大学出版社,1988.

[25] 哈贝马斯.在事实与规范之间:关于法律和民主法治国的商谈理论[M].童世骏,译.北京:生活·读书·新知三联书店,2003.

[26] 韩建业.早期中国:中国文化圈的形成和发展[M].上海:上海古籍出版社,2020.

[27] 何传启.东方复兴:现代化的三条道路[M].北京:商务印书馆,2003.

[28] 何传启.现代化科学:国家发达的科学原理[M].北京:科学出版社,2010.

[29] 赫尔巴特.普通教育学·教育学讲授纲要[M].李其龙,译.北京:人民教育出版社,1989.

[30] 礼记[M].胡平生,张萌,译注.北京:中华书局,2017.

[31] 黄兴涛.重塑中华:近代中国"中华民族"观念研究[M].北京:北京师范大学出版社,2017.

[32] 黄右昌.罗马法与现代[M].何佳馨,点校.北京:中国方正出版社,2006.

[33] 翦伯赞.中国史纲要(增订本)(下)[M].北京:北京大学出版社,2006.

[34] 江应梁.中国民族史(上)[M].北京:民族出版社,1990.

[35] 靳玉乐.课程论[M].2版.北京:人民教育出版社,2015.

[36] 靳玉乐.潜在课程论[M].南昌:江西教育出版社,1996.

[37]J.H.伯恩斯.剑桥中世纪政治思想史(下):350年至1450年[M].郭正东,溥林,帅倩,等译.北京:生活·读书·新知三联书店,2009.

[38] 康德.康德论教育[M].李其龙,彭正梅,译.北京:人民教育出版社,2017.

[39] 克拉耶克,查尔内克,巴杰.中小学科学教学:基于项目的方法与策略[M].王磊,等译.北京:高等教育出版社,2004.

[40] 孔子.论语[M].杨凤贤,译注.西安:世界图书出版西安公司,1997.

[41] 尚书[M].呼和浩特:内蒙古人民出版社,2008.

[42] 夸美纽斯.大教学论·教学法解析[M].任钟印,译.北京:人民教育出版社,2006.

[43] 老子.道德经[M].陈忠,译评.长春:吉林文史出版社,1999.

[44] 老子.道德经[M].李正西,评注.合肥:安徽文艺出版社,2003.

[45] 黎锦熙.国语运动史纲[M].北京:商务印书馆,2011.

[46] 李桂林,戚名琇,钱曼倩.普通教育[M].2版.上海:上海教育出版社,2007.

[47] 李怀印.现代中国的形成:1600—1949[M].桂林:广西师范大学出版社,2022.

[48] 李培林.社会学与中国社会巨变[M].北京:社会科学文献出版社,2020.

[49] 梁启超.李鸿章传[M].北京:商务印书馆国际有限公司,2015.

[50] 梁启超.梁启超全集:第三集:论著三[M].北京:中国人民大学出版社,2018.

[51] 梁启超.戊戌政变记[M].长沙:岳麓书社,2011.

[52] 梁启超.梁启超全集:第十一集:论著十一[M].北京:中国人民大学出版社,2018.

[53] 唯物主义和经验批判主义[M].中共中央马克思恩格斯列宁斯大林著作编译局,编译.北京:人民出版社,2015.

[54] 令狐德棻,等.周书:第一册[M].北京:中华书局,1971.

[55] 刘力,等.教育实验学[M].北京:人民教育出版社,2019.

[56] 刘少奇.刘少奇选集:上卷[M].北京:人民出版社,1981.

[57] 卢勋,等.中华民族凝聚力的形成与发展[M].北京:社会科学文献出版社,2007.

[58] 骆郁廷.当代大学生思想政治教育[M].北京:中国人民大学出版社,2010.

[59] 马克思恩格斯文集(第一卷)[M].中共中央马克思恩格斯列宁斯大林著作编译局,编译.北京:人民出版社,2009.

[60] 马克思恩格斯文集(第二卷)[M].中共中央马克思恩格斯列宁斯大林著作编译局,编译.北京:人民出版社,2009.

[61] 马克思恩格斯文集(第三卷)[M].中共中央马克思恩格斯列宁斯大林著作编译局,编译.北京:人民出版社,2009.

[62] 马克思恩格斯文集(第五卷)[M].中共中央马克思恩格斯列宁斯大林著作编译局,编译.北京:人民出版社,2009.

[63] 马克思恩格斯文集(第七卷)[M].中共中央马克思恩格斯列宁斯大林著作编译局,编译.北京:人民出版社,2009.

[64] 马克思恩格斯文集(第八卷)[M].中共中央马克思恩格斯列宁斯大林著作编译局,编译.北京:人民出版社,2009.

[65] 马克思恩格斯全集(第三十卷)[M].中共中央马克思恩格斯列宁斯大林著作编译局,编译.2版.北京:人民出版社,1995.

[66] 马克思恩格斯全集(第三十六卷)[M].中共中央马克思恩格斯列宁斯大林著作编译局,编译.北京:人民出版社,1975.

[67] 马克思恩格斯全集(第四十二卷)[M].中共中央马克思恩格斯列宁斯大林著作编译局,编译.北京:人民出版社,1979.

[68] 马克思恩格斯全集(第四十六卷)[M].中共中央马克思恩格斯列宁斯大林著作编译局,编译.北京:人民出版社,1979.

[69] 马克思.资本论[M].姜晶花,张梅,编译,北京:北京出版社,2012.

[70] 毛里齐奥·维罗里.关于爱国:论爱国主义与民族主义[M].潘亚玲,译.上海:上海人民出版社,2016.

[71] 毛泽东选集(第二卷)[M].2版.北京:人民出版社,1991.

[72] 毛泽东选集(第三卷)[M].2版.北京:人民出版社,1991.

[73] 毛泽东选集(第四卷)[M].2版.北京:人民出版社,1991.

[74] 孟子[M].何晓明,周春健,注说.开封:河南大学出版社,2008.

[75] 墨子[M].戴红贤,译注.太原:书海出版社,2001.

[76] 皮埃尔·布迪厄,华康德.实践与反思:反思社会学导引[M].李猛,李康,译.北京:中央编译出版社,2004.

[77] 清实录:第六十册[M].北京:中华书局,1987.

[78] 清实录:第二册[M].北京:中华书局,1985.

[79] 庆桂,等.国朝宫史续编(下册)[M].左步青,校点.北京:北京古籍出版社,1994.

[80] 人民日报海外版《望海楼》栏目组.百年未有之大变局下的中国与世界[M].北京:人民日报出版社,2020.

[81] 塞缪尔·P.亨廷顿.变化社会中的政治秩序[M].王冠华,刘为,等译.沈宗美,校.上海:上海人民出版社,2021.

[82] 施良方.课程理论:课程的基础、原理与问题[M].北京:教育科学出版社,1996.

[83] 施展.枢纽:3000年的中国[M].桂林:广西师范大学出版社,2018.

[84] 中共中央文献研究室.十三大以来重要文献选编(上)[M].北京:人民出版社,1991.

[85] 中共中央文献研究室.十六大以来重要文献选编(上)[M].北京:中央文献出版社,2005.

[86] 舒新城.中国近代教育史资料(中册)[M].2版.北京:人民教育出版社,1981.

[87] 司马光.资治通鉴[M].北京:中华书局,1956.

[88] 斯诺.西行漫记[M].董乐山,译.北京:外语教学与研究出版社,2005.

[89] 宋濂,等.元史[M].北京:中华书局,1976.

[90] 魏征,等.隋书:六[M].北京:中华书局,2019.

[91] 孙中山.孙中山选集(上)[M].2版.北京:人民出版社,2011.

[92] 脱脱,等.辽史:第三册[M].北京:中华书局,2016.

[93] 脱脱,等.辽史:第一册[M].北京:中华书局,2017.

[94] 王珂.从"天下"国家到民族国家:历史中国的认知与实践[M].上海:上海人民出版社,2020.

[95] 王希恩.马克思、恩格斯、列宁、斯大林论民族[M].北京:中国社会

科学出版社,2013.

[96] 王小甫.唐、吐蕃、大食政治关系史[M].北京:北京大学出版社,1992.

[97] 王禹浪.东北流域文明研究[M].北京:社会科学文献出版社,2016.

[98] 王鍾翰.中国民族史(增订本)[M].北京:中国社会科学出版社,1994.

[99] 维柯.新科学[M].朱光潜,译.2版.合肥:安徽教育出版社,2006.

[100] 魏征,等.隋书:五[M].北京:中华书局,2019.

[101] 翁独健.中国民族关系史纲要[M].2版.北京:中国社会科学出版社,2001.

[102] 伍雄武.中华民族的形成与凝聚新论[M].2版.昆明:云南人民出版社,2014.

[103] 习近平.决胜全面建成小康社会 夺取新时代中国特色社会主义伟大胜利——在中国共产党第十九次全国代表大会上的报告[M].北京:人民出版社,2017.

[104] 习近平.高举中国特色社会主义伟大旗帜 为全面建设社会主义现代化国家而团结奋斗——在中国共产党第二十次全国代表大会上的报告[M].北京:人民出版社,2022.

[105] 习近平.习近平谈治国理政(第三卷)[M].北京:外文出版社,2020.

[106] 习近平.在纪念马克思诞辰200周年大会上的讲话[M].北京:人民出版社,2018.

[107] 习近平.习近平谈治国理政(第一卷)[M].2版.北京:外文出版社,2018.

[108] 习近平.习近平谈治国理政(第二卷)[M].北京:外文出版社,2017.

[109] 谢祥皓,刘宗贤.中国儒学[M].2版.成都:四川人民出版社,1998.

[110] 徐锦生.项目学习——探索综合化教学模式[M].杭州:浙江大学出版社,2012.

[111] 严复.严复集:第一册 诗文(上)[M].北京:中华书局,1986.

[112] 杨伯峻.论语译注[M].2版.北京:中华书局,2017.

[113] 叶江.中华民族伟大复兴进程中的"国家民族"建构研究[M].上海:格致出版社,2020.

[114] 尤尔根·哈贝马斯.交往行为理论:行为合理性与社会合理化[M].曹卫东,译.上海:上海人民出版社,2004.

[115] 张博泉.中华一体的历史轨迹[M].沈阳:辽宁人民出版社,1995.

[116] 张广君.当代教学的热点问题——价值论的视角[M].兰州:甘肃教育出版社,2007.

[117] 张国刚.文明的边疆:从远古到近世[M].北京:中信出版社,2020.

[118] 张华.经验课程论[M].2版.上海:上海教育出版社,2001.

[119] 张立文.和合学——21世纪文化战略的构想[M].北京:中国人民大学出版社,2016.

[120] 张守群,李彦军.多元化教学模式[M].济南:山东教育出版社,2008.

[121] 张枏,王忍之.辛亥革命前十年间时论选集(第一卷·下册)[M].北京:生活·读书·新知三联书店,1960.

[122] 赵敦华.马克思哲学要义[M].南京:江苏人民出版社,2018.

[123] 赵秀忠.统一战线发展进程中的探索与思考[M].石家庄:河北人民出版社,2015.

[124] 马克思恩格斯选集(第一卷)[M].中共中央马克思恩格斯列宁斯大林著作编译局,编译.2版.北京:人民出版社,1995.

[125] 中共中央统一战线工作部,国家民族事务委员会.中央民族工作会议精神学习辅导读本[M].北京:民族出版社,2022.

[126] 中共中央统战部.民族问题文献汇编[M].北京:中共中央党校出版社,1991.

[127] 邓小平文选(第二卷)[M].2版.北京:人民出版社,1994.

[128] 邓小平文选(第三卷)[M].北京:人民出版社,1993.

[129] 中共中央文献研究室.习近平关于全面建成小康社会论述摘编[M].北京:中央文献出版社,2016.

[130] 中共中央文献研究室.建国以来重要文献选编(第五册)[M].北京:中央文献出版社,1993.

[131] 中共中央文献研究室.中华人民共和国开国文选[M].北京:中央文献出版社,1999.

[132] 中国第二历史档案馆.中华民国史档案资料汇编:第五辑 第二编 政治(一)[M].南京:江苏古籍出版社,1998.

[133] 中国史学会.中国近代史资料丛刊:辛亥革命(四)[M].上海:上海人民出版社,1957.

[134] 中央档案馆.中共中央文件选集 第十册(一九三四——一九三五)[M].北京:中共中央党校出版社,1991.

[135] 中央统战部,中央档案馆.中共中央抗日民族统一战线文件选编(中)[M].北京:档案出版社,1985.

[136] 中共中央宣传部.习近平新时代中国特色社会主义思想学习纲要[M].北京:学习出版社,2019.

[137] 周恩来.政府工作报告——在中华人民共和国第一届全国人民代表大会第一次会议上的报告[M].北京:人民出版社,1954.

[138] 周力农.历史大变局下的中国战略定位[M].北京:九州出版社,2011.

[139] 周树智.马克思的新世界观:马克思《关于费尔巴哈的提纲》研究文集[M].北京:社会科学文献出版社,2012.

[140] 朱熹.四书集注[M].长沙:岳麓书社,1985.

[141] 庄子[M].雷仲康,译注.太原:书海出版社,2001.

[142] 左丘明.国语[M].韦昭,注.胡文波,校点.上海:上海古籍出版社,2015.

[143] 左丘明.春秋左传[M].长春:北方妇女儿童出版社,2017.

[144] ADLER E,BARNETT M.*Security Communities*[M].Cambridge:Cambridge University Press,1998.

[145] SMITH A D. *National Identity*[M].London:Penguin Books,1991.

[146] CAMBERG R, OTHERS A. *Learning and loving It: Theme Studies in the Classroom*[M].New Hampshire:Heinemann Educational Books Inc,1988.

[147] HANNAL A, POTTER GLADYS L, HAGEMAN NEVA. *Unit Teaching in the Elementary School*[M].New York:Rinehart,1955.

二、期刊类

[1] 白屯,张利国,徐丽曼.铸牢中华民族共同体意识的哲学基点[J].大连民族大学学报,2020,22(04):294-298.

[2] 常安.缔造社会主义的中华民族大家庭——新中国民族区域自治制度的奠基历程[J].学术月刊,2019,51(09):95-108.

[3] 崔保师.深刻学习领会习近平总书记关于教育的重要论述的科学内涵[J].教育研究,2018,39(09):4-8.

[4] 陈潮光.构建高校师德建设长效机制的理论与实践[J].高教探索,2007(02):123-125.

[5] 陈磊,沈扬,黄波.课程思政建设的价值方向、现实困境及其实践超越[J].学校党建与思想教育,2020(14):51-53.

[6] 陈连开.论华夏/汉民族的形成[J].烟台大学学报(哲学社会科学版),1991(02):1-13.

[7] 陈连开.民族研究新发展的良好开端——1990年民族研究国际学术讨论会纪闻与体会[J].西北民族研究,1990(02):1-9.

[8] 程美东,张学成.当前"中国梦"研究评述[J].中国特色社会主义研究,2013(02):58-65.

[9] 崔明德.中国民族关系思想的有关问题[J].烟台大学学报(哲学社会科学版),2012,25(04):46-54+71.

[10] 陈明明."两个大局"形成与演进机理探究[J].理论导刊,2022(03):68-72.

[11] 陈向明.实践性知识:教师专业发展的知识基础[J].北京大学教育评论,2003,1(01):104-112.

[12] 曹玉婷,邓同玲.思想史上关于人类解放的解决方案[J].佳木斯职业学院学报,2020,36(06):5-6.

[13] 陈扬勇.如何讲好"构建人类命运共同体"的中国故事——学习习近平总书记关于构建人类命运共同体的重要论述[J].党的文献,2018(04):3-8.

[14] 陈忠勇,陈欢.论新建本科院校隐性课程的开发[J].中国成人教育,2009(22):123-124.

[15] 丹珠昂奔.建设各民族共有精神家园[J].求是,2015(15):43-45.

[16] 杜震宇,张美玲,乔芳.理工科课程思政的教学评价原则、标准与操作策略[J].思想理论教育,2020(07):70-74.

[17] 冯建军.立德树人的时代内涵与实施路径[J].人民教育,2019(18):39-44.

[18] 冯建军.构建中国特色教育学的"三大体系"——基于改革开放后教育学发展的分析[J].社会科学战线,2021(09):210-222.

[19] 冯建军.中国特色社会主义教育理论的历史逻辑[J].西北师大学报(社会科学版),2022,59(04):20-29.

[20] 冯建军."培养什么人、怎样培养人、为谁培养人"的中国答案[J].教育研究与实验,2021(04):1-10.

[21] 费孝通.中华民族的多元一体格局[J].北京大学学报(哲学社会科学版),1989(04):1-19.

[22] 高德毅,宗爱东.课程思政:有效发挥课堂育人主渠道作用的必然选择[J].思想理论教育导刊,2017(01):31-34.

[23] 郭戈.我国统编教材的历史沿革和基本经验[J].课程·教材·教法,2019,39(05):4-14.

[24] 郭根山.马克思恩格斯的现代化理论及其对中国现代化运动的启示[J].河南师范大学学报(哲学社会科学版),2003(06):35-38.

[25] 顾海良.人类命运共同体政治经济学初探[J].教学与研究,2022(04):23-34.

[26] 管健,杭宁.知情意行:四维一体铸牢中华民族共同体意识[J].南开学报(哲学社会科学版),2021(06):53-67.

[27] 高培勇,樊丽明,洪银兴,等.深入学习贯彻习近平总书记重要讲话精神 加快构建中国特色经济学体系[J].管理世界,2022,38(06):1-56.

[28] 高嵩.论小学主题式教学实践的当代价值、困厄及其应对[J].中国教育学刊,2018(07):62-68.

[29] 龚胜生,肖克梅.两千年来中国经济重心变迁的量化分析——基于人口和城市数据的代用分析[J].地理科学,2021,41(09):1587-1597.

[30] 关文信.西方教育生态学理论对课堂教学监控的启示[J].外国教育研究,2003(11):1-4.

[31] 黄步军,汤涛.师生共同体:良好师生关系新模式[J].教育理论与

实践,2021,41(17):49-51.

[32] 何传启.中国式现代化与全面建设现代化国家新征程[J].中国党政干部论坛,2020(12):12-16.

[33] 胡翰林,刘革平.从多态表征到置身参与:虚拟现实技术助力学科教学的价值路径[J].电化教育研究,2022,43(01):79-85.

[34] 侯怀银.论中国特色现代教育学体系的发展与创新[J].河北师范大学学报(教育科学版),2022,24(02):3-16.

[35] 胡键.经济全球化的新态势与全球经济治理的变革[J].国际经贸探索,2022,38(08):101-114.

[36] 贺金林."七联处"与1940年代的教科书发行[J].广东社会科学,2011(03):136-141.

[37] 海路,杨柄.中华民族历史观教育:内涵、价值与实践路径[J].民族研究,2022(04):13-24+139.

[38] 韩升.西方共同体主义的和谐意蕴[J].上海交通大学学报(哲学社会科学版),2010,18(06):21-27.

[39] 胡守勇.人类命运共同体思想的思维逻辑[J].湖南社会科学,2022(02):38-43.

[40] 黄兴涛.现代"中华民族"观念形成的历史考察——兼论辛亥革命与中华民族认同之关系[J].浙江社会科学,2002(01):128-141.

[41] 郝亚明.从五个时间节点来深刻把握中央民族工作会议精神[J].西北民族研究,2021(04):16-22.

[42] 金伟,金妮."两个大局"战略论断的哲学意蕴和价值指引[J].南通大学学报(社会科学版),2022,38(02):10-16.

[43] 蒋文宁,车越彤,陈振中.课堂教学中情感能量的发生、功能与激发[J].课程·教材·教法,2022,42(08):115-121.

[44] 贾益.从国家治理的角度思考中国历史上的"华夷"与"大一统"[J].史学理论研究,2020(05):48-58+158.

[45] 靳玉乐,殷世东.生态取向教师专业发展的理念与策略[J].教师教育学报,2014,1(01):23-30.

[46] 康永久.制度世界及其教育学[J].教育研究与实验,2013(01):1-6.

[47] 李成.新时代大中小学劳动教育内容一体化的实践要求[J].思想理论教育,2020(07):60-64.

[48] 刘春呈.铸牢中华民族共同体意识的"中华民族大家庭"符号认同[J].中南民族大学学报(人文社会科学版),2021,41(11):108-116.

[49] 李朝阳.五个层次:古德拉德的课程概念分析[J].外国中小学教育,2010(01):48-50.

[50] 陆道坤,陈娜.论教育民族性的重构——基于我国教育发展的多维度审视[J].中国教育学刊,2016(05):47-51+88.

[51] 林红.族群民族主义的复归与民族国家的选择[J].教学与研究,2020(09):55-64.

[52] 李海凤,卢林保.新时代铸牢大学生中华民族共同体意识探究[J].学校党建与思想教育,2020(01):34-36.

[53] 李化侠.从教材建设作为国家事权的高度推进三科统编教材使用[J].课程·教材·教法,2021,41(06):73-74.

[54] 李楠,王继晨.以有效市场与有为政府扎实推动共同富裕[J].湘潭大学学报(哲学社会科学版),2022,46(04):101-105+112.

[55] 刘铁芳.走向整全的人:个体成长与教育的内在秩序[J].教育研究,2017,38(05):33-42.

[56] 李蓉蓉.试论政治信仰[J].理论探索,2004(04):77-78.

[57] 罗生全.统编教材:国家事权的核心体现[J].课程·教材·教法.2021,41(06):61-62.

[58] 逯行,黄荣怀.智能时代的教育改革:教育社会实验的演化及其价值回应[J].清华大学教育研究,2022,43(01):42-54.

[59] 刘雪璟."四个与共"共同体理念的价值意蕴[J].社会主义论坛,2021(10):39-40.

[60] 李忆华,马洁.基于隐性课程落实立德树人的路径探析[J].教学与管理,2019(12):85-88.

[61] 李政涛.什么是"教育基本理论"[J].高等教育研究,2020,41(03):1-17.

[62] 李政涛.走向世界的中国教育学:目标、挑战与展望[J].教育研究,2018,39(09):45-51.

[63] 刘正寅."大一统"思想与中国古代疆域的形成[J].中国边疆史地研究,2010,20(02):13-17.

[64] 马冬梅,李吉和.中华民族共同体意识的历史逻辑与理论渊源探析[J].西南民族大学学报(人文社会科学版),2022,43(08):12-18.

[65] 马俊毅.中华民族共同体建设的现代化之路——基于国家与社会关系的分析[J].西南民族大学学报(人文社会科学版),2022,43(04):8-17.

[66] 马俊毅.试析铸牢中华民族共同体意识在中华民族伟大复兴中的历史方位[J].民族研究,2022(05):15-25+135.

[67] 马相东,王跃生.从加入世界贸易组织到共建"一带一路":世界经济增长的中国贡献[J].中共中央党校(国家行政学院)学报,2021,25(05):83-92.

[68] 马媛.腐败治理:基于维护和塑造政治安全的考察展望[J].宁夏社会科学,2022(03):62-68.

[69] 闵言平.我们辽阔的疆域是各民族共同开拓的[J].中国民族,2020(10):12-13.

[70] 纳日碧力戈,邹君.论铸牢中华民族共同体意识的形、气、神[J].中南民族大学学报(人文社会科学版),2021,41(04):15-20.

[71] 欧阳康.中华民族伟大复兴战略全局的核心价值与建构逻辑[J].理论与改革,2022(01):1-9.

[72] 庞立生.布迪厄与马克思:社会实践理论的契合与分野[J].东北师大学报(哲学社会科学版),2010(04):152-157.

[73] 彭英明.巩固祖国统一民族团结理论的深化发展——写在2014年中央民族工作会议一周年之际[J].中南民族大学学报(人文社会科学版),2015,35(05):1-5.

[74] 齐海英,邱思文.汉语国际推广语境中的中国民间故事[J].沈阳大学学报(社会科学版),2016,18(05):606-610.

[75] 青觉,徐欣顺.中华民族共同体意识:概念内涵、要素分析与实践逻辑[J].民族研究,2018(06):1-14+123.

[76] 青觉.以文化认同巩固发展中华民族大团结[J].红旗文稿,2022(07):46-48.

[77] 青觉,王敏.认知、情感与人格:高校铸牢中华民族共同体意识教育的政治心理建构[J].民族教育研究,2021,32(06):26-36.

[78] 邱仁富."课程思政"与"思政课程"同向同行的理论阐释[J].思想教育研究,2018(04):109-113.

[79] 秦亚青,金灿荣,倪峰,等.全球治理新形势下大国的竞争与合作[J].国际论坛,2022,24(02):3-32+155.

[80] 乔志龙,滕驰.文化认同视域下的民族团结与边疆稳固[J].新疆社会科学,2019(02):50-55.

[81] 任剑涛.从家国到国家:中华帝国的民族国家转向[J].社会科学战线,2022(04):192-208.

[82] 任玉丹.铸牢中华民族共同体意识教育成效评价指标体系构建研究——基于CIPP模式和知信行理论[J].西南民族大学学报(人文社会科学版),2022,43(02):209-218.

[83] 宋春霞,陈智."四个与共":中华民族共同体意识的话语深化[J].西北民族大学学报(哲学社会科学版),2023(01):36-43.

[84] 宋改敏,陈向明.教师专业成长研究的生态学转向[J].现代教育管

理,2009(07):49-52.

[85] 邵鹏鸣.论人与自然生命共同体理念的三重维度[J].学校党建与思想教育,2022(11):34-38+61.

[86] 宋盼盼,周传斌.中华民族概念内涵的三次转换论析[J].北方民族大学学报,2022(05):40-47.

[87] 石硕.从中国历史脉络认识"中华民族"概念——"中华民族"概念百年发展史的启示[J].清华大学学报(哲学社会科学版),2021,36(03):1-12+205.

[88] 沈书生.学习空间的变迁与学习范式的转型[J].电化教育研究,2018,39(08):59-63+84.

[89] 宋学勤,卫玮岑.从民族复兴视角认识辛亥革命的历史价值[J].马克思主义理论学科研究,2022,8(03):86-93.

[90] 时益之,侯怀银.德国实验教育学在中国的传播及其影响[J].教育理论与实践,2017,37(01):8-13.

[91] 唐朝晖.元代理学与元遗民文人群心态[J].文学评论,2010(03):176-179.

[92] 田蕾."和合"思想对大学生思想政治教育的意义与运用路径研究[J].教书育人(高教论坛),2021(03):59-61.

[93] 威尔·金里卡,刘曙辉.多民族国家中的认同政治[J].马克思主义与现实,2010(02):116-120.

[94] 王桂林.潜在课程:一种不容忽视的教育资源[J].教育探索,2003(06):27-29.

[95] 王娟.重建"多民族中国"的历史叙事 20世纪中国民族史观的形成、演变与竞争[J].社会,2021,41(01):43-78.

[96] 王建娥.国家建构和民族建构:内涵、特征及联系——以欧洲国家经验为例[J].西北师大学报(社会科学版),2010,47(02):22-29.

[97] 王珺颖.社会主义核心价值观情感认同的培育路径[J].思想教育

研究,2019(12):125-129.

[98] 王伦光.论社会主义核心价值观的情感认同[J].理论探讨,2018(05):64-68.

[99] 王稳东.铸牢中华民族共同体意识的教育机理及其实现[J].西北师大学报(社会科学版),2021,58(05):67-74.

[100] 王延中.费孝通多元一体格局理论与铸牢中华民族共同体意识——纪念费孝通先生诞辰110周年[J].社会发展研究,2020,7(04):44-54.

[101] 王延中.扎实推进中华民族共同体建设[J].民族研究,2022(01):1-13+143.

[102] 魏燕,孙颖.中华民族共同体意识教育制度的实践逻辑及优化路径——基于新制度主义社会学视角[J].西北民族大学学报(哲学社会科学版),2022(05):42-49.

[103] 王珍,向建华.新时代继承和发扬中华民族爱国主义传统[J].民族研究,2022(01):14-31+143.

[104] 夏春涛,陈甜.中国共产党引领中华民族伟大复兴[J].史学理论研究,2021(03):4-12.

[105] 谢伏瞻.加快构建中国特色哲学社会科学学科体系、学术体系、话语体系[J].中国社会科学,2019(5):4-22+204.

[106] 徐建飞.中国式现代化道路的生发脉络与世界意义[J].江苏社会科学,2022(03):21-31.

[107] 邢立军,马妮.科学与人类幸福——孔德实证主义幸福观浅析[J].道德与文明,2013(04):70-74.

[108] 习近平.做党和人民满意的好老师——同北京师范大学师生代表座谈时的讲话[J].中国高等教育,2014(18):4-7.

[109] 习近平.深入学习坚决贯彻党的十九届五中全会精神 确保全面建设社会主义现代化国家开好局[J].共产党员,2021(03):4-5.

[110] 新华社.习近平在全国教育大会上强调 坚持中国特色社会主义教育发展道路 培养德智体美劳全面发展的社会主义建设者和接班人[J].党建,2018(10):4-6.

[111] 新华社.习近平在中央民族工作会议上强调 以铸牢中华民族共同体意识为主线 推动新时代党的民族工作高质量发展[J].中国民族,2021(08):4-7.

[112] 许家烨.大中小学思想政治理论课教材一体化建设:逻辑、问题与对策[J].思想教育研究,2022(02):113-118.

[113] 潇潇.国际学生流动背景下"一带一路"来华留学教育发展及其启示[J].齐齐哈尔大学学报(哲学社会科学版),2021(10):184-188.

[114] 杨策.试论近代中国民族关系的基本特点与诸种情态[J].中央民族学院学报,1992(03):3-11.

[115] 袁纯清.共生理论及其对小型经济的应用研究(上)[J].改革,1998(02):101-105.

[116] 岳奎,何纯真.习近平关于政治能力重要论述的生成理路、核心内容及价值意蕴[J].马克思主义理论学科研究,2022,8(06):66-74.

[117] 余宏亮.用好统编教材 筑牢精神国防[J].课程·教材·教法,2021,41(06):68-69.

[118] 叶浩生,杨文登.教育心理学:历史、分歧与超越[J].教育研究,2012,33(06):103-111+149.

[119] 袁剑."中华民族"的地缘之维——共同体意识构筑中的"人—地关系"与思想史路径[J].中央社会主义学院学报,2019(06):90-96.

[120] 杨建新.再论各民族共创中华民族[J].中央民族大学学报(哲学社会科学版),2020,47(04):5-12.

[121] 尤权.做好新时代党的民族工作的科学指引 学习贯彻习近平总书记在中央民族工作会议上的重要讲话精神[J].中国民族,2021(11):48-53.

[122] 袁同凯,冯朝亮.铸牢中华民族共同体意识的中小学教育路径[J].中南民族大学学报(人文社会科学版),2022,42(03):41-48+182.

[123] 杨伟宾.全人类共同价值推动构建人类命运共同体的逻辑理路[J].思想教育研究,2023(02):113-119.

[124] 杨延圣,郑斐然.境外宗教渗透对我国意识形态安全的影响[J].科学与无神论,2021(02):30-36.

[125] 赵超.中国民族国家构建与中华民族认同的形成[J].探索,2016(06):51-58.

[126] 赵刚,王丽丽.中华民族共同体意识的政治属性解读[J].湖湘论坛,2017,30(01):106-112.

[127] 朱军.铸牢中华民族共同体意识的历史演进与治理意蕴——基于秩序视角的分析[J].云南社会科学,2021(05):100-106+186-187.

[128] 朱军.中华民族共同体意识共同性的现代性转化及发展[J].民族研究,2021(03):23-38+139-140.

[129] 周俊华,徐勇.话语重塑与概念流变:从中华民族到中华民族共同体[J].广西民族研究,2021(06):82-90.

[130] 周平.中华民族复兴与民族意识塑造[J].内蒙古社会科学,2022,43(04):1-9.

[131] 张诗亚.共生教育论:西部农村贫困地区教育发展的新思路[J].当代教育与文化,2009,21(01):55-57.

[132] 张勤,刘鹏.中国共产党的领导制度是提升国家治理效能的根本保障[J].南京航空航天大学学报(社会科学版),2022,24(01):1-7.

[133] 张庆.历史、理论与实践:新时代"两个大局"观的三维解读[J].中共南昌市委党校学报,2021,19(06):30-33.

[134] 祝全永,王宇星.刍论新时代人类命运共同体思想引领中国特色政党外交的政治逻辑[J].理论导刊,2019(11):30-36.

[135] 邹太龙,康锐.新时代爱国主义教育的内在逻辑、基本原则与实施

路径[J].教育理论与实践,2020,40(28):38-42.

[136] 张文,石鸥.国定教科书:时代价值及其局限——从南京国民政府的国定教科书说起[J].河北师范大学学报(教育科学版),2016,18(06):50-55.

[137] 张伟军.习近平关于中国共产党历史重要论述的理论品格、范畴要义及其价值指向[J].兵团党校学报,2022(03):19-30.

[138] 张学敏,柴然,周杰.中华民族特色教育的理论审视与实践观照——基于共同体理念的讨论[J].民族教育研究,2022,33(04):22-29.

[139] 张学敏,胡雪涵.中华民族共同体意识教育进课程:特殊价值、嵌入逻辑与实施路向[J].课程·教材·教法,2023,43(01):13-19.

[140] 赵英臣.后疫情时代的全球化重塑[J].山西师大学报(社会科学版),2020,47(04):89-94.

[141] 丹珠昂奔.铸牢中华民族共同体意识的宏大实践——习近平"一个民族也不能少"思想的理论意义与实践价值[J].中南民族大学学报(人文社会科学版),2021,41(11):18-28.

[142] 周智生,李庚伦.以"四个共同"为核心:全面推进中华民族共同体意识教育[J].西南民族大学学报(人文社会科学版),2021,42(07):1-8.

[143] CRISP R J, HEWSTONE M. *Multiple social categorization*[J]. Advances in Experimental Social Psychology, 2007(39):163-254.

[144] HITCHCOCK G,HUGHES D.*Research and the Teachers: A Qualitative Introduction to School-Based Research*[J]. British Journal of Educational Studies,1996(3):347-349.

三、学位论文类

[1] 高翠莲.清末民国时期中华民族自觉进程研究[D].北京:中央民族大学,2005.

[2] 胡雪涵.基于项目式学习的小学STEM课程开发研究[D].重庆:西南

大学,2021.

[3] 黄涛.高校学生社团组织的潜在课程功能研究——以西南大学学生社团为例[D].重庆:西南大学,2009.

[4] 江玲丽.民族院校大学生中华民族共同体意识教育研究——基于空间理论视角[D].南宁:广西民族大学,2022.

[5] 景璟.全球治理理论的批判及其重塑[D].长春:吉林大学,2022.

[6] 庞坤缺.习近平关于对外开放重要论述研究[D].北京:北京交通大学,2021.

四、其他类

[1] 高祖贵.世界百年未有之大变局的丰富内涵[N].学习时报,2019-01-21(A1).

[2] 鞠鹏.习近平在中央外事工作会议上强调 坚持以新时代中国特色社会主义外交思想为指导 努力开创中国特色大国外交新局面[N].人民日报,2018-06-24(1).

[3] 李学仁.坚持依法治疆团结稳疆长期建疆 团结各族人民建设社会主义新疆[N].人民日报,2014-05-30(1).

[4] 吕岩松,陈伟光,章念生,等.习近平会见博鳌亚洲论坛理事会成员[N].人民日报,2013-04-08(2).

[5] 李学仁.中央经济工作会议在北京举行[N].人民日报,2018-12-22(1).

[6] 习近平.在中国国际友好大会暨中国人民对外友好协会成立60周年纪念活动上的讲话[N].人民日报,2014-05-16(2).

[7] 中共中央关于坚持和完善中国特色社会主义制度 推进国家治理体系和治理能力现代化若干重大问题的决定[N].人民日报,2019-11-06(1).

[8] 习近平.共同构建人与自然生命共同体——在"领导人气候峰会"上的讲话[N].人民日报,2021-04-23(2).

[9] 习近平.决胜全面建成小康社会 夺取新时代中国特色社会主义伟大胜利——在中国共产党第十九次全国代表大会上的报告[N].人民日报,2017-10-28(1).

[10] 习近平.在全国民族团结进步表彰大会上的讲话[N].人民日报,2019-09-28(2).

[11] 中共中央国务院印发《关于加强和改进新形势下高校思想政治工作的意见》[N].人民日报,2017-02-28(1).

[12] 中共中央关于党的百年奋斗重大成就和历史经验的决议[N].人民日报,2021-11-17(1).

[13] 周丹,蒋丽丽.推动全球经济治理体系变革[N].光明日报,2017-04-02(7).

[14] 朱永新.新时代 新人才 新要求[N].学习时报,2019-08-02(1).

[15] 张洋,饶爱民.提高防控能力着力防范化解重大风险 保持经济持续健康发展社会大局稳定[N].人民日报,2019-01-22(1).

后记

本研究从2021年开始,到2023年完成书稿,历时两年,数易其稿,于2024年得以出版。一路走来,我们始终不忘初心、牢记使命,围绕如何在"两个大局"下培养担当民族复兴大任的时代新人之问,创新探索中华民族特色教育理论,回答"培养什么人""为谁培养人""怎样培养人"这一系列根本问题,为我国教育理论创新和教育改革发展奠定理论基石,在完善全球教育治理的舞台上绽放异彩。

在书稿撰写过程中,我们多次深入讨论,在理论阐述上力求简明扼要、深入浅出、精准清晰。从第一篇小论文《中华民族特色教育的理论审视与实践观照——基于共同体理念的讨论》的诞生,到《中国教育学的民族性探略》的出世,我们不断丰富完善中华民族特色教育理论体系,为书稿注入了坚实底蕴和重要内容,这离不开王延中、海路、余宏亮、苏德等多位专家的"把脉会诊"。在此,谨向为本书稿提供帮助的专家、同人表示衷心的感谢!

本书是集体攻关的成果,由西南大学张学敏、胡雪涵负责统筹规划,张学敏、胡雪涵、周杰、柴然、赵国栋、王卓、兰正彦、谭颖等共同撰写,张学敏、胡雪涵统稿定稿。在书稿撰写和出版过程中,从书稿选题到编辑出版,西南大学出版社给予了我们极大的帮助,在此,表示深深的感谢!

本书的问世,不仅是我们创新探索中华民族特色教育理论的阶段性总结,更是新发展阶段下中华民族特色教育理论与中国教育学话语体系关系研究的新起点。但因研究团队学术水平与科研能力有限,对于中华民族特色教育理论体系的研究探索仍在路上，我们将继续深入拓展中华民族特色教育理论相关研究，为充实和完善中国特色教育学理论体系，以及促进其实践发展作出新的贡献。